精益制造 COO

带你降本提效

石清城　著

本书的故事情节为虚构，如有雷同，纯属巧合。

机 械 工 业 出 版 社

本书跨管理学、职场成功学、职场小说三个类别，在整体规划上考虑了这三个类别的特点，侧重于“管理学”角度。从精益制造 COO（Chief Operating Officer，首席运营官）的入职准备开始，描述了其在工厂运营管理过程中遭遇的诸多棘手问题及其解决过程。例如：

1. 遇到现地干部、“皇亲国戚”抗拒，咬耳朵投诉；
2. Top（高层管理者）支持动摇，团队部分人员提出辞呈；
3. 经营者重视 KPI 数字、利润结果及生产技术，不注重现场、理念差异；
4. 如何调整思路解决问题；
5. 如何集合、整合、融合、持续改善，使公司的业绩逐年更好，等等。

本书适合在生产型企业工作的各类员工，特别适合进行精益改造的企业领导、员工阅读。

图书在版编目（CIP）数据

精益制造 COO 带你降本提效/石清城著. —北京：机械工业出版社，2015.2
ISBN 978-7-111-49330-3

Ⅰ.①精…　Ⅱ.①石…　Ⅲ.①制造工业－工业企业管理－运营管理
Ⅳ.①F407.406

中国版本图书馆 CIP 数据核字（2015）第 028813 号

机械工业出版社（北京市百万庄大街 22 号　邮政编码 100037）
策划编辑：李万宇　责任编辑：李万宇　杨明远
版式设计：赵颖喆　责任校对：张　力
封面设计：鞠　杨　责任印制：刘　岚
北京中兴印刷有限公司印刷
2015 年 3 月第 1 版第 1 次印刷
170mm×230mm・17 印张・279 千字
0 001—4 000 册
标准书号：ISBN 978-7-111-49330-3
定价：59.00 元

凡购本书，如有缺页、倒页、脱页，由本社发行部调换
电话服务　　网络服务
服务咨询热线：010-88361066　机 工 官 网：www.cmpbook.com
读者购书热线：010-68326294　机 工 官 博：weibo.com/cmp1952
　　　　　　　010-88379203　金 书 网：www.golden-book.com
封面无防伪标均为盗版　　教育服务网：www.cmpedu.com

主要人物表

	人　物	个性及特长
1	COO（Chief Operating Officer，首席运营官）Nelson 先生	待人和气，TPS（丰田式生产方式）推动专家，对财务数字敏锐
2	总裁	生意人，个性爽朗，强势，喜听小报告，先入为主的观念强
3	总裁助理小艾	可爱有礼，温柔秀气
4	Nelson 先生助理小白	单纯好学，独立性强，出身营销部门，懂英文
5	制造 李副总	工厂元老，喜拥兵自重，见人说人话，喜巴结上司，爱打小报告
6	供应链 史总监	电子业出身，理解力强，执行力强
7	仓库主管 温课长	个性耿直，熟知海关保税等事务，做事被动
8	品保 邱总监	待人和气，品保实务能力不足，整合团队能力强
9	财务 副总监	总裁太太的表妹，聪明，对车间管理实务不熟
10	工程研发 任总监	喜欢唱歌喝酒，性格开朗，创新能力强
11	市场 马总监	个性温文儒雅，务实，缺乏长远眼光，较少主动外出拜访客户
12	人资 华总监	反应快，能周旋各 Top（高层管理者）之间，计算机办公能力强
13	资讯 叶总监	单身，喝酒必醉，喜淘宝购物
14	助理总裁 Ben	玩具业出身，一股霸气，喜谈当年勇
15	采购 阿亮总监	爱面子，常自以为是，清廉但不够勤劳，听命于总裁才做事
16	绩效管理主管 张副总监	对绩效管理了解颇深，表达能力强
17	组装生产主管 何副总监	资深现场主管，责任心较强，但理解能力较弱

（续）

	人　物	个性及特长
18	焊接生产主管 蒋副总监	凡事能推则推，事不关己更是高高挂起，缺乏团队精神
19	小黑老板	外包商，有着特殊背景
20	Nelson 先生团队成员	TPS/IE/制造/品保/注塑成型等单位主管的组合（TPS 推动专员 Tony、赵副总监、总监 Peter、总监 Jacky、刘厂长、肖总监）
21	TPS 推动事务局推动专员 Tony	年轻，喜欢历史，对精益生产人性面观察入微，爱唱歌，能速记
22	总监 Peter	精通 IE、ME、QA，领导粗犷不够细致，乐观进取；先在品保及 IE 部门工作，后转制造部门
23	总监 Jacky	精通 QA，表达及协调能力强，强势，先制造部门工作后转品保部门
24	成型制造处 刘厂长	熟悉成型调试技术及车间管理
25	成型制造处 肖总监	材料专家，对车间管理实务不熟，勤奋固执
26	IE 赵副总监	IE 专业毕业，在大企业历练数年，经验较丰富
27	李总经理	资深老将，负责整个 Z 市工厂运作，与总裁不合
28	吴总经理	总裁女婿，负责海外市场，对制造不感兴趣

推荐序一

我这些年来致力于推广精益思想，并传播中国企业实践精益的案例，发现最有效的学习方法是找一位有经验的师傅指导，从现场操作中学习，但这种机会可遇不可求。退而求其次就是从书本中取经，掌握方法后去做试验。成效最低的是照搬其他企业的制度与方法，由于每家企业的情况不一样，问题也不一样，因此不一定能对症下药，解决实际问题。

近年来，国内外出版了许多介绍丰田思想以及丰田管理方式的书籍，但大多偏理论，读起来有道理，但实施过程中却不知从何处下手。加上今天科技发达，有各式各样的传播媒体，让人很难静下心来读完一本书。因此，除了早期几位精益大师的名著，例如 James Womack 的《改变世界的机器》，John Shook 的《学习观察》与《学习型管理》，以及 Jeffrey Liker 的《丰田系列丛书》等外，其他较受欢迎的精益书籍要数《目标》、《金矿》等小说，用说故事的方式来介绍精益理念，以及如何在企业里开展这套管理方法。

这几本外国精益小说都已经先后翻译成中文，在国内出版，广受国内读者的好评。但毕竟中外文化有差异，企业状态不同，虽然内容很好，但不一定适合我国国情。因此我一直希望早日能读到一本由中国作者撰写的本土精益小说，希望经由故事能让更多的国人学习这套管理方法，为企业与个人创造更大的价值。

我很高兴拜读石清城兄的大作，他集结了 20 余年学习精益理念、实践丰田生产管理的经验，以及开展精益企业转型的心得，用清新平实的文字，娓娓道来，让人读后爱不释手。尤其难得的是他毫无保留地把许多实践细节拿出来与大家分享，希望能帮助读者去动手从事精益改善。举例来说：他在介绍战略部署（或称方针政策）时，用列表的方式，一步步带领读者动手去制定战略方向，并且开展部署到每个部门，让每个员工都知道自己的职责。他这份愿与他人分享知识经验的心态与胸襟确实难得。

清城兄熟谙中国工厂经营的现状与困惑，例如：计时或计件的管理制度，站立或坐着的工作环境，以及员工流失率高等问题，他在书中花了相当多的篇幅，为大家做了非常详尽的分析。十二个章节不仅涵盖了工厂的精益管理，更延伸到产品开发，供应链与物流管理，以及人事与财务等职能部门，强调企业的整体性，不能以孤岛式作战，头痛医头，脚痛医脚，而要以团队合作的精神，遵照大家共识的目标相互支援，一起去解决面临的问题。这样才能持续稳定地进步。

作者非常有心地在每个章节后都做了小结，以帮助读者捕捉重点内容。同时举了许多生活中的实例来注释精益思维，例如购买火车票或ATM取款就是一种单件流的表现；悬挂在车站、机场大厅的班次时程表就是目视化管理；机场客车的服务就类似一个水蜘蛛的运输系统。这些例子让大家明白精益就在你我身边，是我们每天生活的一部分。一旦掌握了这个道理，大家就会在身边寻找问题，并且试图解决问题，让工作流程更顺畅，消除浪费，为企业和个人创造利润，提升生活品质。

一个企业的精益转型最重要的是如何培养员工解决问题的能力，在遇到困难时掌握现状，找出与公司目标的差距，努力去缩短差距。有些企业认为解决问题的技能培训只是为了培养低层员工，高中层领导则不需要，其实不然。书中描述的培训从企业高层领导班子开始，由人事部牵头设计，以团队合作的方式，一起学习理论，并且实地去做，来培养大家的团队精神。这套培养领导班子合作解决问题的模式值得大家学习。

企业实践精益转型非常重要的一点是最高领导层的决心，故事中反映出企业总裁有心改革，但因个人缺少参与，并且受到一些不愿意接受改变的老部属包围，决心不够坚定，总是负面影响到新的团队。我们姑且不去论断小说里的情节，但企业中人事复杂，的确是推动精益转型的职业经理人不可忽视的一项挑战。

中国是全球的生产大国，目前正面临转型升级的挑战，在这个关键时刻，喜见这本符合中国国情的书籍问世，相信能为中国企业的精益生产提供一个有效的模式。作者本着知识分子回馈社会的诚心，为大家提供一系列本土解决方案，对正在从事精益改善的个人与企业来说，是一本好参考书；对精益入门者，则是一本好教科书。我郑重推荐这本实用的学习精益实践的好书。

赵克强博士，精益企业中国总裁

推荐序二

经理人需要完成公司的组织绩效，同时还要激励团队朝共同愿景迈进，因此现在经理人需处理的是管理与领导皆取得平衡，若仅从流程制度着手，当发生问题时，直接要求，彼此少了信任基础，工作伙伴会选择离职；然而仅做领导，并无制定有效果的流程制度，公司运营绩效无法成长。

经理人要更有能力影响他人，首先需有知识技能，较能赢得追随者的信任，所以经常保持开放的态度，保持终身学习的态度才是成功的不二法门，就像微软创办人比尔·盖茨在其著作《掌握成功大趋势》一书中表明的终身学习就是其成功的方法，况且现在环境改变速度很快，就如手机从3G到4G，现在已经在进行5G，相信未来进步及改变速度会更快，以前所学的内容，许多现在都不能再用了，也提醒经理人对新事物要保持高度的兴趣，并扩大个人社交圈，较能发挥领导力，成为有影响力的经理人。

本书作者石清城先生，精研于精益生产，有多达三十年的实务经验，工作实务、研究教学、企业顾问辅导、实务运营管理皆成效斐然，所述内容皆为经验中精华所在，为读者提供了除知识学习外，从整理工作状况中能自我对话，当自身面对挑战时，能调整情绪，有效离开窘境的好书。

作者近年陆续所写好书如《丰田式制造管理实践之道》《丰田式精益现场改善之术》等著作皆为畅销好书，引起很大的反响，许多教学单位及管理工作者皆用做实际工具书，帮助许多人于精益生产上，跨了很大的一步。

此次特别的是作者以小说故事型带出领导与管理的精华，读起来特别有感触，为读者提供了一个想象的空间。读者在阅读中，首先思考我从此书学到的精益生产的降本提效之术是什么；也可以整理，如果我是书中的管理者我会如何处理，那我从书中所学的方法为何，从自然阅读中领悟作者领导管理的精髓，这就是读小说故事型图书的直接帮助。

石清城兄于本书中先从开启 COO 领导大门，接着从计划规划，谈精益思想的策略方针展开，再谈精益思想的传授与训练，然后引领出精益生产与管理的技术改善，最后分享精益思想与管理的未来方向，十二大章节涵盖了经理人必备的态度及知识，列举供应链的改善、经管系统的改善，更写出 IE 系统、人资系统及品保系统等的展开，章节内容能让读者读起来，感到实用且有启发性，最主要原因是各领域皆是作者的三十余年管理工作经验。书中也触及许多棘手的话题，比如从生产端如何解决订单达标率问题、缺工问题，到人事端如何解决罢工、人才流失问题，以及如何杜绝流程中舞弊等。从作者经验中学习，必然是让自身能力提升的大好方法。

最后以个人经验分享，高阶主管还需具备何种特质，就如通用公司前首席执行官杰克·韦尔奇，他是世纪成功专业经理人，提及的个人成功法则是会将时间的70%投资在人的身上，从沟通、领导、管理、辅导、训练都是一位成功经理人所必须投资的重要活动，不仅处理事情本身，也处理人际问题，复杂情况需进行管理，变动情况也要进行管理，有能力赢得他人由衷的合作，才能迈向成功的经理人之路。

廖国寿，卡内基训练幼龙企业管理顾问有限公司区域总经理

自　　序

提笔良久，却无法落下，心中有太多的喜悦，想要与大家分享。依窗而立，抬头望着屋外的风景，对自己所付出的一切都充满了感动。公司终于进入了正常的运营轨道，不会再出现无法按期交货的状况，客户的满意度也跃升到了行业的前列。这些成绩不仅仅是个人的功劳，更要感谢团队的合作。细数奋斗的每个日夜，心中怀有激动与感恩。

找到一个完全认同自己想法的人不易，找到一个认同自己的想法并想要你去帮他实践的人更为不易，但笔者有幸，在辛苦努力了三十多年的TPS学习与实践后，再次遇到了这样的人。他放心地把企业交给笔者，笔者也必须让他放心。但一个人的思想不代表整个企业中所有管理者的思想，所以机会与挑战并存。笔者承担了在其集团下任制造首席运营官（COO）一职，集精益与管理于一身，实践中体会到了改革的困难，育人的困难。

一般地，在一个企业中，总结出来的问题点都可以归结于基本面的问题，例如5S的执行。企业主们在外部环境的逼迫下，虽有意识要进行改变，但不知从何处下手。求变是一个非常好的开头，但不能无视小的基础面的改善。基础执行到位了，才可进行下一步的改善，正所谓不积跬步无以至千里，不积小流无以成江海。

实践精益企业管理，首重精益思想的传授，有常识有共识才能一起办好事，其次要进行精益思想的管理，定策略、建组织、布人力、置系统，接着要推动精益管理技术的改善，优化工生品经（工程管理、生产及供应链管理、品质管理、经营管理）系统，然后要验证精益变革绩效，塑造精益企业文化，持续地精益自主研修，追求企业较好的未来。

本书中改编了笔者在管理过程中的一些小故事，讲述了以制造首席运营官Nelson为首，带领大家进行精益改善的故事。这些故事中都融入了精益的思想与精益的道具，同时也道尽了在实践精益时的压力与挑战，其中的酸甜苦辣只有尝试过才知其味道。本书作了全面精益工厂管理运作的描述，摆脱了一般精益的片面性。

希望这是一个好的开始，希望我们一起努力，在这条精益的道路上，只有一直向前，才能精进，企业才能屹立不倒！

石清城

目　录

第2篇 赚钱的策略方针

第3篇 扮演企业的教授

第1篇

开启COO领导的大门

高职位并非你努力寻找就可以取得的，平时就要建立与经营朋友网，其他各类人际关系网。有时朋友们那么轻轻地一点，就将你我联结在了一起。

同时，机会总是留给有准备而且肯负责任的人，你准备好了吗？

第1章

如何转换新的舞台

理想与现实的差距，就是问题。有些人可视而不见，有些人却在努力缩小。中国制造业的利润被各种因素压榨得微乎其微，我们是坐以待毙，还是奋起直追？精益生产方式是大家都在追寻的一种赚钱的方式，然而在精益专家云涌的今天，你的企业是否找对了人，摆在了对的位置上？

Nelson 先生与 NP 集团总裁的一拍即合，能否就此打开该企业精益之路的大门呢？

1.1 NP 集团生病了

2012 年的盛夏，骄阳似火。在 NP 集团总裁的办公室里，冷气开得十足，吹得总裁有些凉意。他的头发已经花白，眉头紧锁，惆怅万分。就在一分钟前又接到了一个客户的抱怨电话，昨天应该出的货，今天还没有出。

总裁叹了一口气，唉，这到底是怎么了？像这种客户抱怨已经不止一次了，大大小小的抱怨让人无暇顾及。同行业都在向前发展，而本公司连续三年业绩都没有成长，同行业排名已经落到第二名，难道公司的运营真的出现问题了吗？但公司的订单一直都不缺，最近总是交不出货来，是缺设备吗？是缺人吗？还是什么原因？总裁显得有些烦躁不安。

NP 集团是一家香港上市公司，于 20 世纪 80 年代末成立，是由总裁一手创立起来的一家传统的制造企业。该公司专门设计、制造及销售一系列婴儿及学前儿童产品、医疗产品，包括婴儿手推车、学步车，儿童汽车安全座椅，儿童电动自行车，手推椅，助力手推车及其他配套产品。目前有多个生产制造基地，其中最大的生产厂位于广东省Z市。Z市工厂有员工6000余人，占地800多亩。经过二十多年的摸爬滚打，在当地来说，算得上是一家不小的企业，政府也很关注其发展。

NP集团的客户遍布世界各地，但大多数客户都是经销商，基本上没有设计能力，通过看本公司设计的样品来决定需要哪种款式来提出客户需求，或是客户看中某种款式，但对某些小细节不满意，提出修改即可。所以公司生产的产品种类特别多，有些产品的需求可能就只有一次或两次，且量很少；但除此之外，该企业还是有一些大客户的，比如A客户、B客户、C客户，而且产品的需求量也比较稳定。

公司的大部分产品销往国外，近年来受世界经济萎靡的影响，客户也不断要求降低产品的价格。另外该产业的自动化程度较低，属于劳动力密集型，毛利率低于20%，利润率在3%~10%。而且众多小厂林立，竞争激烈。随着中国国内人工薪资水平提高、能源物资材料的价格不断上涨，总裁备感经营压力之大，所以早就想要改革创新了。

总裁是香港人，有着香港人精明强干、紧张忙碌的性格。也许与所受的教育背景有关，特别崇拜丰田汽车公司。他认为丰田汽车公司能在那么艰难的条件下快速成长，扭亏为盈，并持续发展至今，一定有其独到之处。当然对于一个企业家来说，都非常希望自己的公司能像丰田汽车公司一样永续经营，NP集团的总裁也不例外，同时他还希望NP集团能和丰田公司一样回报员工与社会，所以总裁一直在找一个懂得TPS（Toyota Production System，丰田生产方式）的顾问来公司协助管理，但两年之前请来的精益生产顾问让总裁有点失望，前前后后辅导经历了一年半，公司不但没有真正得到改善，现在看起来反而更加糟糕了。然而总裁并不认为TPS不适合他的公司，而是认为顾问没有用对方法。一方面顾问对本行业不是很了解，另一方面顾问以一周一次或两周一次的频率来公司辅导，花的时间比较少，不能够及时解决实施过程中碰到的问题。

虽然公司已经成立了二十多年，但总裁很清楚公司在管理面存在一些缺失，在一些体系或制度上也并不完善。总裁更加清楚这个行业的制造，生产技术已经很成熟，今天无论怎么生产，**生产技术**都不会有多大差别，但能大大改变生产成本的，是设备、人员、材料的使用方法，也就是**管理技术**。所以他非常急切地希望有一个人能帮到他。为了避免顾问辅导的不足，特意要求这个人必须成为公司的全职员工。

提示：

生产技术与管理技术的差别

生产技术：也可称为专业技术、固有技术。指的是产品制造过程中决定产品性能的一系列的物理或化学方法的实现。一般人们所说的技术都属于生产技术。

管理技术：又可称为管理技术、改善技术。指的是妥善运用工厂内现有的人力、设备、材料、部件，使生产效率最高化，成本最小化。相对于较固定化的生产技术，管理技术灵活多变，没有一定的法则。

总裁端坐在自己的椅子上，神情严肃地翻开了Nelson先生的履历表。上次与Nelson先生见了一面，感觉Nelson先生是一个不错的人，外表看上去比较柔和，正好可以缓冲自己的刚性。他具有三十多年的精益生产推动经验，能在各个行业中成功植入TPS，足以证明他的精专程度。但愿此次的人选，不会再让他失望。

总裁拿起话筒：“小艾，你过来一下。”

小艾走到总裁的办公桌前。“这是Nelson先生的电话，你约一下他，看他什么时候方便，来工厂参观一下。”

小艾回到座位立刻拿起电话，拨通了Nelson先生的号码。

“您好，Nelson先生。我是NP集团总裁助理小艾。”

“哦，您好，小艾。”

“我们总裁想约您来参观工厂，看您什么时候方便？”

“嗯，好，我看一下我的行程表。下周三有空，可以吗？”Nelson先生慢条斯理地回答。

“好的，稍后和您确认您的行程及航班。祝您好心情。”

“谢谢。”

说来非常的巧合，上次返家时，Nelson先生与一旧友喝茶聊天，友人谈及了NP集团的总裁正在寻觅一位运营总经理，需要有推动过TPS背景的人。友人觉得他是一个合适的人选，让他去试一试。Nelson先生也觉得机会不错，于是经友人牵线，便与总裁有了一面之缘。

Nelson先生是中国台湾省人，目前在中国大陆的一个北方城市，就职于一家特大型制造企业。对于目前的工作，他心里有说不出的滋味，原本是因为要实践TPS而来的，后来却因大老板的一句话而不得不更换岗位。所以他也一直在找机会，去从事自己喜爱的工作。Nelson先生手捧着咖啡杯，心情愉悦地靠在沙发椅上，闻着浓郁的咖啡芳香，慢慢地呷了一口，脸上露出了一丝向往，真的非常期待去工厂参观，并再一次与总裁进行交流。

小结

对制造业来说，订单的取得非常重要，但取得订单以后的交货也同等重要。到底是什么原因导致企业业绩下滑、客户抱怨呢？

找到对的人放在对的位置上，就是企业家的首要职责。

1.2 参观NP集团

周三，依然阳光充足。Nelson先生依照行程从自己所在的城市飞往了广州，而NP集团已经派车在机场等候他的到来。

从广州白云机场到Z市工厂，驱车约需一个小时。Z市是一个不错的南方小城市，在这里云集了众多的小家电生产厂商。这不是他第一次来Z市，多年前Nelson先生曾在Z市辅导过一家世界级高尔夫球杆制造工厂。每两周往来于台湾与大陆之间，虽然那是一段辛苦的日子，但收获良多，工厂真正得到了改善，同时又交往到了很多朋友，得到了一大帮学生，算得上是人生的一笔财富。直至今日想起这些，也感觉温暖；再次来到此处，备感亲切。

Nelson先生来中国大陆工作的时间虽不算长，但也利用假期走过了不少地方，也许是自小在台湾生活习惯了，仍感觉南方的气候比较宜人，虽然夏天有时会闷得令人心慌，但潮湿的空气滋润着微干的皮肤，感觉舒适。南方不会有北方初春嫩绿的惊喜，但一路上满眼的郁郁葱葱，心情也特别舒畅。Nelson先生自认为与Z市还是挺有缘分的，要不相隔数年，怎会再访故地？

一辆银灰色的小轿车驶进了公司大门，当Nelson先生从车中走出来时，一行主管迎了上来，与其一一握手。

其中一个主管说：“我们先到会议室坐一下吧。今天我们总裁去美国拜访客户了，让我们来陪同。”

Nelson 先生回答："哦，总裁不在 Z 市。好吧，那我们直接去工厂。"

于是那位主管边走边简单介绍了今天的行程，同时 Nelson 先生也了解到了集团的一些情况。

Z 市工厂有两个厂区，一个旧厂区和一个新厂区。现在参观的是新厂区，厂区内矗立着十几栋厂房，看上去的确很新。工厂整体布置是依照产品的制程分功能别布置的，例如一栋厂房是注塑成型车间，一栋是冲压车间，一栋是烤漆车间等。缝纫车间、组装车间等无大型设备的基本上都布置在二楼或三楼。

映入眼帘的现场，让 Nelson 先生觉得有点窒息。参观通道上、机台旁边，都已经堆满了物料，经现场主管的引导，才得以勉强通过。

车间布置与想象中的不太一样，每个车间几乎都是产线一半，物料集积区一半。整体印象就是物料占了工厂大部分的空间。

注塑车间内，很多机台没有亮绿灯，可以想象机台没有生产。在有生产的机台旁边，作业员不停地打开合上机台的门，从机台内取出成型好的产品，检查，削毛边。工作台上已经堆满了不知是加工完了还是未加工的产品。叉车驾驶人开着叉车在不停地进进出出，叉着堆满整个栈板的塑胶粒，堆放到机台旁边的货架上，然后又去仓库中领材料。

冲压车间，一台台冲床依次摆放着，不停地发出冲击的声音，有些刺耳。到处堆满了半成品，有的半成品挂在架子上，有的躺在胶框里，没有区隔。

焊接车间有金属焊接及铝管焊接两种类型，都各有手工及机器人两种设备。在铝管焊接后，为了消除其应力，在同一时效车间专设四台大型热处理设备进行处理。

走进烤漆车间，产品一个个悬挂在链条线上，如果不细看，也不会发现有的挂具上是空的。感觉整个空间里都有颗粒漂浮着，而且是有气味的。喷房内，工人戴着防毒面具，看上去还是较为原始的人工喷漆。

不知哪一位主管喊道："快出去，快出去，这里有毒！"

缝纫车间，工人们忙碌着，每个缝纫工位的桌上都堆了一堆材料。就现场的布置来看，根本看不出哪个是头哪个是尾。

组装车间的生产线还是由一条条传统的传送带流水线组成，线头线尾线边全堆满了物料，物料横七竖八地堆叠在一起，甚至一些外观烤漆物料也堆叠在一起。难道这些产品不怕擦刮伤吗？物料堆里，存放着不同制造日期的产品，先进先出如何执行呢？物料没有定位，也没有定容，更没有定量。作业员是站着作业的，他们也只能埋在物料堆里，看不到头。有些生产线由于操作台面过底，导致部分人员需要弯腰才能作业。有些生产线是不动的，也不知道是何原因。其中有一条生产线不知为何，线上堆满了产品，人员却都没在工作。

他们一行人一起走到这条线来。

“今天的任务完成了多少？”Nelson先生忍不住问了一句。

随同主管没有一个人回答，因为在现场就看不到相关的信息。现场的人员中也找不到诸如线长或班长之类的人员。

仓库的场面就更为壮观了，货架是四至五层的，物料非常多，也许与产品的多样性有关，但有些货架上的物料已经生锈了，且上面明显积了一层灰，显然是一些呆滞品了。堆堆叠叠很多层，看似充分利用了空间，却不知道要花多长时间才能找到需要的物料。

Nelson先生看着仓库里堆满的物料，随手拿起一张放在物料上的卡片，问随同的主管：“您知道A物料在哪里吗，数量还有多少？”

陪同中的一个主管史总监笑了笑，喊道：“哎，那个温课长帮忙查一下，A物料在哪里，有多少量？”

温课长回答说：“嗯，史总监，您等一下。这个要问一下管这个物料的仓管，只有他们才知道在哪里。”史总监是供应链的老大，听得如此回答，只能露出尴尬的笑容。

“哦，不用查了，我只是问一下而已。”Nelson先生也笑了笑。

> **提示：**
>
> “来来来”的管理方式：是指主管不了解现况，到现场时也不能快速地找到现况，都是通过询问下属的方式来获得答案。

如此的回答，在Nelson先生辅导工厂和平常的工作中见多了，只是在此再一次得到了验证，现场主管的**“来来来”的管理方式**，以及仓库管理的随意性，只靠着仓管们的脑袋记忆仓库中物料的大概位置及数量，这种管理是否太粗犷了些？

途经某一车间的厕所，恰好看到厕所的门侧躺着，似要倒下去了。没有看到标示需要修理的状态，似乎是无人打理。

虽然满眼的不堪，但也不能全盘地否定，现场有一些还是做得不错的，如产品首件的管理，只是这样的亮点实在不多。

提示：

产品首件：每个班刚开始生产或过程中发生改变后生产的第一个或前几个产品。只有首件检查合格后才能继续生产。

这是一个已经推动过精益生产一年半的工厂现场，你相信吗？如果按 Nelson 先生心中的标准来打分的话，那最多只能打 40 分，一些基础都没有做好，何来精益？

工厂相对而言确实是挺大的，所有制程从头至尾走一遍，共用去了 3 个多小时。Nelson 先生依然精神抖擞，而陪同的现场主管都在嘀咕着喊累。Nelson 先生经常去现场指导工作，半天、一天都是正常的事，现在这些现场的主管，应该都是很少去现场吧，要不然怎么会一个个不时地捶一下腰和腿呢。

参观结束后，Nelson 先生环顾了一下公司，公司的门牌确实气派，烫金的大字在夕阳下闪闪发光。绿化带的两旁停满了各式各样的自行车，一些是电动自行车，汽车的数量比较少。

为了能赶上返程飞机，Nelson 先生参观结束后就离开了工厂，一路上已无来时的闲情观看风景，只是回想工厂的种种现象：

① 停工待料多，返工不合格品多，损失工时多。

② 人被物包围，人被机械包围，三定不佳；物料搬运方式、生产线布置、换线方法有问题。

③ 存在空间的浪费。

④ 看得见的管理、看得懂的管理欠缺。

⑤ 人作业的动作不符合经济原则、TPS 基本功没有教好。

提示：

看得懂的管理：又称目视化管理（Visual Management，VM）。用眼睛看的管理，就是用直观的方法提示管理状况和作业方法，让全体员工能够用眼睛看出工作的进展状况是否正常，并能迅速判断和做出对策。

这样的工厂，要是由他来管理会怎样？有人曾说，一个很差的工厂提升到中等很容易，一个很好的工厂再提升就很困难。的确，这是一个很好的机会。在此之前，Nelson 先生虽历任过各岗位经理及协理，例如生产制造、质量管理、人资、采购等，但全面执掌一个公司尚未试过，心中也不免有些担心。

一周后，在香港总部，Nelson 先生与总裁再次会谈。

Nelson 先生谈及了工厂的现状，及应有姿态，总裁对他的观念与想法十分赞同，时不时地传达让他来管理这个工厂的讯息。但 Nelson 先生还是有所顾虑的，因为之前他就从侧面了解了一些有关该企业的情况。这是一家类似家族企业的公司，现在总裁执掌整个公司的运营，以后会让位给女婿接管，从来没有从外聘用过职业经理人。虽然总裁的创新意愿强烈，但其意志被包围欲振乏力，所以非常希望借助外部力量来突破创新。但之前公司请 TPS 汽车界顾问辅导一年半仍无法落实精益的管理，各车间改善的空间仍然那么大，这其中是什么原因导致的呢？该企业的家族色彩非常浓厚，如果直接蛮干，管理干部们容易抵制反弹。如若成为第一任职业经理人，Nelson 先生的责任将会重大。要如何进行管理，才能让管理干部们心悦诚服？要如何才能在此公司实行精益管理？他会变成牺牲品吗？

但与总裁的一番对话，让 Nelson 先生决定去尝试。因为 Nelson 先生的内心一直有一个梦想，希望能够依照自己的方式实践 TPS，创造出适合任何一家企业的生产管理方式。

总裁问道：“为什么 TPS 可以 make money（赚钱）？”

“TPS 成为 Toyota 成功的代名词，是因为 Toyota 的思想 DNA，是充分实践产出的成果。追求人的效率、机的效率、物的效率与问题解决的效率，做到没有冗员，没有不适切的库存，问题解决方法讲究从根拔起，节省很多管理效率上的浪费。持续精益生产以改善产品的成本，增强市场竞争力及占有率，当然可以创造巨额的利益。”Nelson 先生回答道。

“目前比较流行精益生产这一说，精益生产与 TPS 有何不同？”总裁继续问道。

“在欧美，丰田生产方式（TPS）被称为 Lean Production；在日本和东南亚各国直称为丰田生产方式；在中国被称为精益生产。

丰田生产方式包含很多自成一体的思想理念，这些理念以持续改善和尊重人性为核心，主要包含现地现物、挑战目标、改善、团队合作、互相尊重等内容，通过持续追求及时化生产和自働化而实现公司的目标，体现制造的价值。

精益生产是一门实践类的学科，从实践中总结而来，然后应用到实践中去。实践 TPS 需要理解 TPS 的涵义，通过持续的改善活动，彻底地排除浪费。如果只是形式上的导入，依样画葫芦，并不会产生预期的结果。TPS 并不是只有方法论，企业必须学习丰田方式的理念，另行建构适合自身的模式，才算进入精益之道的门。”Nelson 先生不紧不慢地解释。

总裁不时地点头：“TPS 在我心目中是非常有分量的，我非常向往 TPS 能在我们公司得到应用，但我知道，TPS 不是简单的 copy（复制），是需要时间去尝试的。虽然过去一段时间我们算失败，但我仍希望成功，所以还是要努力去尝试。因为如果不去尝试的话，连这个成功的可能都没有，所以我会给你足够长的时间去实现。”

“谢谢您能这么理解 TPS。的确，对于 TPS 的实施，不仅需要时间，更需要像您这种老板 Top 的支持与理解。”Nelson 先生回答道。“TPS 不是一个策略或一个成本降低的程序，而是一种思考与行动的方法。TPS 实践要达到有形有神，需要 Top Management（高层管理）。”

“那你能协助我来管理工厂，一起推动 TPS 吗?”总裁趁势问道。

“非常乐意。希望能在我的管理下，创造出一种属于 NP 集团自己的生产管理方式。”Nelson 先生这时有些激动。

不用想也知道，前途一定困难重重，但 Nelson 先生还是接受了此份 offer（就职邀请），因为他一直相信“没有困难，只有挑战”。所以在不久后的某一天，他将成为 NP 集团的运营总经理。

此时总裁也满怀期待，期待在 Nelson 先生的努力下，公司有所突破与创新，从而能改变现有的这种病态。

小结

学会观察现场，并不是一件易事。平时就要多去现场，了解现场，从点中可以看到面，看到系统。

找到认同你的人，而且愿意让你来实践的人，也并非是件易事，所以有机会就要牢牢抓住，不管以后的路有多长，有多艰难，要相信：没有困难，只有挑战！

1.3 告别老东家

回到北方，Nelson 先生果断提出了离职，不为别的，就为了实现自己一直追求的梦想。上级主管虽提出了挽留之意，但此留意已撼不动 Nelson 先生的去意。

经过一个多月的工作交接，Nelson 先生终于有了片刻属于自己的安宁。回忆着昨日的忙碌，落在笔头的却只有美好与感谢。

“不知不觉中，加入 H 集团已有五个年头，在我的人生中也增添了很多精彩与美好的回忆。

在 H 集团，我历经了：

IE 到 QA 职能的转换，感受到了不同职能的压力；

南方到北方战场的转移，感受到了不同地域的差异。

因为 TPS 之梦，我来到了 H 集团：

尚记得 TPS 的舵主们，是你们的积极与热忱，带动着我勇往直前；

也记得 IE 处的弟兄们，是你们的努力与协助，带动着我开创新思；

忘不了品保的战友们，是你们的配合与努力，带动着我们共同进步。

我们曾一起走过各个工厂的角落，一起努力提升工厂的竞争力。

所以我一直心存感激，感谢有你们，有你们的协助与支持，才有我们共同的进步与成长。

希望在未来的人生旅途中，依然有你们相伴。

但，也因为 TPS 之梦，我要离开 H 集团，去继续我的梦想。

世界虽大，但我们有缘：

因为缘分，我们相聚于此，愉快合作，共同成长；

因为缘分，我们分离于此，说声再见，道声珍重。

有缘再见！”

写完这段话，Nelson 先生就真的与这个庞大的 H 集团告别了。带着前所未有的轻松，又要上路了。

给自己留了一点空闲，Nelson 先生想要旅行了，他感觉在上个五年中，很少有时间游玩，几乎周末爬个山打个球还要担心大老板的电话。在即将步入的这个传统行业中进行精益的管理，需要投入更大的精力与心血，而只有此刻的旅行可以修身养性，完全地释放自我。

于是 Nelson 先生怀着浮云游子的浪漫心情，在行囊中装满了无限的憧憬，放慢脚步、换个心情，前往风景秀丽、人文荟萃的浪漫欧洲。其实旅途中有太多的惊奇与骄傲，一次这样的自我放逐，让他感受到前所未有的浪漫，仿佛几年的辛劳都在这异乡的街头得到无限的慰藉。但在这风景优美的欧洲，Nelson 先生已经开始思索传统产业实践精益的策略。

小结

离开一个熟悉的环境，需要勇气，特别是对于一个企业的高管来说。鸿海集团总裁曾说：为钱做事容易累，为理想做事可以耐风寒，为兴趣做事则永不怠倦。

所以为了心中的梦，为了理想和兴趣，可以抛弃这熟悉的一切。

1.4 新官上任

休养之后，正值学生的开学日 9 月 1 日，Nelson 先生从台湾途经澳门赶到 Z 市 NP 集团报到。

空降一个运营总经理，对于集团内的大多数主管来说，多少都是有一些想法的。为了不引起公司管理层的骚乱，总裁先委以 Nelson 先生总裁特助的身份，待大家都认同时，再适时宣布运营总经理一职。总裁与 Nelson 先生在之前已经谈妥此事。

Nelson 先生的办公室被安排在总裁的办公室旁边，看来总裁的安排是别有用心的。如此，相互沟通就比较方便。同时，也给 Nelson 先生配了一个助理小白。小白是大学本科毕业，不仅能协助处理一些简单的工作事务，而且懂英文，是一个不错的助手。

Nelson 先生就职当天是周六，总裁特意从香港过来，将各单位课长级以上的主管都集中到大会议室，亲自主持就职典礼。

总裁说："这位是 Nelson 先生，从今天起将担任集团总裁特助一职来协助我的工作。首先让我们热烈欢迎 Nelson 先生加入我们集团。"

会议室顿时掌声四起。

Nelson 先生站立起来，用其惯用的姿势，满脸笑意地向大家表示谢意。

总裁接着向大家介绍 Nelson 先生：“ Nelson 先生从事 TPS 推动已经有三十多年了，已经为多家公司成功植入 TPS。就在我们公司附近做高尔夫球杆的那家公司，我也去参观过，做得非常好。他们在接受辅导之前，公司人力约 15000 人，今天却能精简到 8500 人，创造相同的产能，而产品却更精良耐用，品牌价值更胜以往。这就是 Nelson 先生对他们进行 TPS 辅导的绩效。”

又是掌声一片。显然，总裁是对 Nelson 先生所辅导的企业进行了充分的了解。

“大家都知道现在的经济环境非常恶劣，现在我们公司有幸得此人才，希望各位主管能与 Nelson 先生好好合作，共同推动公司的成长。下面我们请 Nelson先生介绍一下自己。”

Nelson 先生开始从学历，从服务过的公司资历，从取得的成就等方面全面地展现了他的过去。下面的主管不时地发出唏嘘声，不知道这是赞叹还是不以为然。

待 Nelson 先生讲完后，总裁补充道：“Nelson 先生是一个有阅历的人，从与他的交往中我看到了他很谦卑，我们公司非常需要这样的人才。他对于生产制造的管理有其独特的认知，希望我们大家一起努力。那我们这边先请人事部的华总监来介绍一下集团的状况及各单位的主管。”

华总监开始介绍集团目前的组织（见图 1-1）。集团目前有三个制造基地，一个在 Z 市，一个在湖北 L 市，一个在 K 市。湖北 L 市与 K 市的工厂目前都在发展中，所以比较小，Z 市工厂比较大。NP 集团以 Z 市工厂为核心，共设有 8 个处，分别为制造、供应链、品保、财务、工程研发、销售、人资、管理，这与大多数传统制造工厂的组织架构相似。制造处下又分有 6 个制造部。研发单位主要是在香港，但经常有研发人员出差来内地跟进新产品。

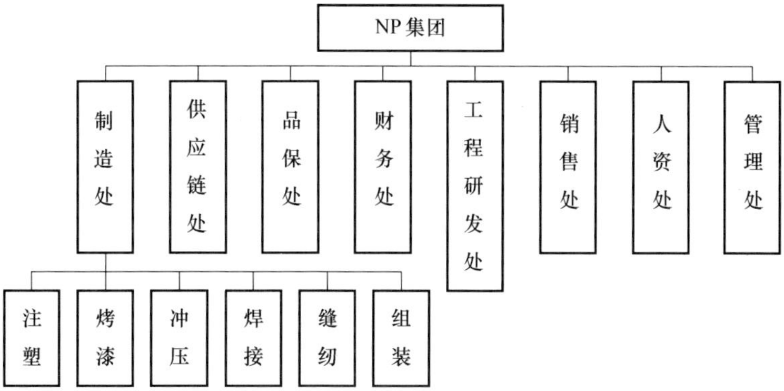

图 1-1　组织图

“下面请各单位主管来自我介绍一下，从最左边开始吧。”华总监开始让大家各自作自我介绍。

最左边的是供应链主管史总监。“我是史总监，上次先生来参观工厂时已经见过了。我在公司工作了十二年，对于公司的各个环节的生产能力了如指掌。我们正在进行一些改善，以期望公司能够正常快速地成长。希望在特助的指导下，快速地进行改善。”史总监长得敦厚，头发有些花白，看来年纪已经有五十多岁了，但话语流利。

接着是品保主管邱总监。“我是邱总监，来公司五年多，之前曾在一些有名的企业担任过品质主管。”邱总监看上去极其斯文，但留着板寸头，显得异常精神。很难想象他是公司品质的最高代表。

接着是制造主管李副总。“我是李副总，负责整个公司的生产制造管理。我来公司比较久了，可以说是伴随着公司的成长而成长。希望在未来能继续与公司一起成长。制造处共分成六个部，其中注塑部一直缺主管，希望 Nelson 先生能帮我们觅得一位注塑专业人才。下面制造部的主管一个一个地介绍。”李副总，个子不高，黑瘦黑瘦的，讲起话来一听就知道是个香港人。

五位制造部的主管说话的声音都带着四川口音，而且看上去都很年轻，想必都是从制造现场一步步升上来的，对于现场他们非常熟悉与了解。事实也正是如此，Nelson 先生事后从人资处拿到的人事资料中了解到了这些。

财务主管副总监，这是唯一的一个女性主管，卷曲的长发下有一张白皙的脸庞，身材高挑，说话声音相当地柔和。“我是副总监，负责公司的财务管理。从事本职业已经有 20 年了，希望前辈多多指教。”要不是她自己说出工作的年资，很难猜出她的年纪。

工程研发主管任总监。“我是任总监，负责公司的产品工程研发。”虽然看起来有一张年轻的脸，但几缕长发盖过光秃秃的头顶，显得有些不协调。

还有一位，Peter，是品保部的共同总监及 IE 总监。Peter 是 Nelson 先生的一个弟子，一个月前到 NP 集团报到，这也是 Nelson 先生特意安排的。“特助好，我是 Peter，来公司一个月，对一些业务还不是很熟悉，希望尽快走上轨道，为公司出一份力。”

Nelson 先生用心倾听各位主管的介绍，观察各主管的言行，并记录了重点及个人的想法。

各位主管都自我介绍完后，华总监再次站立起来，“今天还有一些主管没有到场，以后有机会再介绍。那最后请 Nelson 先生说两句吧，谈谈您对公司及大家的印象。”

Nelson 先生恭敬地说：“各位主管都是本行业内的专家，希望今后向大家多多学习，我们一起努力，相信 NP 集团能再次成为本行业第一。我会安排时间拜访各位主管，希望各位多多指导。谢谢!”

大家热烈鼓掌。

Nelson 先生深知这掌声的背后将会是更大的挑战与压力。

会后，Nelson 先生随着总裁来到了他的办公室。总裁拿出了早就准备好的人事组织架构图递给了 Nelson 先生。

“你目前的管辖范围在里面了，你看一下。”

从组织图中，Nelson 先生看到了他的管理范围，除了研发、财务、销售外，都隶属于他，不过在他之上还有一位李总经理和吴总经理。Nelson 先生有一些疑惑，在今天的就职典礼上未见到李总经理和吴总经理。

“李总经理和我的定位?”还未待 Nelson 先生讲完，总裁就接上话了。

“李总经理是管整个 Z 市工厂的，不过你不用管他，听我的就可以了。另外吴总经理是我女婿，目前在海外，暂时不会回来。按照我们之前谈过的，半年后再更改职务称呼。”总裁补充说。

“哦。谢谢总裁的信任，我会尽力做好的。”虽然 Nelson 先生对于李总经理的存在有些疑虑，但总裁的那句话似乎又在告诉他什么。不喜欢乱猜的 Nelson 先生还是满怀信心地回到了自己的办公室。

小结

谦逊是你走进新公司的开始，学会倾听更是找到问题的关键所在。收敛起曾有的荣耀，放低你的姿态，融入这个新的陌生的环境。

公司的组织构成一定要搞清楚，也一定要清楚自己的管理范围，否则混沌的界线会混淆你的管理职能。

第2章

如何展开企业现状调研

精益专家并不是全能的，有些领域是他擅长的，有些领域可能并未涉及过。但不管怎样，精益专家就像医生治病一样，先要对企业的现状进行诊断，以便了解企业是否生病了，病的程度如何，然后才能对症下药。

Nelson先生擅长制造管理、品质管理等，从现场的表象中便能得知病的几分真因。NP集团的现状到底能达到精益水准的什么程度呢？

2.1 家族式企业组织的脉络

提示：

微笑曲线：宏碁集团创办人施振荣先生，在1992年为“再造宏碁”提出了有名的“微笑曲线”（Smiling Curve）理论，以作为宏碁的策略方向。经历了十多年以至今日，施振荣先生将“微笑曲线”加以修正，推出了所谓施氏“产业微笑曲线”，以作为中国台湾各种产业中长期发展策略的方向。

这个组织看起来是非常庞大的，都是以“集团××处”命名，周边单位非常多，特别是在研发和销售端，相反制造只占据了一个很小的位置。这也不难理解，NP集团是一个有自有品牌并代工研发制造的公司。像这样的企业应该有更大的发展空间。施振荣先生为“再造宏碁”提出了一条**微笑嘴型的曲线**。微笑曲线中间是制造；左边是研发，属于全球性的竞争；右边是营销，主要是当地性的竞争。当前制造产生的利润低，全球制造也已供过于求，但是研发与营销的附加价值高，因此产业未来应朝微笑曲线的两端发展，也就是在左边加强研发创造智慧财产权，在右边加强客户导向的营销与服务㊀。

另外一个较有趣的现象就是，这是一个家族企业，总裁的很多亲友都在公司中位居要职，这对于日后的沟通管理会带来一些麻烦，对于 Nelson 先生来说是一个极大的挑战。在公司内也听到了这样或那样的传闻，权当成传闻吧。

曾有人说过，在这种家族式的企业里，如果你站得不稳，立场不明确，老板首先拿下的人是你，而不是他的亲人。Nelson 先生非常同意这个观点，所以在日后的事件处理中都秉承着他个人独特的思维，从不留下任何不利因素。但再怎么谨小慎微的人也会有失足的时候，或许是一次错误的决定，或许是属下的一个过失，有些人就会趁机抓住这个尾巴，将你往死里拱。

有关家族式的企业，Nelson 先生也作了些了解，对于这种组织有其利弊，比如说：

1）与老板的关系。在企业内部拥有的权力与地位与忠诚度、老板的信任度息息相关，而不是职务高低。可能总经理也没用，小主管却拥有很大的权力。

2）管理的有效性。执行力既不是根据你的职位高低，也不是根据指令、计划正确与否，不是看事情本身该不该做的问题，而是取决于相互之间的面子，一般会有这么一种氛围。

3）对行为的评价。家族式企业不是从实际效果，而是根据老板的好恶确定对行为的评价。你做得好，但你高傲，也不会给你很高的位子。在这种企业里老板营造的是逐步忠诚于他的团队，而不是以市场、客户为主的团队。

4）从企业文化上看，尤为明显。首先在家族式企业里，是以人际关系为导向的，最终看跟老板的关系，而不是业绩。这样会导致两种结果，如果老板事业心特强，是完全跟着市场走的，那么这个企业团队也会打造好，在市场上也有很好表现，老板决定一切，像李嘉诚；家族式企业在市场并不是不好，但这样就会很冒险，老板一不行、一失误企业就完了。企业的成败全系于一个人。其次是亲情文化浓烈。就企业文化来说，这是好的，但这会衍生出一些问题，既然是亲情文化，必然会导致亲疏有别，产生圈子文化。不过，这种文化

㊀ 微笑曲线注释来自百度百科。

的好处在于让人际关系变得浓烈，坏处是圈子会演化成帮派、帮派文化、势力文化。这一切都会最终导致企业偏离了既有轨道，严重影响企业以市场为中心的导向。[一]

但不管怎样，Nelson 先生已经做好了长期奋战的准备了。

小结

家族式企业的组织与运作的复杂性，只有身在其中者才知道。走进企业，不仅要清楚地了解各种角色与关系，还要在其中能像鱼儿般自由地活着，这非得有一些功夫才行。

2.2 拜访安抚各山头展现诚意

一般来讲，一个企业发展到一定规模，都会有几股势力的存在，总裁也会运用这几股势力来进行组织的运作与管理。Nelson 先生在其他企业中也见多了这种现象，他称这势力为山头。

要想在公司长期发展，这些山头是必须要去“参拜”的。不仅仅是因为他们的权力，更重要的是他们了解公司过去这些年的成长与发展中的困难点，而这些正是 Nelson 先生需要知道的地方。

Nelson 先生一边看着公司的组织架构图，一边圈圈点点要去拜访的人员名单。

“小白，过来一下。”

小白就坐在 Nelson 先生的前面，听到喊声，小白马上就走了过去。

“帮我安排一下，与这些主管见面，一天一至两个人，每个人大约一个小时，一个星期内完成。安排好后把日程表给我一下。”

“好的。”助理小白回答道，“我先排一下您的时间，再和这些主管约时间吧。”

“谢谢，辛苦你了。”

Nelson 先生总是这么客气，也许是在日本企业中养成的习惯，对于下属的

[一] 来自百度百科。

协助总是会表示感谢。

小白拿出 Nelson 先生一个月的主日程计划，在上面空档处添加与这些主管的见面时间。小白填完后，又一个一个电话与这些主管确认时间是否合适，再一次一次调整时间，直到完成为止。

小白把确认完成的日程表递给了 Nelson 先生，问道："特助，是让他们过来这边的会议室还是您去他们那里？"

"哦，我要亲自去他们办公的地方看看。" Nelson 先生一边看着日程表，一边回答，同时还指出了一点错误。"修改完了再给我。" Nelson 先生做任何事情都是一丝不苟，后来小白也领教了 Nelson 先生的严格要求，很多文件都要修改多次才完成，但经过这样的训练后，需要修改的次数也越来越少。

"好的，我会提前提醒您的。"

"嗯，谢谢了。"

忙碌的一周开始了，Nelson 先生要拜访各位"山头"们。不知道各山头会以什么样的态度来面对，但无论什么样的态度，都改变不了 Nelson 先生执掌整个公司的信心。

制造处主管李副总，这是 Nelson 先生第一个要拜访的主管。

"嘿，你们好！" Nelson 先生以略带轻松的口吻问候着。

"您是？哦……是特助。您来了。" 李副总的助理小琴立刻从座位上站立起来并走出来招呼。小琴记得李副总交代过新来的特助今天要来办公室谈话，看这个时间点及这个新面孔就知道是特助了。

"特助这边请。副总在会议室呢。"

"好的，谢谢。"

Nelson 先生环顾办公室，这时李副总已经拉开会议室的门，满脸堆笑："欢迎特助指导工作，来来来，里边请。"

Nelson 先生上前与李副总握手并进入了会议室。

会议室布置得相当整洁，嫩绿的盆栽，散发出新鲜的气息，整个墙面上贴满了各式标语。

Nelson 先生拉开一把座椅，说："李副总，最近的生产状况怎么样？"就这样开始了他们的谈话。

"还不错吧。基本上都能完成生管排配的生产任务。"

"哦。" Nelson 先生点点头，"在过去的生产管理中有没有碰到过什么困难？或者比较难解决的问题？"

“呃，困难倒也说不上，您知道我已经在公司工作了很长时间，对于各种问题都已经有一定的处理方式。可能最近生产排配上有点问题吧，做出来的东西总是堆在仓库里睡觉，还没有做出来的东西在急着出货，所以客户老抱怨了。

还有啊，这年头，很缺工人啊。特别是快到春节的时候，大家伙全都跑回去过年了，所以到了年前总要备很多半成品。”

Nelson 先生竖起耳朵认真地听着，并在本子上时不时地写上几个字。李副总把珠三角大部分工厂近年来会遇到的现象道了出来。

这时小琴端了两杯热茶进来，这并没有打断他们的谈话。

“而且工人的工资待遇也没有什么特别，所以……”

“是的。你讲得没错。”Nelson 先生接了句话。“除了大环境外，我们公司内部的生产管理或其他方面有什么不足的地方吗?”

“各部门之间的协作有时还不太顺畅，需要多多沟通。”李副总一边回答着一边也想着自己的疑问，“我想问一下特助，您以前在 Toyota 做的是汽车，我们现在做的是童车，这两个产品相差很大呀。我们能做成和 Toyota 一样吗？我们曾经也找顾问来推过精益生产，但似乎没有什么效果。”

Nelson 先生虽没有想到李副总会这样直截了当地提问题，但也很快做出了回应。“是的，以前我在 Toyota 是做汽车，虽然与我们公司现在的产品有差异，但对于产品的管理方式方法是相同的。我想只要用对方法，我们会和 Toyota 一样，有适合我们自己公司的生产方式的。”

李副总“嘿嘿”地笑了几声，似乎不太相信。

他们的谈话从工作聊到了个人的兴趣爱好，又从兴趣爱好拉回到了工作。谈话的时间超过了预定的时间，不过也是一次愉快的交谈，Nelson 先生希望一切都向好的方向发展。

下午是供应链的史总监。供应链是一个公司的中枢神经，其重要性不用多说。史总监一开始就在抱怨生产做不出东西来，交货总是延迟。Nelson 先生更多的是倾听他的抱怨。因为他很了解人的本性，通常情况下是不会说自己部门的不是，都在找机会说其他部门的是非。

“现在公司的问题很多呀，每天的交货都把我们忙得焦头烂额了。总裁还时不时地给我们施加压力来提升交货的速度。”

“生产的不良率很高呀，好多产品都要补料才能完成订单量。”

“有时候东西明明做出来了，却要找半天，唉。”

这些抱怨不只是供应链，其他部门也是一样。

依照既定的日程，每天要与两位主管谈话，整个星期都是满档了。通过与各位主管的交流，Nelson 先生已经了解到了公司中的一些基本状况，抱怨也好，苦楚也好，各主管都一致反应：

① 高层间斗争严重，总裁与李总经理理念不合。总裁要把李总经理干掉，李总经理估计年底会离职不干了，会带走一批老干部。

② 有些员工和干部与外部供应商勾结。

③ 公司被之前请的 TPS 顾问搞烂掉了，拆掉了所有输送带、注塑产品的仓储架，停线返工严重。

这些状况不管是好是坏，总之让 Nelson 先生对公司有了一个更深入的认识，看来平日里听到的一些传闻也有些是真实的，不过他已经踏进了公司中，就如同进入了一片森林，需要找到一条出路。**对于管理者来说，管理是相通的，不管是在哪个行业，**或许这条出路要历经磨难才能找到，那也无所畏惧了。

Nelson 先生请小白通知各单位提交规定格式的组织架构图，细到线组级并包含了人员数，同时让小白将回收回来的组织架构图张贴在自己办公室的墙面上。这也是他惯用的目视化管理方法，这样一方面可以让他快速了解组织，知道组织的一些数据，例如**直间比**；另一方面可以记住一些人名。如果第一次见面就能喊出别人的名字，对任何人来说是一种莫大的荣幸，因为自己的姓名都是最悦耳的声音。

> **提示：**
>
> 直间比：是指企业中直接员工与间接员工的比例。
>
> 直接人员简称为 DL；
>
> 间接人员简称为 IDL。

小结

> 走进现场，才能知道现况；走近人心，才能了解更多。你能挖掘的深浅，取决于你进入的程度。

2.3 不要急躁，一点一滴

常人都说，新官上任三把火。这三把火烧好了，就站稳了，如果没有烧好，那就是引火自焚，就危及官位了。所以这火该如何烧？火候多少合适呢？

刚进入公司的这段时间，Nelson 先生还是有点急躁，因为看到了现场那么多的问题急需解决。

晚上，Nelson 先生与太太一起用餐。餐桌上摆满了太太精心准备的好菜，要是在平常，Nelson 先生都要喝点小酒，慢慢地享受。而今天他好似想快速地用餐完毕去研究白天尚未完成的工作，匆忙地喝了口汤，结果烫到了舌头，不悦地他夹了一块酿豆腐，刚到嘴边滑了下去掉到了桌上，这使得他更加不悦。

太太看在眼里，开玩笑似地说："老公，着急干什么去呢。心急吃不了热豆腐，吃饭都不好好吃，工作怎么好好做呀。"

太太的一句话，猛然将 Nelson 先生惊醒，"我在急什么呢？"

收拾好急躁的心，重新开始悠然地吃饭，聊天。

吃完饭，太太收拾碗筷，Nelson 先生则坐在阳台上，吹着晚风，抱着 iPad，打开微博。他在自己的微博上写了几句："万事不要太急躁，保持愉快的心情，才能全身心地投入到工作中去。设定目标，要在最短时间内融入新公司的企业文化中，找到突破口，以创造新的公司文化。"

跟随的粉丝很多，都是对精益生产或精益管理有追求的信仰者。Nelson 先生也经常与他们在网上互动。微博刚发，就有粉丝发来信息。

"老师最近换公司了？"

"是的。"

"刚进新公司一定很忙吧？"

"是的。有很多东西要熟悉，希望快速地融入新的环境。"

"新公司对您的期望一定很高吧？"

"嗯，非常。"是啊，总裁的期待对他来讲是多么大的压力。

"老师千万不要急，要稳住。"

"会的。"

"有点事，出去一下，有空再聊啊。"

"好的，谢谢你的鼓励。"

Nelson 先生也在为自己加油鼓气，他相信自己，You can do it。**现有的企业文化必须先适应，现有人才的思想、工作心态先尊重，再求教育调整。**

拜访完了各山头，为了增进与新同事们的相处关系，让彼此有所了解，Nelson 先生在周末的晚上安排了一个小小的聚餐，先与公司的高层主管进行一次面对面的沟通。

> **提示：**
>
> 新官上任时不可盲目烧火，要先适应、先尊重现有的企业文化，再适时教育与改变。

在日本的企业中，白天的工作压力很大，为了缓和白天的压力及同事下属之间的关系，晚上就会一起出去喝点小酒，聊聊天。Nelson 先生曾在台湾 Toyota 工作了二十多年的时间，受其影响不小。

今天的这个聚餐，也颇有点这个味道。

酒是 Nelson 先生从家里带过来的，台湾产的高粱酒。

“这个酒呢，是我从机场带过来的，绝对的正宗。”Nelson 先生一边说着，一边开始给大伙斟酒。

大伙也都乐呵呵的，说着表示感谢之类的话。

Nelson 先生举着杯对着大伙说：“来，第一杯敬大家，希望未来的合作愉快。”

各位在 Nelson 先生的关照下，喝下了第一杯。

“大家先吃点菜，酒还有很多呢，慢慢喝。”Nelson 先生招呼着大家，自己也坐了下来。

Nelson 先生坐定后，大伙开始过来轮番敬酒，一句句客套的话，在酒桌上也显得那么美好。

不知酒过几巡，史总监已经开始摇摇晃晃了，李副总也有点前言不搭后语了，唯有几个年轻人还挺得住。

此刻，Nelson 先生的脸也已经红到了耳根。他再次举起酒杯，对着大伙说，“喝就要喝个痛快，不要像小姑娘一样扭扭捏捏。要喝到有一种飘飘欲仙的感觉，这是最美妙的时刻。你们有没有过这种感觉?”

史总监站起来，不小心打翻了酒杯，大伙开始起哄，要他罚酒三杯。

“哈哈，我现在正在享受这种美妙的时刻。”史总监使着不太听话的舌头，惹得大伙都笑了起来。

喝酒嘛，本就是为了更好地沟通。酒过了就会洋相百出，不过呢又过于保守。所以喝到一定量时最好，人们讲话也就不会有太多的思考，讲的话也是最真实的。

“日本人常常说一句话，我把它翻成中文的意思就是‘喝到死为止’。”Nelson 先生又开始唠叨这句话了。“来，尽量喝，能摸到家里的门就可以。”

大家都大笑起来。

总之，聚餐的气氛还是不错的，大伙都很尽兴。

小结

一个职业经理人去一个新企业，要想站稳，都要烧三把火，但往往很多人都是引火自焚了。因为他们大谈企业再造，从而否定了原有公司的成绩，也为自己树立了不少敌人，如不能化敌为友，也就断了自己未来的路。

每个企业的问题都很多，不可能有一日见效的良方，所以要设定目标，努力寻找突破口，从一个试点出发，只许成功不许失败。

You can do it！调整心态，相信自己，将会创造新的神话。

2.4 再观现场持续深化

还记得第一次参观 NP 集团工厂时，Nelson 先生心中给出了 40 分的印象分，那 NP 集团距离精益的程度到底有多远呢？要如何因地适宜地推动精益呢？Nelson 先生需要更深入地调查与研究。

> **提示：**
>
> 产业与行业的区别：
>
> 产业主要指经济社会的物质生产部门，包括农业、工业、流通和服务三大产业。
>
> 行业一般是指按生产同类产品或具有相同工艺过程或提供同类劳动服务划分的经济活动类别，如服装行业、机械行业等。
>
> 因此产业包含行业。

Nelson 先生上任后，每天都会花时间去现场走走。“走”的目的大家都应该明白，要快速地融入新环境、新制程、新产品、新人员。不过在现场大多数时间仅仅只是细细观察，默默评价，并不多言。因为对于新的行业来说，需要学习的东西还是蛮多的，同时很多现象的存在必定有其缘由，不可以用固有的观念来套在新的产业上。“多看多想”成了这段时间 Nelson 先生的行动指导原则。

Nelson 先生还经常找 Peter 了解情况，共同探讨相关的现象。从他的口吻中看得出来，他已经融入了进去，之前的担心是多余的。

除了 Z 市工厂，Nelson 先生也到湖北 L 市工厂去“看”了一下。

NP 集团在湖北 L 市偏僻乡下的分公司，经营不如预期，设计规模 2000 人，经过三年的经营，人数却还没达到 1000，每年 500 万美金的利润目标不但从未达到，每年留给总公司的是将近 200 万美金的亏损窟窿，每个月还要总部拿钱去供着。弄得那个地方天怒人怨，能干的人才不肯去，去了的人千方百计想离开。公司内的干部都笑称，那里是我们公司的“火烧岛”。凡属不被重视的、犯过错误的、前途堪忧的就会被要求派驻分厂。

目前那里每个月会制造出将近 300 万美金的产品，预计今后订单数量每月会逐步达到 500 万美金。人数会逐步达到 1000 人上下，照这种状况下去，那里的亏损缺口会更大。

在那里虽然有优于 Z 市工厂的一些先决条件，例如直接人工的薪水大概只占总部直接人力薪水的 60%，但由于经营不善，始终没有成大器。Nelson 先生想若管理得当，分公司会成为集团的制造中心，而且会有长久的发展，这也是总裁所想要的结果。

经过了解，工厂中的基础人力基本全员当地化，因此存在了一些比较困惑的问题：

1）员工男女比例严重失调，500 名基础员工中，男员工只有约 30 名，很多需要男性完成的工作在这里也只能由女性代劳。

2）一些员工的文化程度低到只认识自己的名字，小学未毕业的员工占相当比例。

3）因为在家门口上班，员工的纪律性很不好，生产线随时有可能不知不觉少几个人，问之则曰：她妈妈临时找她有点家务事急着做，所以暂时离开了一会。

4）湖北自古以来属于兵家要地，当地民风泼辣，员工之间，员工与主管之间，一言不合，就会发生争吵乃至斗殴，管理难度相当大。

在这种人文环境的工厂内推动精益生产，突破口在哪里呢？

某天早上，Nelson 先生正在生产线观察。突然，一名作业员以盖过机器轰鸣噪声的嗓门向他下达了一条指令，要求帮她把某个零件从暂存区搬运到她身边以方便作业。Nelson 先生以为是她特别忙，于是便前去找到相应物料，帮她搬到了工位上，继续观察现场。到了工间休息的时候，Nelson 先生特意找到这名作业者，跟她聊。

“为什么要求我去搬运物料呢？”

她的回答让他大开眼界：“我看你没什么事做，就让你帮帮忙，我们的班长、组长、课长都在线上帮我们打产品啊！你为什么不帮我们做事？”

Nelson 先生说：“生产线应该有物料员、备料员，你可以叫他们帮你找物料，不是见人就可以叫帮忙的。”

这时，本线班长听见了，走过来终止了我们的交流。等下一次休息的时候再去找这名员工时，面对的已经是一幅冰冷的脸孔，说出的是具有敌对的话语：“以后，你不要来我们线上看了，有什么好看的，也不要帮我做事，我自己的事自己能做。”

Nelson 先生懵了一会，直觉告诉他，班长修理了她，而且是在以他为假想敌人的背景下进行的。

Nelson 先生说：“是不是被班长骂了？怎么这么大的火气啊！”

她说：“班长说了，你们这些当官的，总是给她找麻烦，叫我们看到你们不要理，问什么不要答，你们讲什么不要听，如果再和你们讲话她会让我好看，你快走开！”

Nelson 先生又气又笑，但还能怎样，只能依她所说，赶快走开。

都说企业的成功最关键的就是执行力，特别是对高层所传达指令的执行力越高就会越成功。但从这个事例上，Nelson 先生体会到的是抗拒力，而不是执行力，她们在有意识的抵抗，但还不能说这名作业者没有执行力，她完全贯彻执行了她直属上司的指令。如果组织中层层都能按照这个规则那就是最优秀的企业。关键是，不知道这里面谁是这个员工的最高领导！也许是课长，也许是更高级别的总监，更大的可能就是这名班长，唯一可以确认的是，这名员工执行的，一定不是厂区最高领导的指示。因为，不可能存在下达这种教条的最高领导。这就是组织层级之间管理的断层。问题是，谁来链接这个断层呢！

提示：

现场的职责要清楚，主管有主管的职责，员工有员工的职责。

Nelson 先生见到最多的状况是：主管在生产线上从事生产作业，而抽不出时间处理异常，生产线上空了一大截没有产品，没有人为此而紧张，没有按线展开的早会晚会；没有物料了，主管去搬；设备坏了，主管去修；气管漏气了，主管去补；电跳闸了，主管去接；地脏了，主管去扫；质量出问题了，没有人理了，因为主管一个人搞不定了。在 Z 市工厂一个课长的辖区是一个车间，但在这里，课长的辖区只有两条生产线了，因为没办法教会员工处理杂务，主管必须事事亲力亲为，自然管不了一个车间。

俗话说：上下同欲者胜。尽管看上去员工是如此听话，主管是如此努力，但绩效却如此地不济，究其根本，乃是民心不齐所致。当员工开始抱怨主管大多喜欢坐在办公室下达指令，不体恤他们辛劳的时候；当员工找主管反映问题，主管必须用权力强制让员工做出时间或其他利益牺牲的时候；当员工觉得主管事事喜欢站在他们的对立面的时候，公司不赚钱，效率不高那是必然的事。再往深处去看待这个情况，可以很容易地得出一个结论：管理者的无能。管理者没有因环境的不同而做出应变对策，不能使员工站在自己的立场去思考，去工作，而是自以为本着一切替公司着想的原则，自作主张把员工驱赶到自己的对立面去了。

解决这种现象的对策只有一条，增强干部的管理能力，当然，需要干部们具有端正的学习态度及现地现物指导的精神。工作教育及指导，人才的养成是实现目标的根本之“道”。

提示：

精益水平评价表：每个推动精益的老师或咨询师或咨询公司可能使用的精益评价表都不一样，有完整版的，有针对现场的，关键在于要适用于你所在的企业。

Nelson 先生经过一个多月的观察，公司现状精益水平的评价表就诞生了，见表 2-1（仅 Z 市工厂部分）。

自此，Nelson 先生对现场已经有了相当的认知，对于今后要进行的精益改善，心中也有了推展的方向：对于良好的部分，觉得让其保持下去就可以了，然而对于较差的部分，需要立即改善。

现场的水平或说是看到的往往只是一种表象，这表象的背后到底隐藏了多大的问题，还必须要深度地挖掘。然而对于挖掘人的要求也是相当高的，需要有非常了得的功力，否则只能永远浮在表面。

表 2-1　精益水平评价表

	线头				线中						线尾					其他			
项目 / 制程	材料店面	山积表	首件管理	人员配置表	SOP	瓶颈工位分析	WIP管控	不合格品管理	物料配送频率	开收线管理	成品店面	生产管理板	品质管理中心	产品良率	不良检出率	物的三定	生产节拍化	先进先出	IPQC巡检
注塑	△	X	○	X	△	X	X	△	△	△	△	△	X	△	△	X	X	X	X
烤漆	△	X	○	X	△	X	X	△	△	△	△	△	X	△	△	△	△	X	X
冲压	△	X	X	X	△	X	X	△	△	△	△	△	X	△	△	△	○	X	X
缝纫	○	X	○	X	△	X	X	△	△	△	○	△	X	△	△	△	△	X	○
焊接	△	X	○	X	△	X	X	△	△	△	△	△	X	△	△	X	△	X	X
组装	△	X	○	X	△	X	X	△	△	△	△	△	X	△	△	△	X	X	X

○：良好　　△：一般　　X：较差

> **提示：**
>
> 精益 5 步骤
>
> 价值→价值流→流动→拉动→完美

詹姆斯·沃麦克（James Womack）和丹尼尔·琼斯（Daniel Jones）在《精益思维》一书中定义了精益的五个步骤流程：定义顾客的价值（Customer Value）、定义价值流程（Value Stream）、建立无间断的操作流程（Continues Flow）、拉式（Pulling）生产制度、努力追求卓越（Perfect）。这五步骤就是系统地排除浪费以提升价值的过程。所以对于精益不仅仅只在现场，更广泛涉猎于公司的各项管理中，公司的各部门、各层级，Nelson 先生未来需要做更多的努力来了解真相。

小结

我们大多情况下看到的都是事物的表象，只有深入地挖掘，才能看到其背后的问题。我们要努力看表象，更要解决表象后的真正的问题。只有排除浪费，创造并实现价值，企业才能更好地存活。

2.5 行业对标分析认识产品

除了对现场进行了解外，Nelson先生同时开始了对整个行业的了解与分析，通过对标，以充分认知本企业的定位，以及未来发展的趋势。**一个企业想要在竞争的红海中制胜，有三个关键要素：一是具有竞争优势的策略，二是具有执行力的管理，三是恒久不变的核心价值观。**企业要懂得因材施教，因地制宜，因势利导。目前所要做的正是要找到竞争的优势，Nelson先生让销售处提供了很多行业信息，并与目前排名前列的两家同行业作比较。虽然目前销售处不在Nelson先生管理的范围之内，但这些信息对于他来说，也是至关重要的。

> **提示：**
> 企业在红海中取胜的关键。

NP集团有多种产品，就童车业来说，目前生存的环境不佳。Nelson先生从NP集团的一份宏观环境战略规划中了解到中国近十多年的发展诞生了一大批童车企业，仅制造企业就有上千家之多，主要集中在珠三角、长三角以及山东河北等几个地区。从产业分布区域看，目前中国童车生产企业主要集中在江苏昆山、浙江平湖、河北平乡和广宗、广东中山和南海等地，湖北汉川、福建、安徽也占据了一定的份额，国内童车市场正处于群雄逐鹿的局面。

童车，涵盖婴儿手推车、学步车、脚踏车、电动车、自行车等品类。从制造行业上分，政府将其归类于玩具业之中；从使用功能及消费者特征来看，属于婴童产品。童车是婴童产品中最为典型和普遍的产品，在整个婴童产品消费中占到约20%的份额。童车作为婴幼儿的重要用品，在欧美等发达国家早已成为婴幼儿家庭的必备品，在中国，其产业市场也正不断扩大，中国是世界上最大的婴童用品消费国之一，随着每年1 650万以上的新生儿出生，国内婴童用品消费市场不断攀升。宏观环境PEST分析见表2-2。

欧洲经济已进入高度发达阶段，社会福利高，人均收入水平高，市场容量很大，对中低端的产品价格反应不会很大。从全球范围来看，欧美童车市场比较成熟，无论是童车的设计还是产品品质监控，均有一套完整体系，其产品相对价格较高，市场较成熟，市场增长潜力较小。相对而言，新兴经济体国家童车市场潜力巨大，以中国、印度及巴西等为代表的新兴经济体国家，地区人口基数大，近年居民收入增速较高，上述地区的童车市场快速扩大。

表 2-2 宏观环境 PEST 分析

因 素	信息内容
政治法律环境(political)	● 国外市场对儿童耐用品要求较为严格，尤其是欧美市场 ● 中国及海外关于儿童耐用品的安全标准不断变化 ● 儿童耐用品安全和质量方面监管严格 ● 中国 3C 强制性认证制度，保障正规企业的利益 ● 中国政府加大力度落实已出台的外贸维稳政策
经济环境（economic）	● 全球经济低迷，受债务危机影响，欧盟国家对外需求萎缩 ● 中国经济增长趋缓，城市化进程加快，城市家庭人均可支配年收入增加 ● 人民币汇率变化，对出口影响较大 ● 原材料、劳动力及能源成本普遍上升，导致利润降低
社会文化环境(social)	● 世界迎来“全球老龄化”时代，老年代步工具需求旺盛，医疗产品内外销市场均有潜力 ● 消费观念转变，更注重产品的品牌、设计、安全性、质量等 ● 中国新生婴童市场广阔 ● 中国经济的高速发展，国民购买力提升，用于儿童耐用品上的开支日益增加 ● 国内市场二三线城市需求旺盛，中西部发展机会显现
技术环境（technical）	● 符合先进标准的产品，技术要求相对较高，行业内技术专利独特，存在较高的行业技术壁垒 ● 行业安规变化日新月异，对技术研发能力要求越来越高 ● 行业技术创新快，技术的进步可导致现有产品被淘汰，或者是大大缩短现有产品的生命周期

欧美童车市场品牌企业发展较成熟，其市场占有率远高于中国等地区。但伴随着中国等地区童车品牌企业品牌运作以及营销的进一步深化，越来越多的中国家长开始选购值得信赖的品牌童车产品，预计未来五年，中国品牌童车市场将进一步好转，产业发展前景美好。

Nelson 先生深知进行行业对标并不容易，所以给足了销售处时间。然而销售处的资料，让 Nelson 先生有些头痛。大多数是文字的叙述，只有少量的数字与图表。不过大体上能知道一些信息：

1）残酷的价格战。产品层次偏低，规模偏小的企业，随着原物料与人工成本上升，人民币升值，经营举步维艰。

2）产品质量参差不齐。表现在精度较差，材料强度不足，间隙不符标准等方面。

3）技术要求较高。行业内技术专利独特，存在较高的行业技术壁垒。

4）行业标准日趋严格。客户趋于注重产品的品牌、设计、安全性、质量等。

5）行业技术创新快。逐渐呈现产品的生命周期缩短，旧有型号产品淘汰速度加快的趋势。

6）行业需求旺盛。婴童学步、老年代步工具随着时代变化需求越来越旺盛，因经济逐年增长，用于此方面的开销也是日益增加，内外销市场均具备极大潜力。

这些讯息，远远不够用来制定公司的经营策略，必须重新着手SWOT分析，或波特五力分析才可以知道自己的优劣强弱，才能巩固优势及强项，并想办法攻克劣势与弱项。

> **提示：**
>
> **公司的经营策略**就是公司要赚钱并且要长久持续经营下去。一方面要看销售，另一方面要靠内部的管理。

回想着当时与马总监的对话，Nelson先生不禁摇了一下头。

“马总监，请将最新的产业信息整理一下给我参考。”

“好的。”

“需要多长时间？”

“大概一周吧。”

“顺便做一下SWOT分析给我，可以吗？”

“好的。”

一周后拿到销售处提供的数据，Nelson先生无法清晰简单地读懂，自然也就不会满意，在他的眼中，所谓的数据必须要有图表说明，差异分析，从中找出问题点，最好是有改善的对策及行动的计划。但Nelson先生是个极其有耐心的人，也非常愿意教导下属，所以他会不辞辛劳地来教会下属如何做出有用的资料。

灯火阑珊时，Nelson 先生带着思绪回家。家是温暖的港湾。Nelson 先生的太太已经准备好了香喷喷的饭菜，等待着先生回家。

小结

一个企业想要在竞争的红海中制胜，有三个关键要素：一是具有竞争优势的策略，二是具有执行力的管理，三是恒久不变的核心价值观。

制定策略需要有用的资料作为参考，所以收集到的情报，能用简单的图表及少量的文字表达出来就更好。老板的时间与精力是有限的，要让老板快速地接收信息，就要正确地制作报告。

2.6 企业 SWOT 分析与探讨

第二天一早，Nelson 先生拿着一份 SWOT 分析的表单（见表 2-3），走到了马总监的办公室。

表 2-3 SWOT 分析

项目	主要内容	
外部环境分析（O. T） 内部环境分析（S. W）	机会（Opportunity）	威胁（Threat）
优势（Strength）	优势机会策略（S. O.）	优势威胁策略（S. T.）
劣势（Weakness）	劣势机会策略（W. O.）	劣势威胁策略（W. T.）

马总监已经坐在他的位置上了，正在整理着桌上的一些报告资料。抬头见 Nelson 先生走了进来，忙礼貌地站起来问候。

“早啊，特助。”

“早，马总监。”Nelson 先生回应着。

说话间，Nelson 先生已经来到了马总监的办公桌前，说：“马总监，我这里有个 SWOT 分析的模板，你拿去看一下，再重新做一下 SWOT 分析给我。如果有什么不懂的，可以随时来找我。”

马总监机械式地接过 Nelson 先生递来的那张纸，“哦，不好意思麻烦特助亲自送过来。您打电话过来，我可以找人去取的。”

“嗯，我送过来好，这样不错。”

马总监手里拿着薄薄一张纸，却重如千斤，看来今天的重点是要将这份SWOT分析重新做一遍了。

马总监分析着公司的优势劣势，机会与威胁，心中充满了从未有过的认真与谨慎。

当日下班前，Nelson先生收到了来自马总监重新做的SWOT分析。

公司的优势（Strength）列举如下：

① 公司历时24年，前20大客户关系稳定，公司信誉度良好；

② R&D（Research & Development，研发）及实验室能力较全面，专利数较多；

③ 融资渠道健全，现金流充沛；

④ 本土化根基深厚，相当数量的骨干员工对公司归属感强，忠诚度高，讲求务实文化；

⑤ 市场网络健全，客户知名度较高。

公司的劣势（Weakness）列举如下：

① 管理技术较弱，生产成本偏高，竞争力不强；

② 部门之间壁垒较高，协同作战能力不足；

③ 成本意识、改善意识、质量意识待强化；

④ 设备治夹具、自动化开发不足，难以提升生产效率；

⑤ 关键干部资历较浅，流动较快；

⑥ 技术及管理经验传承不易，工作中失误较多。

公司的机会（Opportunity）列举如下：

① 婴童产品市场广阔，值得长期投入；

② 潜在的客户和市场空间较大（尤其内销）；

③ 公司具备加工品牌影响力，客户认可；

④ 具大量制造能力及固定资产规模，能满足客户需求；

⑤ 新技术运用（自动化及模具专业技术）；

⑥ 高附加值型号产品，利润空间大。

公司的威胁（Threat）列举如下：

① 经济水平上升，人工成本随之升高；

② 小厂林立，抄袭/复制产品速度快，公司中低价位产品竞争力渐失；

③ 人民币升值带来不良影响，原物料价格难以预期和掌控，部分利润损失；

④ 竞争对手数量增多且日益强大，价格战激烈；

⑤ 产品路线较狭窄，而产品种类变化多，增加了经营困难度；

⑥ 供货商没有推动 TPS，质量、交期、交货批量难以满足需求。

对于策略方面，基本上空着未填，这需要和特助一起商量后再进行，这是马总监说的。

现在这份报告看起来清晰多了。

俗话说，有比较才有鉴别。在汽车业工作了近三十个年头，在电子业也工作了五个多年头的 Nelson 先生，看到本公司的产品后，便会不自觉地与汽车业、电子业对比起来。

> **提示：**
>
> 行业对比：行业对比有同行业对比与异行业对比，都需要很多的数据资料。这里所给的行业对比表为异行业对比，以企业内部管理为比对内容，比对的内容也相对简单。

从产品的外形上来看，觉得婴儿车与汽车还是有类似之处的，例如，他们都有轮子，只是相对于汽车来讲，婴儿车要简单得多。汽车体积庞大，零件众多，需要众多供应商的配合。

从产品的生产制程来看，都有注塑成型，烤漆，冲压，焊接，组装等。这些对于大部分的产品来说都是相同的，只是零部件的大小形状不同。

产品及其生产的过程是可见的，也很容易直观地比较，就如同对现场进行精益的评价一般，然而对于管理面体制面的比较，相对而言要难一点。Nelson 先生经过一段时间的调查便从组织体制、管理和系统以及人员三个方面，来对他熟悉的三个不同行业进行对比。其对比结果表现形式各异，具体见表 2-4。

表 2-4　行业对比表

区别	项目	传统行业（NP 为代表）	汽车业（丰田为代表）	电子行业（H 为代表）
组织体制	人事组织	专业职与管理职不够明确 班组长管理幅度较大，非生产单位主管管理幅度小	管理职与专业职体系划分明确 管理幅度有明确设置	组织结构复杂，层级繁多 非生产单位机构臃肿，管理幅度有明确规定

（续）

区别	项目	传统行业（NP为代表）	汽车业（丰田为代表）	电子行业（H为代表）
组织体制	人事组织	晋升体系不明确	调薪及晋升每年固定一次	调薪及晋升每年固定一次
	经营企划	财务，总裁室人员兼任，缺乏年度方针管理	经营企划部，实施方针管理，战略规划，股东会管理	经营管理部，成本核算，投资规划，损益预估，资产管理，实施年度Business plan管理
	时间管理	会议欠缺事务局规划功能，事先排定会议，关键人才时间利用不足	1.5小时以内，控制时间及过程，具有很多功能会议	人数少，必要人员参加，但跟客人Concall常超过2小时
	教育训练	训练体制不足，缺乏训练室，缺乏内部讲师，缺乏教材，外聘各功能顾问教育内部人才	按资位别设置年度训练计划，训练体系完善，有专门的训练单位	有多个技术发展委员会，IE学院，有专门的培训大楼，有内部讲师
管理及系统	问题解决	处置对策，有问题再发现象，PDCA运作习惯不足，现地现物思想培养不足	再发生问题防止机制，活用5个Why	注重Lesson learn
	停线处置	停线时反应层级低，高阶主管少巡现场，停线时间太长，损失工时浪费高	安灯响起，全员关注	很少停线等待，停线后快速切换
	管理	自主式管理（缺乏持续教导及跟进）	引导式管理（OJT），注重过程的学习，允许错误	强制式管理（下属只重视主管交办的事）注重事情的结果，迅速展开
	系统	有MIS，ERP系统有数据提供，但分析和改善的力度不足，知识平台未活用	注重再发防止机制建立，不注重计算机系统建构及ISO 9000学习	各种系统建制完善，但数据准确度不够（工管、生管、品管、经管）
	生产排配	排配到尾端制程，按批量排配，经常因尾数造成半成品在线边堆积等待	排配到尾端制程，平准化生产，设置店面，能及时做出需求数量产品	排配到所有制程，按批量生产，经常超过所需产品数量
	提案改善	有制度，运行不力，没有指标要求，审核机制不够完善，未进行E化管理	改善系统运行多年，行之有效，全员参与，各小组委员会参与审核	建立了电子签核系统，有指针要求，进行定期发表，但具有浮夸提报现象

（续）

区别	项目	传统行业（NP 为代表）	汽车业（丰田为代表）	电子行业（H 为代表）
人员	权力	集中在经营层	权力分配各部门比较均衡化	没有权力分配，鼓励人才争权做事
	学历	作业员初中为主，职员高中/大专为主	作业员高中为主，职员本科为主	作业员以中专/高中/大专为主，职员本科/硕士为主
	责任	部门间争执较多，不愿意接受额外的作业任务	依照权责委任，各功能分工，干部负责任，重协调	干部具有企图心，但责任感较弱，也有大锅饭主义
	基础人力	DL 人力月离职率高，资深员工长期服务	IDL 离职率年均 3% 以内，直间比 5∶1	大量采用人海战术（订单变化太快） 没有超 10 年的作业员
	关键干部	中国香港干部人数多 三年以下中国香港干部占 67%	长期培育，离职率低，管理层不太注重高学历，日本干部（25～30 人）为主	很多博士，级别与学历挂钩，重视高学历，人员构成较分散

行业对比表的产生，对于 Nelson 先生的帮助是巨大的，期间当然不可缺其又一弟子 Tony 加入的协助。

Tony，一个年轻的小伙，瘦小但不怯弱。三年的军队生涯，养成了他遵守纪律的好习惯与很强的执行力。他跟随 Nelson 先生多年，得到了 Nelson 先生的真传，特别是在 TPS 的推动方面。同时经过多年的磨合，两个人在一定程度上有了默契，Nelson 先生只要稍微提点，Tony 就知道该做什么了。

在 Nelson 先生的大力推荐下，Tony 加入了 NP 集团，担任 TPS 推动专员一职。再次回到先生的身边，Tony 心里无比踏实，Nelson 先生心里也多了几分欣慰。

小结

要学会正确地使用分析方法与工具，对于战略，凭感觉是无法感知趋势变化的，要用对的分析方法，以帮助您清晰地把握全局，从而能既见森林又见树木。

有比较才有鉴别，对不熟悉的行业可以通过熟悉的行业进行比对，以加速了解。

第2篇

赚钱的策略方针

赚一块看别人的脸色，省一块看自己的角色。精益的思想就是要消除一切可能的浪费，提升效率，降低成本。这一思想指导着企业策略方针，并落实到日常的管理之中。

第3章

如何制定策略及推动方针管理

企业想要长期稳定地发展，必须制定发展的策略和方针，并对此进行定期的管理。企业精益之路要走多远，要与企业的发展结合在一起，同时必须纳入企业发展的规划之中，并渗透到日常的管理之中。

Nelson 先生悉心地教导不知如何做的他们，会遇到哪些问题呢？

3.1 集团未来三年运营方针

企业的发展要靠人才，因为人是经营企业的主要资源，没有人企业的“企”只剩下“止”了。企业的最终境界应是贡献人类，但过程是企业必须靠人的智慧、产品及其技术赚钱。因此也有人说经营企业不赚钱是一种罪恶。所以 Nelson 先生正在忙着赚钱计划，因为赚钱是每个公司的首要目标，一旦公司不赚钱，就会让股东们陷入恐慌。NP 集团现在就是这个样。

总裁曾期待公司今后每年的营收及利润要成长 30%。看起来这个使命有些困难，特别是在这样一个特殊的经济发展缓慢时期。但有压力才有动力，Nelson先生已经做出了全身心投入的准备，并将这个使命转化成了目标。

目标有长期与短期之分。短期目标就是要在一年内让公司扭亏为盈，长期目标就是要改善企业文化，培养出一批有改善能力的人才，创造出有生命力的工作环境，从而根本上改革公司的体质，使企业能够永续经营。

如何在短期内扭亏为盈？无非要从开源与节流两方面着手。开源，面对市场的不景气，似乎不太可能，但世事难料，也正所谓有心人无事不能成；节流，就是要勒紧自己的裤腰带过日子，不必要的钱坚决不花。

由于组织人事权限的关系，销售暂时管不到，所以只有节流这一条路了，而节流正是Nelson先生以前经常做的事。节流的意思并不是说卡住钱流，而是让钱花在刀刃上。其实“赚一块和省一块”是一样的道理，但Nelson先生一直记着这么一句话“赚一块看别人的脸色，省一块看自己的角色”。

通常从公司的经营损益分析报表中可以找到节流的项目，因为在以前的公司是经常开经营分析会议的。虽然有时不太认同一些主管的看法，但这样的一个会议机制还是不错的。

“公司的损益表，拿来看一下。”Nelson先生对着小白喊了一声。

“这是公司的机要文件。”小白回答道。

“我知道。”Nelson先生回应着，“在哪?”

“应该在财务部门。”

“好，我来找他们要。”

Nelson先生起身，走下楼来。在以前的公司是有一个专门的部门做经营分析的，也许这就是大企业与中小企业的差别，中小企业一般都只有财务部门，而没有经营管理部门。

财务处就在一楼大厅的一侧，专门的一间办公室。

“副总监，公司的损益报表给我看一下。”Nelson先生走进办公室时，副总监正坐在位置上。

“损益表啊，这个要经过总裁批准才能给您。”副总监面露难色。

“OK，我向总裁说明。你们先忙吧。”Nelson先生说完，走出了办公室，径直朝楼上自己的办公室走去。

趁着总裁的空档，Nelson先生对总裁提出了自己的要求。总裁立刻指示公司所有的资料文件，Nelson先生都有权限查阅。

财务副总监亲自将公司的损益报表送到了Nelson先生办公室。

Nelson先生努力地翻看着，感觉很是粗糙。

“还有更详细的吗?”

“没有。”

“我们不是有几个事业处吗?损益有没有分开?”

“有啊，但有些项目费用没有分开。”

“损益的趋势图有吗?”

“没有。”

连问了几个问题，得到的答案都是惊人的相似。一个“没有”就可以打发掉他老人家了吗?

“好吧，有问题我再向你请教。”Nelson 先生合上损益表资料。

“好的，那我先下去了。”副总监甩着她飘逸的长发，踩着高跟鞋，叮咚叮咚地走了。这声音好似敲打在 Nelson 先生的心中，久久不能停息。

小白看了一眼 Nelson 先生，说道：“特助您知道吗？副总监是总裁太太的一个表妹，跟总裁太太关系非常要好的。”

Nelson 先生“哦”了一下，似乎明白了这家族企业的水深与火热，要想得到有用的信息，要想站稳脚跟，必须依靠智慧，依靠团队。而他需要什么样的人才，什么样的团队，他心里最清楚了。

不知不觉中，两个月过去了，年末将至。趁着白天的喧哗过后，Nelson 先生静坐在办公室里，脑中不停地在思考：集团明年的目标在哪里？

每个公司都有其经营的理念，Nelson 先生盯着电脑上出现的本公司的经营理念：创新、卓越、诚信、务实，心中开始了管理的改善。

《丰田产品开发体系》中提及了日本管理工具中有一个非常著名的工具叫“方针管理”（hoshin kanri），或者叫“决策部署”。这是一种将公司长远目标进行分解的方法，它将高层次的目标分解为组织中日常工作层面的、有意义的目标。公司要长期发展，就要像丰田汽车公司一样，定期发布公司未来十年的运营方针，定期的检讨达成状况从而修正目标。NP 集团也必须制定未来至少三年的方针计划，然后各部门按照这个共同的方针制定各部门的方针计划。只有制定了正确的方向，让大家朝一个正确的方向共同努力，才能让公司持续发展。

拧开笔帽，Nelson 先生依公司的经营理念及先期调研的结果开始在笔记本上写公司的运营方针草案。要先使企业赚钱，再边做边改边完善系统。传统产业应不择手段争取订单，冲高人均产值冲破**损益平衡点**（Break Even Point），实施 Cost Down（成本降低），创造更高的利润。

提示：

损益平衡点：

指产销数量在某一数额时，不能获得利益，也不发生损失，收入恰好等于成本费用，损益为零。如果产销数量超过此点，即可获利；反之如果低于此点则可能发生亏损。这个点即为损益平衡点。

在创新方面：要持续改善

新产品开发技术，提高生产力。

1）研究创新，成为技术领导者，关键零组件标准化，减少80%料号数量，整合供应商，减少50%供应商数量，推动自动化，提高生产效率。

2）推动TPS，提升管理绩效，精进制造技术，精实KPI经营管理系统，有效管控流程。

3）改善工作流程，提升组织运作效能。

4）加强环保意识，推动节能减排，提升竞争力。

在卓越方面：增加营销额，确保获利率。

1）达成年度营销额目标，每年营销额增加30%，三年内达到6亿美金以上。

2）三年内童车达成年度毛利率目标25%。

3）减少报废率，降低DOS（Delivery of Supply，周转天数）天数，提升UPPH（Unit Per Person Hour，每人每小时产量），直间接人力比值挑战6:1，总体制造成本降低20%。

4）缩短新产品开发及上市时间。

在诚信方面：要增加诚信，提高客户满意度。

1）强力推动TPS，精进团队运作系统，确保达成客户需求。

2）持续提升品质技术，完善品质控制体系，满足客户品质期望，减少客户投诉次数及金额。

3）提高交货准确度，达成全球快速供货。

4）立足公司本地化，加强维持各方面关系。

在务实方面：要提高员工士气与能力。

1）建立中高阶人才管道，培养管理人才。

2）依据应知应会，定期能力盘点活用知识管理平台，强化核心职能。

3）适才适用，落实人才培育计划。

4）定期绩效考核面谈，制定目标，及时解决问题。

写出了这么多条，Nelson先生认为应将公司的经营理念的顺序调整一下：务实、诚信、创新、卓越。因为只有脚踏实地地进行人才的选育用留，对客户及供应商讲求诚信，并不断地进行自我创新，最后才能达到公司的卓越与辉煌。

Nelson先生把各高级主管都集合在一起，讨论集团未来三年的方针。讨论持续了一个星期，每天都讨论两个小时。经过与大家的共同讨论后，Nelson先生又思考了两天，一份完整的集团运营方针出炉了。

Nelson 先生拿着准备好的方针，送到了总裁的面前。虽然认为公司的经营理念八个大字的顺序应该调换顺序，但 Nelson 先生并没有明着和总裁讲，因为这是一个比较固执的人，沟通好的话不用说，沟通不好的话那就是出力不讨好了。

总裁对于集团的运营方针并没有太多的意见，他的目标只有一个，公司每年都要有成长，每年都要能获利，且要达成 30% 的增长。这是每个公司存活的意义。

小结

企业的发展要靠人才，因为人是经营企业的主要资源，没有人企业的“企”只剩下“止”了。企业的最终境界应是贡献人类，但过程是企业必须靠人的智慧、产品及其技术赚钱。因此也有人说经营企业不赚钱是一种罪恶。

3.2 方针制定说明

既然公司的运营方针已经确定，要如何达成，还需要各部门的配合与努力。公司的绩效管理课，应担当方针的管理，包括发布公司年度总方针，规范方针展开实施管理的一系列表单程序，并依据**戴明的 PDCA（Plan-Do-Check-Action）循环，**制定方针、实施方针、点检方针及反省方针。

提示：

戴明的 PDCA 循环

它是由美国质量管理专家戴明提出的，它是全面质量管理所应遵循的科学程序。不仅适用于质量管理体系，也适用于一切循序渐进的管理工作中。

对于 NP 集团的大部分主管来讲，他们还不太懂得方针管理的必要性，方针这一词在日本企业用得较多，可能在国内叫作策略等类似词语。方针管理设置的目的就有以下四点：

① 完成公司经营使命、中长期经营目标；

② 促进年度绩效目标 KPI

的达成；

③ 完善各部门过程管理；

④ 培育高端管理人才，提升管理能力。

在一年即将完结之际，Nelson 先生让绩效管理课张副总监召集各部门负责人进行方针制定的说明会。

说明会在总裁室举行，这个地点就预示着会议的重要程度。会议中张副总监依照 Nelson 先生的指示作了如下的说明。

方针每年度检讨两次，年中一次年末一次。年末定于新年的 1 月进行上一年度的计划实施结果的检讨，发现的问题点作为下一年度方针中的计划。预计为 1 月 10 号到 1 月 20 号作为上一年度部门计划执行结果。1 月 21 号到 1 月 23 号依次进行各部门点检，作为下一年度部门计划。年中定于 7 月，检讨当年度计划实施情况。部门的一级主管必须参加，并对计划负责。

由于第一次实施方针管理，绩效管理课提供范本，包括年度部门方针实施状况（见表 3-1），年度部门方针实施结果（见表 3-2），以及年度部门方针实施计划（见表 3-3），供各部门参照学习使用。

表 3-1　年度部门方针实施状况

________年度部门方针实施状况

________部（室）　　　　　担当 TOP ________经（副）理________

一、实施状况	评价
二、主要问题点	
评价方式：○完全达标，△大致达标（95% 程度），× 未达标	

表 3-2　年度部门方针实施结果

________年度部门方针实施结果

（制造单位使用）

________部（室）　　　　　　　　担当 TOP ________经（副）理________

方针 No.	项　目	重点实施事项	目标或管理点达成状况	问 题 点	改 进 重 点
	品质				
	成本降低				
	人才培养				
	环境安全				

非制造单位使用表单与制造单位的相同，只是对于表中项目部分没有明确定义。

表 3-3　年度部门方针实施计划

________年度部门方针实施计划

________部（室）　　　　　　　　担当 TOP ________经（副）理________

方针	重点方策、实施事项	目标或管理点	实施作法	担当	日程计划（月）											
					1	2	3	4	5	6	7	8	9	10	11	12

说明会议的过程中大家虽然没有意见，看似很简单的报表，没有什么疑问，但各部门主管回去后头就大了。以前做事都是想到哪做到哪，也没有人去追究做得怎么样，现在要订年度计划了，每个月都要有重点事项，虽然公司对各部门只半年检讨一次，那不可能每个部门也只半年检讨一次，如不细化计划，到那时，就找不到修正的方向了。

在规定的时间内每个部门的主管交出了第一份方针计划……

小结

方针在日本企业中经常使用，在国内称之为策略等类似词语。

方针的制定要求严谨，要依据PDCA（Plan-Do-Check-Action）循环，制定方针、实施方针、点检方针及反省方针。每一项工作，都需要PDCA循环，只有日积月累地进行改善，才可能有质的飞跃。

3.3　各部门方针提交与发表

由于单位众多，方针点检分成三天举行，第一天安排各制造单位报告，第二天和第三天安排了周边单位报告。

方针点检会议仍旧定在总裁办公室举行。张副总监已经安排好了各单位的报告顺序。会议室也准备就绪，就等待各位主管的报告了。

第一个是负责组装生产的何副总监报告。何副总监看起来没怎么花费时间去准备，所以报告起来有点磕磕巴巴，报告也花去了近20分钟，但Nelson先生还是非常有耐心地听完了第一个报告。

张副总监待报告完毕时，向各位主管提问。

“大家有什么建议，现在可以提出。”

各位主管默默无言。

张副总监看了一眼Nelson先生，然后说：“那下面让特助来点评一下刚才的方针。”

Nelson先生站在主席台前，说：“首先我们先鼓励一下何副总监的努力与勇气。”

大家齐声拍手。

接着，Nelson先生开始点评何副总监的报告及其在报告过程中的问题点及应注意事项。

“会议最重要的是在最短的时间内产出有用的结果，所以对于会议报告的时间，我们一定要掌控好。一般情况下，报告时间不要超出10分钟，要留有一点时间和大家互动问答，但互动时间也不要超出20分钟。所以，我们在准备报告的时候要充分考虑报告中使用的字眼，要尽量让大家一看就明白。”

Nelson先生停顿了一下，看了看在座的主管，继续说道：“报告的内容，主要问题点的说明，要尽量使用数据及图表说话。有一句话，不知道大家听过没有？文不如表，表不如图。意思是说能用表来表示的就不用文字，能用图来表示的就不用表。你们看，这份报告中全部写成文字，大家很难一下子就看明白，对不对?”

“希望在座的各位都要自己亲自去想，因为这是年度的方针计划，目标不能夸大，怎么努力也无法完成；同时目标也不能没有挑战，不需要努力就可以超出。两个极端都不可以，所以大家要慎重思考。”

提示：

制作报告的技巧

文不如表，表不如图。再配合声音及影像更佳。

“组装的报告要重新改过。好，继续。”

第二个报告完后，Nelson先生问道：“有没有人自认为自己的报告符合我刚才讲的规则?”

还是沉默。

“如果大家都自认为没有达到要求，那今天的点检会议先开到这儿。每个主管都要亲自准备。张副总监再安排报告的时间。”

“另外，大家在报告人报告完后，要提问题，不要这么沉默。如果没有问题，只有两种可能，一是你没有听没有思考，二是你听了觉得他做得比你自己的要好，不知道怎么提。下次还是沉默的话，我要点名了。我不希望我的团队都这么没有朝气。”

是的，早在报告之前，Nelson先生已经大概地看了一遍所有的报告，都是大同小异。这种结果也是Nelson先生所能预料到的，这正按照他的方向前进。毕竟每个人的接受程度不一，所以需要不断地提醒，然后才能改进。

小结

很多企业中，特别是一些中小型的民营企业或家族企业，其大部分的干部都是从现场晋升上来的，文化程度并不高，对于一些管理的技能技巧并不熟知，虽然时间的压力很大，但我们还是要耐心地教导。

就如同这个公司一样，以前并没有使用过方针，所以必须依据各主管的认知程度耐心地教导。方针是很重要的，作为主管必须亲自制作，这样才能真正地前进。

3.4 方针点检

依照年初的计划，现在已是7月，半年度的方针点检应该开始了。

与上一次制定方针不同，这一次各单位都要提交方针的执行进度，分析不足，提出改进的对策。

方针检讨会议预计在两个星期内检讨完毕，每个单位依据Nelson先生及其他高层主管的行程各自安排了检讨会议。第一个开始的单位是塑胶处注塑部。

会议室里，塑胶处的主管没有一个缺席。会议正依照其年初制定的方针计划一一检讨，而且对于未达标项重点检讨总结。

刘厂长报告着："水口料回收利用率已经有所提高，从年初的3%提升到了5%，离我们的目标还有一定的差距。"

"嗯，不错，继续努力。对于水口料的回收利用率还需要再提高，这样可以降低我们的生产成本。"Nelson先生和其他的主管都给予了正面的回应。

"注塑QA Tree（品质保证树）尚未完善，目前只有一个框架，内容有待充实。"

"QA Tree要从人、机、料、法、环几个方面去建立，这是日常管理非常好用的工具。我们的客户经常来，所以针对客户关心的问题，如成本管控、教育训练、模具保养、质量管控等几个方面分别制作日常的管理报告，而且我们要视客户到访时间的长短节选报告内容。"

最后Nelson先生问道，"现在最困难的事有哪些?"

"转量产、不良流出、模具精度的问题管控上比较困难。"注塑的刘厂长提出了问题。

Nelson先生思考着，"好。我想这些困难并不是一天形成的，我们要找对方法。第一，转量产的事可以找工程研发任总监开会讨论；第二，不良流出的问题，我们需要从自身找原因。是不是我们的检验没有标准?我们有没有健全的自主检验的功能?品保有没有进行出货前的检验?第三，模具精度的问题可以找负责模具开发的总监检讨。"

各部门的方针在有条不紊地进行着点检，点检会议上各位主管也提出了各自的见解及意见。其实，公司方针的制定、实施、点检、反省主要目的是贯彻执行力。公司制定年度总方针，也就是各部门方针。而部门主管回去后必须将在公司领到的各项指标分解到下属各课，而课长则需要将课的指标分解到组、班，直到将公司的总方针分解到可以具体实施的层级，然后将之实现。这就是执行力的先决条件。

公司在规划方针时，就已经产生了几个观察干部执行力的方向：

其一：考察干部在他的部门内有没有实际权力。通过方针的层层分解的正确性及有效性，很容易看出干部们有没有调度资源的权力。如果干部翻来覆去都无法将方针细化到基层去。只能证明这个干部在部门内不得人心，权力有限，否则，以团队的力量，细化方针并不困难。

其二：考察干部在部门内的管理有没有及时沟通反馈。在点检方针时，干部的报告能力如实反映了方针在其部门内的推动状况，也就是大量信息的相互传递状况。如果在点检时，很少有指标达成或者干部报告逻辑不严谨，会证明这个干部在推动方针管理的过程中并未用心监管，否则在有难以克服的问题时他会尽快找到上司去反馈沟通，而不是等到在点检时才原形毕露。

其三：考察干部在实施方针的过程中，部门下属的服从性有多高。点检方针时，各项指标的偏差程度反映了这个团队的努力程度，而这种努力程度正好代表着下属们对这位干部管理的服从程度。方针点检、反省的过程也是不断修正和改进的过程。

小结

方针点检是对方针进度结果的检视，对于进度落后或不达标的单位予以及时修正方向。其实，公司方针的制定、实施、点检、反省主要目的是贯彻执行力。方针点检、反省的过程也是不断修正和改进的过程。有盯有管才是有效的管理。

3.5 主管的关键绩效指标（KPI）

KPI（Key Performance Index，关键绩效指标）在企业的管理中起着关键的作用。然而，当指标定义不当，或运用不当时，也会适得其反。

在以往的管理过程中，Nelson 先生就发现 KPI 管控有形无神，计算定义不够严谨，对财务经营没有价值，只骂到一些老实人。

KPI 是一个制度，可以让我们把潜藏的问题抓出来，不管是谁造成的。

KPI 做不好，不一定是罚这个 KPI 的主导负责单位，而是应该让这个主导负责单位有权去处罚真正有问题的单位和个人。

> **提示：**
> KPI 管理的意义。

销售处业绩一直没有起色，马总监回顾了半年来营销所达成的状况，剖析了自己的一些问题点，并提出了自己想要努力的方向。各位高层的主管开始围绕着客户、订单及新工厂的组织等提出了一些想法与建议。

“产品被退柜问题是什么？要怎么去解决？对策是什么？后续怎么办？这是问题解决的模式。”

“G 客户的单已经没有，要进行检讨，找出真因，一个客户不可能只在一家厂商下单，寻求一个客户很难，但失去一个客户很容易，可整理问题点后召集各个部门进行问题点的讨论，向我们的营销目标迈进。”

“客户没有下单，原因是什么？是产品的吸引度不够？如果有吸引力可提高多少量？是产品的价格太高了？那价格高多少？是产品的交期太长了？那多久可以接到订单？这些都需要与客人事先沟通，要了解客人的需求是什么？如果我们的产品没有达到预期的要求，那我们就要搞清楚真正的差异点在哪里？”

“后续接的订单可以根据客户所在地来选择哪个工厂生产，这样可以降低一些运输成本及费用。”

“新产品推广的数量是否有列出目标？只有列出目标了我们才知道自己是否有达到目标。”

“新产品的推广、新客户的建立等项目，可制定出对市场的考核机制，进行奖惩。新产品的预估要根据每个客户不同的要求有针对性地制定策略，要考虑客户的特性，竞争对手的分析等因素。”

“不一定要建立专厂，可建立专区、专线等。”

“客户满意度调查不需要每月调查，可改为每半年一次。”

“针对人员问题，进行能力盘点，针对缺失再进行培训，建立 KPI 数据，再运行考核机制。”

“美国市场低迷，我们的对策是什么？问题点分析似乎都是客人的原因，我们自身的原因有多少？我们要把对策整理出来变成我们自己的操作标准。”

会议是严肃的，带着这么多的想法与建议，销售处要重新好好检视一下接下来的半年到底要怎么做才能达成目标。

方针管理与 KPI 绩效管理，主要差异在于过程管理。从公司年度经营方针，展开至各部门方针，除了目标值设定外，要提出实施对策，即 How to do? 同时排定月度计划日程，便于每月定期会议，做 KPI 达成度跟进。每个单位分别报告 review，可以了解总监们的能力与思路逻辑，配合业绩压力跟进，它是造人的很好工具。

小结

如果 KPI 管控有形无神，对财务经营没有价值，也只能骂到一些老实人。方针管理与 KPI 绩效管理，主要差异在于过程管理。从公司年度经营方针，展开至各部门方针，除了目标值设定外，要提出实施对策，即 How to do? 同时排定月度计划日程，便于每月定期会议，做 KPI 达成度跟进。每个单位分别报告 review，可以了解下属的能力与思路逻辑，配合业绩压力跟进，它是造人的很好工具。

第4章

如何建立组织及进行人力与系统改造

组织的权力是巨大的，组织中各式各样的人都有，有的人尖如锥，有的人柔如水。要有对的人掌控并有效地进行组织运作，才能发挥巨大的组织能量。拔钉是不得已也是必要的过程。有无能力及愿不愿意配合你形成四个可能。当高阶干部属于没能力不配合的类型，在运作整改企业过程中就必须拔钉，否则水灌不下去，在你必须负全责经营损益时，在预期新人待不久时，走的人必定是你。造物之前必先造人，当老资格老习惯不改之下，只能放弃，才能期待创新的绩效。

一个人的力量是有限的，Nelson 先生开始打造了怎样的精益团队？

4.1 人才引进

深夜电话铃声响起，Nelson 先生就知道公司又发生什么事了，要不然，这么晚是不会有人打扰他老人家休息的。

果然，一个老产品，以前做得好好的，现在怎么调试就是调不好。客户就等在门外呢！难道他们是在故意为难他这个不太懂成型技术的特助吗？一番了解过后，发现这里的技术人员大都从基层操作员工升上来的，没有经过专业的训练，所以遇到一些新的问题时就很难独自完成。

另外注塑部的厂长长期以来都是空缺，Nelson 先生想应该找一位既懂成型技术，又懂车间管理的人来弥补空缺，而且他认为这种人才最适合做注塑部的厂长。

随着对业务的把握，发现工厂内缺乏大量的专业技术人才，例如成型技术人才，模具制作人才，模具修理人才等。Nelson 先生决定通过以前的关系网来寻找合适的专业人才以弥补技术人才的不足。

这不，他大老远地跑到了附近的城市 S 市，他的老东家门口亲自挖人来了。这时也恰逢老东家部分工厂搬迁，有些人才不愿随迁，正在寻找下家。

“您好，Nelson 先生。以前就久闻大名，也有机会见过您，就是没有和您正式打过交道。”

“您好，您好，刘生。”

刘生是一位成型方面的专家，一直从事成型技术及管理工作十余年，要不是此次的搬迁，也不会这么着急地想要换东家。

“听说了你的能力，我相信是真的。”Nelson 先生直截了当地说。“说说你有什么要求吧，看看我们能不能达成一致。”虽然 Nelson 先生很渴望这样的专业人才，但还是要看看对方的意愿。

“薪水方面肯定要比现在的公司高，职务也是一样的。”刘生也很坦白地回答。

这与 Nelson 先生想象的完全是一样的。因为 Nelson 先生也了解，目前很多的人才不仅在薪水上面要求很高，而且还要有一个合适的岗位，有一个适合他们发展的空间。

整个面谈的过程是愉快的，想来结果也是让 Nelson 先生满意的。除了这个成型的专业人才，Nelson 还预约了另外两位专业人才。这就是他进入这个公司带来的另一方面的价值，了解工厂需要什么，缺少什么，并知道如何取得资源。在短暂的一年里，Nelson 先生通过各种网络招揽了不少人才，分布在不同的岗位上承担重任，这些人才的引入对于公司内部人员来说是一个不小的冲击。这也可以算作是一个新的战斗团队成立，Nelson 先生并不是单独作战。

提示：

新团队建设

在为自己的团队添砖加瓦时不能让现有的人员产生误会与顾虑，避免引起不必要的争斗，消耗能量。

当然 Nelson 先生并不是没有看错过人。还记得以前一部属浑然离去，转战调至别的单位时，他就像看着自家的小孩子离家出走一样，心里很难过。这个部属很有能力很有才华，不过非常自负，没有办法融入到新的单位。当Nelson先生听说他在新的单位无法存活时，高规格地把他请回来，还设宴请他，鼓励他继续一起奋斗。但后来发现江山易改，本性难移，部属的自我认知还是不变，很令他失望。

小结

作为企业的高层管理者，你必须了解工厂需要什么，缺少什么，并知道如何取得资源。正如同这人才缺乏一样。

人才是任何企业都不可或缺的，特别是技术型管理人才。同时这些人才的补充为组织的变革增加了力量。

4.2 征服现场

在新产品开发初期，有一些客户会紧盯着产品的开发状况，随时掌握产品动态。

为了给客户留下比以往更好的印象，Nelson先生下令生产车间进行“清扫清洁”，特别是注塑成型厂。注塑成型算是一个技术活，所以客户通常会在成型车间逗留。还没有忘记初次参观车间的实况吧，虽然要彻底改变现况，在短时间内很难，但能做的就先做，能改的就先改，最起码把脏乱的形象先去掉。Nelson先生知道以后会有时间慢慢整改的。

下班前半个小时，注塑部的刘厂长身先士卒，带领着员工一起整理、清洁。暂时用不到的东西先放到机台旁边的货架上，并做好标记。机台上的各种文件，目视化管理用的道具，一一检查。地面用水清洁一遍又一遍，直到露出地面原有的颜色。因为他知道行动比语言更能取信于人。

提示：

5S

大野耐一先生曾说：“处理掉不必要的东西就是整理，需要的东西随时都能轻易拿到便是整顿，而只是排列整齐则称为整列，现场管理最重要的是做好整理、整顿。”5S是实行工作的基础，目视化管理就是对5S的巩固，两者相辅相成，缺一不可。

下班的音乐响起，大家扔

下手中的活，想立即下班。唯有这个厂长仍在努力地干活，边干活边喊道，“明天客户来参观，大家继续干，干完了下班，希望能拿到更多的订单。”

有些员工可不愿意了。

“你行就你来做呗，我们要下班了。”

刘厂长知道有时候管理是没有道理的，但又不能太过了。

“好，只要大家觉得我一个人能干完大家都下班吧。既然我一个人能把大家的活干完，大家明天也不用来了。”要是按他以前的作风，早已经把员工给吼震住了。

“你这是在威胁我们!!!”有人喊起来。

“集合一下。”刘厂长开始严肃起来。

大家按照早晚会的队形排好了。

“下班后家里有事非得你去的走出来一下。”刘厂长说道。

居然没有一个人走出来，这里分明有一些老员工，为什么不出来？难道怕吗？

“家里真有事的，我可以让你们先走。没有什么事的呢，留下来陪我一起干完活再走。我不想强迫你们，以后日子还长着呢。”刘厂长耐心地讲着，“当年我像你们这么大的时候，听话得很，领导让向东我绝不敢向西。现在我们得反过来了。”刘厂长知道，现在的人很难改变，是的，改变别人也许很难，那就试着改变自己并影响他人。

大家开始发出切切的笑声。

“没有要走的，那我们就继续啦。”

话音刚落，大家各自散去，纷纷拾起刚刚手中丢下的活，继续干。此时，大家已经不像开始那么拘束了，笑笑闹闹，但活仍在手下。

大约又过了半小时，整体看起来车间整洁多了，厂长将大家集合在一起说：“谢谢大家的努力。如果我们能每天都维持这个状况，每天都在这样的环境下工作多好。今天暂时就告一段落，希望我们每天上下班前后能花个十分钟来检视一下自己工作的环境，努力使自己的周边变得更好。”厂长顿了顿，继续说：“这是我第一次与大家一起干活，希望以后经常能和大家一起努力。好，大家下班吧。希望大家上班与下班后一样开心。”

虽只是简单的几句话，让员工的心里却有了一丝的温暖。

员工要的就是一种关怀，一种被人觉得自己有价值的感觉，刘厂长还有公司的所有管理者以后还需要给予员工更多的爱。

第二天，客户首先到注塑成型车间转了一圈，现场的有序让客户脸上洋溢着笑容，对 NP 集团更有信心了。

小结

员工要的就是一种关怀，一种被人觉得自己有价值的感觉。新主管要如何征服现场，要有自己的一套管理方法。

4.3　会议体制规划改革

“今天要开主管会议，您要参加吗?”助理小白问道。

“哦，什么时间?”Nelson 先生突然想起自己来公司已经有一些时日了，从来没有参加过主管会议。

“今天下午两点半，在会议室（一）。”

“以前怎么没有提醒我去参加呢?”

“哦，是这样子的。上一次主管会议是一个多月前了，您还没有来呢。”

“多久开一次主管会议?”

“好像不太固定，有时一个月才有一次。”

“主管会议的主题是什么?”

“嗯，应该是一些问题的讨论吧。”

“哦。”

下午两点半，Nelson 先生提早了五分钟到达会议室。会议室里已经坐了一半的人了。大家见到 Nelson 先生，都打了个招呼，便都沉默了。

会议于两点半准时开始。Nelson 先生环顾了一下，有部分高层干部没有来参加。Nelson 先生以为主管会议主要是检讨各部门 KPI 达成状况及如何改善，但事实上并不是如此。议题很泛，想什么说什么，有些议题根本与 KPI 的改善无关。与议题无关者坐着干等，甚至盯着手机一动不动；与议题相关者，则是一味地提问题，丢给上级主管。会议之前，各单位间没有进行协调，有点吵吵闹闹的感觉，会议的时间有点长，让人产生厌倦感。Nelson 先生实在听不下去了，就站起来，让大家停止。

“我是第一次来参加这个会议，希望我们会议的目的要明确，不要在会议上讨论问题，会议时间要缩短，很多主管都在，大家的时间都很宝贵，不要浪费大家的时间。”

这是 Nelson 先生第一次与众主管们正面交锋，他是个效率的专家，怎么可以让大家在此浪费不必要的时间。

众主管们都看着 Nelson 先生，一言不发。

“如果没有别的主题，那今天的会议先到此为止吧。”Nelson 先生将会议散了，他急迫地想要规划一个正式的经营会议。会后，他找来主管会议的主持，绩效管理课的张副总监。

“张副总监，我们的主管会议是怎么安排的？”Nelson 先生问道。

“我们原来定的是每周开一次，刚开始还可以，总裁都来。后来因为总裁忙，偶尔来一下，慢慢变得没有固定时间了，有时一个月还不开一次。”

“哦，总裁不来就不开吗？”

“也没有。只是总裁不来的话，主管都到不齐，就像今天一样。”

“哦。那我想重新规划一下这个会议，明确会议的目的，你帮忙写一下会议的规范。”

“好的。”张副总监一边打开笔记本，一边回应着。

“我想把这个会议的名称改为经营会议，会议的目的主要有两点。第一，对涉及公司营收，利润，经营的相关工作实现有效管理，促使公司各部门之间的有效沟通与协调，掌握各部门的业务绩效，提高工作效率；第二，加强对高阶主管的人才培育，提升管理能力；使公司上情下达，下情也能上达。”

“嗯，多久开一次呢？”

“我想依照业务内容及层级设置两类会议，一类是总监级以上高阶主管业务汇报，可以设在单周进行；另一类是部门 KPI 的执行结果及月度工作计划汇报，设在双周时进行。也就是两周开一次。”

张副总监埋头记录着。

“对于会议的一些基本要求，你应该比较清楚吧。以前我在 Toyota 工作的时候，每次会议都安排得很紧凑，事先安排好报告的顺序，而且对每个报告都规定时间，例如报告在5

提示：

会议的要求

1. 安排报告顺序；
2. 规定报告时间；
3. 会议记录与追踪；
4. 要求与会人员的纪律。

分钟之内完成；有讨论的话也要在5分钟之内；如果没能在规定的时间内完成，会被认为是一个不合格的主管，所以这5分钟之内要将重点内容讲清楚是一个很重要的技巧。另外整个会议时间规划不要超过2小时，会后要发送会议记录，并追踪会议相关事项。”

“对于会议的纪律要求，我想要求参会人员不得迟到早退，不得无故缺席，特殊情况需要请假的人要提前向我请假并指定代理人来参加会议，需要汇报的部门主管必须提前做好汇报资料。资料必须在会议召开前一天交给你和总裁助理，以便统一播放，存档备查。”Nelson先生认为开会迟到是对会议邀约人的不尊重。刚开始的时候，开会总是有人拖拖拉拉，后来Nelson先生要求记录迟到者并通报批评，就再也没有迟到的现象。

“那我们从什么时候开始经营会议，可能需要给各位主管一些时间准备吧。”张副总监建议道。

“再过一周吧，具体的会议时间你来定吧。”

“好的。”

第二天，张副总监将Nelson先生拟定的会议规划以邮件的方式公布于众。大家反应不一。总裁回复了一句“Great!”这意味着经营会议制度将要正式实施。

小结

经营会议的目的主要有两点：

第一，对涉及公司营收，利润，经营的相关工作实现有效管理，促使公司各部门之间的有效沟通与协调，掌握各部门的业务绩效，提高工作效率；

第二，加强对高阶主管的人才培育，提升管理能力；使公司上情下达，下情也能上达。

4.4 挑战帮派拔钉

“帮派”这一词，我们多见于小说或电视电影中，好像与我们的工作不会有太多的联系。但就在这儿，NP集团，Nelson先生却听闻这里的员工有着与帮派一样的组织。

公司长期经营以来启用了不少本地员工，由于人资制度上的不完善，导致本地员工引进自己的亲友进入公司，在同一个部门或关联部门。例如这条线的线长，下面有他的兄弟姐妹或是堂兄弟堂姐妹表兄弟表姐妹等，太多的人情关系在里面，使得上一级主管的指令不能落实，各项工作开展不顺畅。这些员工凭借人情关系，经常打斗，有时不仅是外面，而且还对本公司的员工大打出手，对公司造成巨大的不良影响。

最近又有一公司内员工因某事与一帮派中的一员不和，此员工招来了一顿毒打。这是事后才知道的，其中一员工被送往了医院。这不仅影响到员工的生命安全，更影响到公司的正常生产。

近来订单一直不能按时完成，也有干部反映员工难以沟通。为此Nelson先生召集了主要干部会议，让大家共同想办法解决此问题。然而大家都摇头叹息，没有一个提出真正能解决此问题的方案。

Nelson先生要求人资发文，对于有着亲属关系的相关人员进行调查，并对相关人员进行岗位的调换。

一周时间过去了，一点消息也没有，如同石沉大海，杳无音信。此刻人资正陷入了一片混沌中。

“调查结果出来没有？”华总监正在询问下属。

“还没有。”一个负责调查的人资小妹回答。

“这么久？”

“有些资料不完整，比较难识别。”

“按省份市区分看看。”

“60%的都是四川人。”

华总监皱着眉头，开玩笑地说道，“简直是一个四川窝呀！”

华总监上报给Nelson先生这个状况，Nelson先生也只能暂时将此事搁一边。

元旦前的一个周末，有友人来参观工厂，Nelson先生提及了此事，友人听后即向Nelson先生提出了自己的一些想法。Nelson先生听后称赞不已，于是开始规划一支特殊作战部队，一方面想通过此部队完成落下的订单，另一方面也想通过此部队来突破太多人情关系的队伍。

特殊作战部队由新入职的部分员工及原生产线中经常受欺负的员工组成，它代表了一种新的生命力。Nelson先生指定干部阿特亲自教导。很快，这支部队便能胜任各项工作，也一直在赶着落后的订单。

“该上战场了。”Nelson先生对阿特说。“这叫从‘敌人’内部开始瓦解，逐个攻破。”

这是对于作业层的帮派解决，对于管理层的帮派也不可小觑。公司内部通常以某些高阶层主管为核心，形成多个派系。这些派系之间有时会因某个细节而相互进行攻击，虽没有如作业层之间的暴力，但其影响力极坏。例如新来的团队与原有团队之间就会存在一定的摩擦，原有团队就会希望新团队的任务事务都不顺利，于是就会万般阻挠。正如Nelson先生正在努力推动TPS时，原有部分团队例如制造的李副总极力不配合，你也拿他没办法。所以“拔钉”是不得已也是必要的过程。有无能力及愿不愿意配合你，形成四个可能。当高阶层干部属于没能力不配合的类型，在运作整改企业过程中，就必须拔钉。否则水灌不下去，在你必须负全责经营损益时，在预期新人待不久，走的人必定是你。

提示：

帮派

改革遇阻时，“拔钉”是不得已也是必要的过程，特别是管理层之间的派系斗争。杀鸡儆猴就是这个道理。

造物之前必先造人，当老资格老习惯不改之下，只好放弃，才能期待创新的绩效。

小结

员工有无能力及愿不愿意配合你，形成四个可能：

1. 有能力、愿配合→要鼓励提拔；
2. 有能力、不愿配合→要通过沟通，用其长处；
3. 无能力（能力较差）、愿配合→勉强使用、再教育教导；
4. 无能力（能力较差）、不愿配合→拔钉。

4.5 打工者心态

Nelson 先生正在与 Peter 一起聊天。

“我发现一些厕所文化，你有没有注意到?”

“啊？什么厕所文化?”

“我讲的这个文化并非指在厕所门上乱写乱画，而是一群人围在厕所里，聊天，看手机，甚至吃东西。”

Peter 听得有些震撼。

“初次见时，我非常惊讶，厕所也能成为暂时避风的天堂，怪不得我们的人工时都不见了，这毫不夸张。我们的稽核室也经常稽核到类似问题，特别是一些老员工。”

“哦，没有我们的 IE 吧?”

“我倒没有说 IE，只是 IE 不要成为其中的一分子。”

Peter 若有所思，不仅老员工如此，新员工也很难管理啊。

这是一个缺乏基层员工的时代，如果基层员工的离职率一直居高不下，这不仅扰乱了公司正常的生产计划，要出货时东西做不出来，而且也间接影响到留下来继续工作的员工。招聘新员工，需要时间，需要进行培训才能上岗，这无形中又增加了公司的运作成本。目前 NP 集团正面临着这样的问题。Nelson 先生思考着在当今各个工厂中存在的普遍现象，并请人资专门做了一项调查，想从中找到相应的改善措施。调查归调查，但 Nelson 先生心里也大概知道调查的结果，因为他了解现在的年轻人不像他们那个年代的人，一个工作能做很多年甚至一辈子。他感同身受，这些年轻的从业者们就如同他自己家的孩子一样。曾经他的儿子为了和女朋友能在一起，把一份很好的工作就辞掉了。他是一个开明的父亲，对于儿子的这种行为并没有反对，就如同现在大多数的父母亲一样关心爱护着他们的子女。现在的年轻人有思想，有活力，敢于尝试新鲜的事物，而且现在的年轻人，大部分都是家中的宝贝，从小到大过着衣来伸手饭来张口的日子，即使到外面的世界来，也只是看一看外面的天地究竟怎么一回事。等他们累了倦了，就想回到温暖的家了，也正是这温暖的家造就了这些年轻人的不在乎和随意地换工作。

人资将调查报告递给了 Nelson 先生。调查的结果显示，在职员工中，一年内的占了 50% 以上，这正如他所想象，而离职的主要原因是薪资低。随着物价的不断上涨，人们对于薪资的要求也越来越高，但令他意想不到的是这里的基层员工的工资是他从事职业以来最低的一家。很多员工也只是把自己看成打工者，珠三角缺工严重，不愁找不到工作，抱着今天来一天是多少钱的心态。这样的心态很容易受到外界的干扰，只要有别的公司提高薪资待遇，他们就会往那里跑。就现在公司里的一些员工，有些人已经几次进公司了，不为别的，就因为公司曾几次的调薪。

马斯洛的需求金字塔（1943）解释了人的需求层次，第一层是生理需求，第二层是安全需求，第三层是情感需求，第四层是自尊，第五层是自我实现。这似乎与现在的年轻一代有一点矛盾：他们需要金钱，他们可以为了那一个月高百来元而跑到另一个公司，他们就差那么一点点钱么？应该不是的。那他们为什么要那么做？当然如果可以赚更多的钱，可以满足年轻员工在同龄中的优越感。是如今的公司都没有办法让员工感到有自尊么？是他们无法在公司中实现自我么？一连串的问题问得他自己都有点发晕了。

> **提示：**
>
> 新时代员工的管理
>
> 马斯洛的需求层次理论告诉我们不同阶段人的需求是不同的，不同层次的需求可以同时存在，只是某一需求占主体而已。所以在管理过程中不仅要充分了解新生代的思想，更要尊重他们的想法，并提供各种他们所要的东西，即员工自我实现的机制，而不是你觉得他们想要的东西。

员工不单单是经济人，同时也是社会人，精神需求更具激励力。那要如何做才能让员工真正地爱上公司，以公司为荣呢？是公司的文化不能影响到员工？Nelson先生回想着丰田公司对于员工的态度。是不是该建立一套与丰田公司类似的员工自我实现的机制呢？

在早期，国瑞汽车公司的高层主管皆由日本母公司派遣，他们通过教育训练的过程，完成国瑞相关人员训练之后，随即返回日本母公司。训练重视的是如何用心培养及教育内部的员工，并配合充分且完整的人力发展制度，让员工随着经验的累积一步步晋升到中高阶的主管职位。这样的理念也让公司始终保持相当高的员工留职率与平均任职年资。

他们完整的教育体系包括：

1）资位别教育训练：依不同的职等（Grade）而设计不同的教育课程。

2）社外派训研习：通过母公司或企管公司提供的课程，研习相关技能或管理知识。

3）各项证照取得：如开设堆高机操作的训练课程。

4）语言教育：属于社内教育，包括英文与日文的课程。

5）技能教育。

他们还有 OJT、前辈制度、多能工育成的制度：

1）OJT（On the Job Training）：指通过平日业务推展的过程，由单位主管做现地现物的指导。

2）前辈制度：公司重视经验的传承，希望新进人员能够通过前辈经验，学习与熟悉各项技能。

3）多能工育成：为了使员工能熟悉不同的工作内容所设计的一项工作轮调制度。例如在一条汽车装配生产线上，共有好几种不同配备的安装单位，举例而言，有轮胎、座椅、车灯等不同的配备安装程序。原本各作业单位的作业员只熟悉自己单位的工作内容，在经过多能工育成的训练后，可将不同单位的作业员互调，以习得其他不同生产程序的安装技术，这样的做法将会有效达到提升员工操作能力的目的，且在生产变动时也能确保优良品质，并快速应对市场需求。

另外他们还有赴日研习。赴日（Toyota 丰田）长期技术研习海外子公司人员赴日研习，是源自于母公司的构想。母公司丰富的资源，除了可帮助子公司技术训练之外，母公司也能通过此研习的方式将总公司的 Know How 传递下去，达到双方的互助互惠。每年约有二、三十位的员工能够分批赴日研习一年。经由各部门的主管与母公司的训练人员协商之后，便能够指派人员赴日进行训练。因为国瑞汽车公司以制造生产为主，关键零组件的供应及技术的提供皆来自日本母公司，所以在新技术的导入期，除了母公司会指派日籍技师来台协助之外，公司也必须积极培养本地技师。因此必须将员工外派至母公司学习新的生产技能，等到新的机器设备引进国瑞汽车公司之后，员工便能很快上手，并使机器顺利运转。

如果公司已经有完善的员工自我实现机制，而员工还是把自己看成打工者，那他注定就是一个打工者，去时也不必惋惜了。

小 结

员工不单单是经济人，同时也是社会人，精神需求更具激励力。那要如何做才能让员工真正地爱上公司，以公司为荣呢？

如果公司已经有完善的员工自我实现机制，而员工还是把自己看成打工者，那他注定就是一个打工者，去时也不必惋惜了。

4.6 组织整改分工

管理学大师彼得·德鲁克（Peter F. Drucker）在《大变革时代的管理》一书中给出了家族企业管理的四条基本原则：

① 家族成员一般不宜在企业里工作；

② 管理层至少有一个高层职位由非家族成员担任；

③ 在家族企业中，越来越需要在关键的位子上安排非家族成员的专业人士，而这些非家族成员的专业人士必须受到平等对待，他们在公司中有“完全的公民权”；

④ 当管理层在继承问题上发生麻烦时，把这个问题的决策权交给一个既不是家族成员也不是企业成员的外来者来决定。

总裁请来 Nelson 先生正遵循了这几大原则。

组织的正式调整始于 Nelson 先生 title 的改变，因为这 title 赋予了他更多更大的权力，同时又有了更多更大的挑战与要求。在 Nelson 先生要对于公司组织的弊端要进行整改前，总裁已经将之前大家传闻的“要干掉李总经理”变成了现实。

Nelson 先生明白组织整改必须遵循定策略，建组织，布人力，置系统的顺序。反之如果先优化系统，会因组织不够健全，人才数及能力不足，弄得部队更忙碌，只顾开会做报告资料，现场效率无人管理。在上任东家就见到急促组织改

提示：

组织整改的顺序

定策略→建组织→布人力→置系统

但凡事不能操之过急，事缓则圆，否则会更加忙乱。

造失败的案例，最后高阶层主管被迫离职，因此大刀阔斧改革，把钉子户拔除，固然都是正确的，但新组织由于工作上的窍门没有交接清楚，加上人才不足新人又太嫩，虽然半年内绩效差异很大，但半年后执行力感觉力不从心，缺乏技术力。古人说事缓则圆，真的是不无道理。

舵主训练（注：在后一章节中详细说明）持续地进行着，Nelson先生已经在初次拜访的基础上更加了解各主管们了。Nelson先生认为改变制造现场很简单，却因为制造处李副总的不以为然而很难有所突破。就如上周看到的生产现场一样，由于停线异常无法快速解决，导致很多的损失。

Nelson先生明白启动变革的前期阻力较大，就如同汽车换挡一样，所以通常要用一挡：扭力大但速度慢！等动起来了以后才能随着过程一挡一挡往下换…变革动力是要不停换挡的！不能一挡走到底！如果说丰田现在用的是五挡！那我们不能学人家用五挡来启动！

“将制造处切小怎么样？”Nelson先生经常与他的团队讨论如何进行TPS的推动，对于目前的状况，一直在寻找着解决的办法。

“我觉得将制造处切割后应该比较好管理。就我现在了解的状况来看，我同意这做法。”Peter回答地非常有力。“目前我们有两大类产品，应该可以以产品大类切分，同时可以进行整合。”

“好是好，但需要总裁的同意才行。”Tony挠挠头说。“而且制造处切开后，要哪位主管去呢？”

“嗯。最近我已经联络了Jacky，他有意愿加入我们公司。他这两年一直从事制造管理的工作，加上之前丰富的品保实务经验，应该能够胜任。”Nelson先生说。

“哦，那我们的团队又强大了。”Tony兴奋地点着头。

“这事，我还要先和总裁商量一下。”Nelson先生认为关于此事他能够说服总裁。

总裁的确没有任何的阻挡，还嘱咐Nelson先生尽快将组织切割，同时也非常欢迎有新的人员加入。得到总裁的许可之后，Nelson先生就开始操刀组织的改动，以削弱制造李副总的势力，以利加快改革的步伐。Nelson先生将制造依产品切分成了三大块，医疗制造处由Jacky来担当主管，童车制造处由原来的老大李副总担当，注塑部与塑模部合并成注塑处由刘厂长担当。

Nelson先生看着现在的组织架构，用铅笔在上面画了又画，圈了又圈，最终自认为满意才罢。交给助理小白时，千叮咛万嘱咐，还未征得总裁的同意，千万要保密。小白也谨慎有加，不敢有半点透露。

记得在之前的公司，每到有人事变动前，一些主管就会有意无意地到他的助理那套话，搞得他的助理每到那一时期，就有点神经质了，只要有人问及某些问题就会联系是不是与这次的人事变动有关。

Nelson 先生拿着修改好的组织图来到总裁的办公室，以期待总裁的首肯。

总裁看着组织图，Nelson 先生说明了变化点以及他的想法。

总裁说："先试行一下，看看大家的反应。"

"那请总裁签一下字吧，我适时让人资发布。"

总裁挥笔，在核定栏签下了自己的大名。

在组织尚未公布之前，Nelson 先生找来了李副总。

"李副总，最近操劳啊？白头发都增添了不少啊！" Nelson 先生调侃道。

"呵，是有一点。"李副总不自然地摸了一下自己的头发，笑了笑，他还不知道 Nelson 先生找他来干什么。"特助今天找我来有什么事吗？"

Nelson 先生站起身来，走到他的大白板前，拿起一支笔，说："我们现在在进行舵主的训练，你觉得我们现场有没有什么改变？"

"现场的变化呀？有一点吧，应该不多。"李副总犹豫地说道。

"有哪些变化呀？比如说呢。"

"现在的三定啊，比原来要好很多。不过我觉得没有什么用处。"李副总就是这么当面也不给面子。

"嗯。好。言归正传，今天找你来呢，是有一件事要和你说。据我了解我们公司的业务一直在扩大，而我们的组织一直都没有调整过，特别是制造处。为了更好地进行管理，也不想让您过于劳累，我想把制造依我们现在的两大类产品分成三个制造处：医疗制造处，童车制造处，注塑处。"

李副总面露不悦，就"哦"了一声，随后又提出了疑问："我们的两大产品有些是需要用到相同设备的，如果分开管理，是不是一些设备都要分开？这样做会不会导致浪费？"

Nelson 先生边说边观察李副总的脸色，"嗯，李副总这个问题提得非常好。这些我们都考虑过了，我们本来就具备了一些分开管理的条件，有些资源需要进行整合，制程间需要更加亲密地合作，其他的慢慢来改。这个想法我已经请示过总裁了，总裁对于这个提议是赞同的。在整改的过程中，也非常需要李副总的协助。"

"既然总裁都同意了，我也不能有什么意见啦。那我负责哪个制造处？"李副总抑制住心里的不安问道。

“以后，请李副总多投入精力在童车制造处。”Nelson 先生回答道。

Nelson 先生明白，如果不拿总裁来压的话，他们这些老家伙是不太会给他面子的。他也明白，即使拿总裁出来压，他们这些人还是会去找总裁的，而依总裁的脾性，说不定哪天，就又改变主意了，所以他得快速地解决此事，以免夜长梦多。

对于这个改变，李副总虽然在谈话的过程中看起来很平静，他忍住了心中的不平与怒气，当面不好发作。之后听传闻说，他回到办公室后叫来了所有的干部，大发雷霆，不过最后的结果并不能改变，所以只能无奈接受，谁让他的下属们没有帮他看管好呢。

Jacky 是 Nelson 先生的又一得力弟子，擅长品质管理及制造管理。趁着此次的组织调整刚好将其放在了这个位置上，分担李副总的部分管理责任。对于新到任的主管，有部分人在等待好戏上演。

Jacky 一到公司，以给制造的主管上课的方式与大家见面。如此动作，一方面可以让大家了解其理论知识的渊博与经验的丰富，另一方面可以观察大家的反应。Jacky 很清楚自己的处境，所以得尽快建立自己的团队，以站住站稳。

小结

组织整改必须遵循定策略，建组织，布人力，置系统的顺序。反之如果先优化系统，会因组织不够健全，人才数及能力不足，弄得部队更忙碌，只顾开会做报告资料，现场效率无人管。

变革前期的阻力是可想而知的，然而组建新团队必定会引起原来组织中人员的不满。有时候必须通过组织赋予的权力来达到目的。

4.7 遭遇助理总裁

在 Nelson 先生正式挂职 NP 集团制造总经理一职后，心情也变得比以前更好了。特别是随着对业务的熟识与深入，Nelson 先生感觉越来越得心应手了。但在职业的道路上并不是一帆风顺的，这不，总裁又从另一家公司挖来了一个牛人，挂职助理总裁。虽然之前总裁有跟 Nelson 先生说起过此人，说是他管市场段，并没有说明此人的职位，Nelson 先生更是没有想到他的职位。此人叫 Ben，年龄稍长 Nelson 先生两岁，但看起来比 Nelson 先生显老很多，至少满头的白发就让人感觉苍老。

自从 Ben 助理总裁来了以后，Nelson 先生的心里可不是滋味了。按职位来说，助理总裁要高于他，但总裁也没有给他们两个明确的分工。Ben 助理总裁很高调，也许他觉得他有资本高调，这资本就是他在前一家公司服务了三十多年。同时从他的表现来看，他不仅仅是管理市场这一段。每次会议，只要一遇到某些与其前公司相似的问题，Ben 助理总裁就会兴高采烈手舞足蹈地讲“我们以前怎么怎么样”，这样的结果可想而知。对于不同产业，精益程度不同的企业来说，不能只是简单的对比，甚至对于现场都不了解就如是说，很快就会引起多数主管的不满。

Nelson 先生最近比较沉默，助理总裁看起来比较爱表现，就先看着他怎么表现吧，他就看着他的现场。因为对于现场，助理总裁没有兴趣，他从不到现场去看。

就这么相安无事地过了一段时间，Nelson 先生憋了一阵子的气，正值返台休假时期，打算问一下总裁安排这个助理总裁的想法。如果是总裁觉得自己做得不够，那 Nelson 先生想他可以撤了让位；如果不是，那就把两个人的分工说清楚。总裁的答复并没有让 Nelson 先生有多少觉得不妥，暂且继续观察一下吧。

除了开会，Ben 助理总裁从不见客户，不倾听客户的声音；从不见供应商，也从不去现场，了解现状，就一直把自己关在原来公司的那个圈子里。渐渐地，助理总裁的激情被消耗殆尽，开始变得没精打采。因为没有被团队认同，一直在门外徘徊，进退两难。

Ben 助理总裁找总裁说，他不想担任助理总裁了，这与他原先的设想相差太大。这是后来总裁跟 Nelson 先生提起的。这也难怪，一个人单兵作战是很困难的。总裁让 Nelson 先生劝劝助理总裁，让他留下

提示：

助理总裁的启示

适者才能生存。新人要快速地融入企业文化中，要快速了解现场，了解团队，不故步自封，否则将会被关在门外。

同时要善于从别人的身上看到自己的不足。要扬长避短发挥自己的力量。

来。Nelson 先生找助理总裁聊了很久。

Nelson 先生总是那么温和，对于自己的竞争对手也是如此。

Nelson 先生对着助理总裁说："总裁让你留下来，希望你能开辟一片新的天地。"

Ben 助理总裁说："现在我想退休了，去国外待上一段时间，休养一下疲惫的身心。"

Ben 助理总裁只在一家公司工作过，从来没有接触过其他产业，在他转行之前并没有充分的心理准备，所以就导致了这样的结果。

而 Nelson 先生在多个行业中工作过，了解了不同行业的状况，同时也带领了一个自己的团队跟随着，并非一个人孤军作战。他有梦想，并用梦想组建了一个团队，而且他要用这个团队去实现他的梦想。这个团队就是他强有力的左膀右臂，他们让 Nelson 先生充满了战斗的力量。

最终，虽然挽留住了这位 Ben 助理总裁，但其更愿意以顾问的角色参与到公司的活动中来。Nelson 先生也不知道这样做的对错，但这位 Ben 助理总裁的留下，也给了他很多的启示。是的，在这个变化莫测的世界里，一个人冲锋而没有坚强的后盾，就很容易失去前行的动力。

小结

职场并不是一帆风顺的，它也并非以你的意志为转移。特别是高层的管理组织，完全由老板的一个想法决定了。

当你原本以为步入正常的职场，突然遭遇变化时，你要如何面对？后续要如何与之共处？其实这完全由你的心态决定。海纳百川，有容乃大。

第3篇

扮演企业的教授

有共识才能共事，才能成就大事。只有大家都认同精益的思想，才能愉快地沟通，才能成就一番事业。精益的思想需要有人传授，接受者也要不停地在否定之否定中提升实务。

第5章

如何实施企业内教育训练

在丰田流行一句话，“我们不只造车，我们也造人”，可见其对人才培养的重视程度。精益14项管理原则中，提出的4P模型，第一个P即为Philosophy（理念）。理念的统一，观念的转变是精益之路的首要。

Nelson先生也奉行着这样的理念与原则，企业要发展必须要有人才，精益之路的铺就，需要精益的人才。人才的取得可通过两种途径：聘用外部专家和培养内部人才。外部的专家毕竟有限，而且费用极高，所以内部人才的培育是当然之道。Nelson先生开始了怎样的人才培育呢？

5.1 NPS推进组织成立

Nelson先生知道想要成功实践TPS，以下**六个要件**必须同时并进，缺一不可。

1. 最高经营者的重视与支持

推动TPS总是会不断遭遇困难，如员工反应冷淡，心生抗拒、观望被动，但只要公司的经营者认同TPS，亲自带领大家全面实践，所有的困难都会迎刃而解。

TPS的推动，不仅需要经营者正确理解TPS的涵义，更重要的是要身体力行。丰田汽车公司的总经理每个月都会到现场参与TPS的自主研修活动，从不间断。

田中正知在《会思考的丰田现场》一书中描述，为了激励平日辛苦工作的员工更努力工作，丰田的生产部门每个月都会到各个工厂召开会议。会议大约三、四十分钟就结束，之后的两小时，副社长以下的高层经营主管会巡视工作现场。由工长或现场督导人员报告，说明自己努力的成果。对他们而言，能当面向经营高层发表报告是一种荣耀，而仔细聆听的主管们也不吝赞美肯定。

Nelson先生曾经辅导过的Z市MS公司，包括总经理、副总经理、协理等高层经营者都会与下属一起听课，共同探讨研修过程中遇到的问题，且不定期发表其对丰田方式的想法，这种开放的态度对员工士气起了极大鼓舞作用，员工愿意以更大的热忱投入工作，无形中为TPS的成功导入奠定了基础。

获得经营者重视与经营的工厂不一定能成功，但经营者不重视不支持的工厂一定不会成功。高阶主管身先士卒，中阶主管自然会跟上脚步。大野耐一先生曾说："如果高阶主管没干劲，不管教什么都一样；如果高阶主管有干劲，什么都可以教。"很多企业领导人花了时间学习先进的管理技巧，但是不身体力行，也只是纸上谈兵而已。

建立精益的机制，高层主管除了要亲自引导、建构扎实的组织外，也必须实际走访已经实施的现场详加观察，进而主持内部的研修会，多赞美少批评，多鼓励与少责骂，将相信没有最好只有更好（Better，No best）的价值深植人心。各单位经营层的企图心不同，指导方法不同，后续的发展也不一样。如果只以主要作业人员为中心，进行道具准备、指导作业方法的话，一旦产品改变、管理干部更换，这个机制就会消灭。要确保精益的架构与维系机制的人员，否则随着主张导入的干部离职，精益的机制也将随之消失，企业负责人岂能不慎。

2. 建立TPS推动管理组织

企业决心推动任何的改革，都需要有专门的组织。

在导入丰田方式时，必须成立TPS推动管理部，负责制定策略、建立组织、推动计划、展开过程，并要逐项检视成果。例如：公司内TPS改善活动的实施、各部门的TPS人才培育、支持各部门展开TPS自主研修、公司内部各层级的TPS教育规划与实施。对供应商的TPS教育及辅导，也要一并实施。

项目推动的关键在于组织，组织中的关键是懂得TPS的专家。

如果推动管理部里有懂得如何导入丰田模式的人员最好，可以依据单位的实际情况进行展开，否则必须外聘专家指导。这些专家辅导经验丰富，以专业客观的立场介入，内部的矛盾也容易化解。

TPS推动管理组织中可以考虑设置顾问及总教练。顾问是TPS推动模式的建构者，总教练是现场实际的教导者。同时组织中所有成员的职责也要明确规范。例如：协理级以上主管为TPS推动负责人，负责方向指导与目标的制定，定期了解活动的进度并协调跨部门间的活动，对改善成果给予评价等；各单位的主管负责改善活动顺利展开，在活动中学习并练习改善的方法，落实改善并持续改善等；TPS 的小组成员则要现地现物调查，把握事实，凸显问题并采取对策，协助建构持续改善的文化，彼此分享改善的经验。如此从上而下持续推动改善活动，可有效加强 TPS 的推动力道。

对一个组织来说，主动改变确非易事。企业之所以失败，不是缺乏目标，而是内部没有形成一起改变的共识。

一般企业遇到困难时，负责人第一个反应就是成立项目计划，期盼以跨部门召集核心干部的方式来解决问题，但往往徒劳无功。因为这种仓促成军的“团队”，无法真正面对自己、发掘问题、解决问题。

3. 排定 TPS 的教育训练课程

TPS 的教育训练要按年度的管理目标展开，是 HR（Human Resource，人力资源）部门的职责。所有与教育训练相关的后勤工作，如场地、器材、讲师等都要做好准备。TPS 推动管理部则负责提供 TPS 讲师的人选，教育材料的准备与更新，Know How 的总结等。

TPS 的教育训练方式可依不同的管理层级选择不同的类型，训练的内容也会因对象而异。举办读书会、建构 TPS 系统平台、架设公司内部的 E-learning 网站、成立 TPS 藏书图书室等，都是有效可行的方式。培育的优秀人才越多，越有利于学习型组织的建立。

4. 拟定 TPS 中长期推动计划

TPS 的推动是一个长期的行动，每个阶段要达成什么效果，必须制定相应的计划，由浅入深，分阶段导入 TPS 活动，待彻底完成改善后，再逐步升级，切忌躁进投机。应遵照 PDCA（Plan-Do-Check-Act）循环，规划（Plan）、执行（Do）、查核（Check）、行动（Action），循序渐进。如未拟订中长期的推动计划，养成的人才未达多数，作业者未能建立正确习惯，终将失败。

5. 持续 TPS 改善活动，培养具改善能力的人才

从丰田建构 TPS 之日起，持续改善已成为丰田文化的基础。所谓持续就是无论如何，绝不间断。这点有赖经营者对 TPS 的理解与支持。例如：从管理层的自主研修（研习）活动，基层干部的自主研修活动，到作业端的自主研修活动等，可说面面俱到。丰田汽车正是在这种持续改善活动中培养人才，提升现场改善力的。

丰田方式推动成员学到知识技能后，在工作现场将它转为智能，并动态调整应用。TPS 特别注重改善的过程，并在改善的过程中训练人员的思考能力、问

题解决能力，而不会只看重改善的结果。不论多么卓越的顾问，都无法将先前的成功案例，直接套用在不同企业。这些 TPS 专家都强烈要求，被辅导的企业员工要学习对事物的观察、思考的方法，无惧失败，并将失败视为珍贵的经验。参与者需自己找寻答案，唯有经过自己思考才有意义。在自主研修过程中，顾问或教练是交办“工作”，而不是交代“作业”。作业是指必须按教师设定的题目及范围完成，而工作只有大方向。至于如何如期完成，则由员工自己决定。

企业要先建立正确观念，再学习相关技巧，注重 KPI 绩效管理及人才培育效果，使团队明白为何而战。公司内部的 TPS 推动到一定程度后也可向外扩展，例如对公司的关键供应商进行 TPS 活动辅导，以期形成协力生产、荣辱与共的合作关系。

6. 建立绩效追踪与考核机制

改善活动的绩效需要追踪与考核，绩效可以通过相应的 KPI 来呈现，例如：生产的前置时间 Lead Time 缩短，品质合格率的提升，库存量的降低，人员数的降低，每小时人均产值 UPPH 的提升等。在改善前就必须订立改善的 KPI 目标，以利改善进度的掌控。

改善活动的绩效除活动者主动进行追踪外，TPS 推动部也可采用其他的形式追踪，例如：定期的改善活动的发表会，定期的成果检讨会等，TPS 推动部门的相关人员到现场实际观察，确认改善的效果。同时高层主管也要定期走进现场实地了解，并对改善活动给予评价。

另外，人力资源部门应建立相关的考核机制，将改善活动的成果列入个人档案中，作为员工升迁的必要条件。表现称职者，则提拔为干部主管。假以时日，必能为企业储备更多的优秀员工，培养更多优秀的 TPS 人才。

企业中往往都是这种现象：业绩好时忙着接单制造，无暇改善；业绩不好时，急于检讨绩效，没有多余成本推进活动，怎么说都有道理。因此，意识改革是第一个挑战，从整体系统中逐项发现、分析问题点、排除浪费、流程改造，这一连串的过程需投入人力、时间、资源，其中不乏颠覆传统制造的概念。因此，为能让活动进行顺利，第一课就必须教育经营层，经营层意识改革了，才能让整个企业的 DNA 翻转过来。关键在回归人性的原点，强调人性化与提升员工价值来塑造良性循环的工作环境。

Nelson 先生自入 NP 集团后一直都在观察，无论是人还是事。他认为想要改变 NP 集团的现状，首先还得从改变人的意识开始，而且要从高层开始改变。企业中最重要的资源不是机器设备，而是人才，这是 Nelson 先生始终坚持的观念。何为人才？能为公司所用，且能为企业付出，协助企业进步的与企业有着共同理想的人。如果此人非常有才华，但不认同企业的文化与观念，那就无法为企业所用，要么改变这些人的思想，要么就放弃这些人。而想要改变的话，必须通过不断地教育，如果通过教育都改变不了想法，那必须换脑袋。

这是一个浩大的工程，要花时间精力，而且不容易看到效果，但对 Nelson 先生来讲已经不是第一次了。在国瑞汽车公司时要对 Toyota 的零部件供应商进行辅导，当时除了担任 TPS 推进部部长，还要分配自己三家供应商亲自去辅导，去体悟其中的艰辛。第二次到 MS 公司，当时很多人都戴着有色眼镜看，带着疑问的眼光说“行吗，你以前做汽车的”。第三次到 H 集团，也同样有人质疑，“汽车那么大，我们做手机的，这么精密，能行吗？”

经历了这么多次的人才培育过程，Nelson 先生已经没有什么可以害怕的了，什么样的车，什么样的零件，什么样的供应商都已经亲自试过了。

总裁当初期待“公司今后每年的营收及利润要成长 30%”。似乎现在 Nelson先生要进行育人与总裁当初的期待与交代有所差异，但两者又不矛盾，所以可以同时进行。

当即，Nelson 先生找来爱将 Tony 继续上次方针时讨论的育人计划。这个育人计划并不简单，需要投入一定的人力来协助进行。

“我想我们高层的人员培育还是叫舵主训练，课组长级人员的培育叫堂主训练，线长级人员的培育叫香主训练。你觉得怎么样？”

“这些名字好，哈哈。”Tony 露出孩子的本色。

“我希望你做一个完整的训练计划方针，希望我们培育的人才能真正地发挥作用，我要将这个训练计划与人资的相关政策结合起来，比如说，以后我们员工的升迁，必须经过相关的培训认证。”

“好的。”Tony 一边记录一边回应。

“还记得我的那本书上有关人员训练的内容吗？”

“啊，哪本书？”Tony 一脸无助地问道。

“《丰田式制造管理实践之道》。这里面我有提到人员的训练，你有空时再去翻阅一下。”其实书中提到 Toyota 将教育训练分为两种，一种是专业课程培训，另一种是资位别教育训练，并通过职务轮调方式增加工作的丰富性与完整性。

“好。”Tony 有一点小郁闷，老师书上的内容怎么就没有记住呢？

“我们需要成立 TPS 推动事务局来规划相关 TPS 推动事务。”Tony 建议着。

“可以。你去各部门物色几个人来协助。”Nelson 先生边思考边说，“我想十月底就开始进行，你认为怎么样？”

“好，我先去找人。”Tony挠挠头，“十月底有没有太急了？我们需要时间准备。”

“嗯。”Nelson先生思考着，“将我们上次的方针展开，先写规划书呈总裁批准，具体时间依总裁的意见再调整。”

“行吧。我先去准备写规划书。”

“现在先规划高层主管的培育计划，下面的两个等高层主管的培育计划执行的差不多时再规划。”

“好的。”

Tony也是一个非常用功的人，主管交代的任务总是能快速地完成。隔天，Tony就将舵主训练规划书递给了Nelson先生。

Nelson先生还是一如既往地心细，将规划书修修改改，他们又讨论了要在规划书中增加“TPS实践三年计划”。这三年计划的编写并不是难事，Nelson先生推动TPS已经有一套自己的模式，所以现在就只要结合目前工厂中存在的问题，就可以写出这TPS实践的三年计划（见图5-1）了。

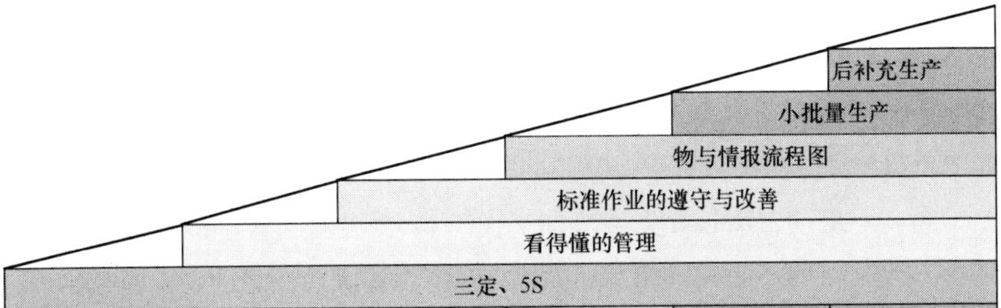

现状问题点	流程不畅，物料停滞情况多	生产管理板及标语未落实,异常未显在化	人员凭喜好作业,不遵守作业标准	缺乏前置时间缩短及工时改善的活动	按订单批量进行安排采购、生产	只对后制程安排,具后拉式基本形态但无看板运作
改善着眼点	提升物的效率	提高管理状态的可视化程度	提高人员作业效率	缩短生产前置时间	降低库存	降低库存及储存空间
未来方向	水蜘蛛搬运，定量配送	趋势图管理，目视化管理	标准作业三票	价值流图，整流化生产	快速切换，Cell，着着化生产	实施看板运作
时间	2012/11~2013/12	2013/1~2013/4	2013/2~2013/12	2013/4~2013/12	2014/2~2014/7	2014/4~2014/12

图5-1　TPS生产模式推动计划

当 Tony 将再次修正后的规划书给 Nelson 先生后，Nelson 先生又仔细地看了一遍，然后让助理小白送到了总裁办公室。

为了要建立 TPS 推动事务局，Tony 编写了 TPS 推动事务局的主要权责（责任 & 授权）。同时还在东打听西打听，亲自从其他部门物色了两个人，经过协调后才将他们调过来。对于 TPS 事务局的主要权责，Nelson 先生倒是没有提出过多的疑问。因为写得如此详细，心里还是蛮满意的。

TPS 事务局里两位不懂 TPS 推动的员工需要教导，暂时只能负责一些文书及联络的工作，先期主要的 TPS 推动工作，例如人才训练的计划、人员的选定、课程的安排、教材的准备、费用预算等，还得由 Tony 亲自来规划处理。

在两周前 Nelson 先生将修改完后的高层主管培育规划书呈给了总裁。总裁终于签下来了。按照预计的日程，TPS 推动事务局紧锣密鼓地规划着舵主训练营，以期 10 月份内如期启动。虽然有以前的一部分资料可以参考，但要按 NP 集团的实际需求进行重新调整，例如预排的课程表、课程教材讲义、训练的讲师、需要参加训练的人员、预计的上课时间与地点等。

经过两周的辛苦准备，在人资的协助下，下周可以开始舵主训练了。该准备的都已经准备完毕，唯一缺的就是去现场教学时需要使用的耳麦还没有订购回来，但这不影响下周六的 Kick off meeting——舵主训练营的启动。Tony 终于舒了口气。

周五下班前，Nelson 先生特别交代 Tony 要提前到教室准备好相关的设备资料，以避免出现不必要的错误，浪费大家的宝贵时间。Tony 对此事的经验已经足够多了，即使 Nelson 先生不提醒，他都不会忘记。Tony 终身都不会忘记初次跟随 Nelson 先生时的忐忑与不安。

Nelson 先生从板报上拿起明天的会议议程（见表 5-1），仔细地核对了一下；回到座位上再次打开了明天要用到的讲义，如同老师一样温习功课。这是作为一个老师最起码的职责，要对学生负责。

表 5-1　会议议程

序　号	起止时间	时间（分）	项　　目	说　　明	责任人
1	13：20～13：30	10	学员及高阶主管入场、就座	引导各学员在指定位子坐好，点名	人资
2	13：30～13：50	20	开课背景及规划说明	开课目的，参训要求	Tony

（续）

序　号	起止时间	时间（分）	项　　目	说　　明	责 任 人
3	13：50～14：30	40	NP经营及现场管理讲解	—	Nelson先生
4	14：30～15：00	30	总裁致辞	—	人资
5	15：00～15：10	10	休息	—	—
6	15：10～16：00	50	学员自我能力测评	填写TPS改善能力评价表	学员/助教
7	16：00～16：15	15	自我介绍及各小组成员确定	推选出营长，副营长，决定各小组组长及组员	学员
8	16：15～17：15	60	TPS活动架构说明	自主研修发表要领说明及活动展开要领说明	Nelson先生
9	17：15～17：20	5	本次课程回顾及Q&A（提问回答）	针对本次课程进行沟通	Nelson先生
10	17：20～17：25	5	课后作业布置	布置课后作业及下次课程注意事项	Tony
11	17：25	—	第一回课程结束	—	—

周六进行舵主训练，部分人员是有意见的。因为公司部分员工周六是不来上班的，但为了集合整合大家的思想与观念，即使有困难，也要克服。**路，是人走出来的没有错，但没有规划的路是有风险的，也许是坦途，也许是十八道弯路。**

周六下午一点，人资已经提前到预定的教室，开始工作：摆桌子名牌、准备教材、分发讲义、检查麦克风等。Nelson先生和Tony也提前来到了教室检查准备状况。

> **提示：**
> 规划的重要性。

一点二十，学员陆续走进教室。也许大家久未联络，也许是周末的轻松，大家相互攀谈起来。

“总裁，下午好。”

总裁的到来，让本来有点嘈杂的教室安静了很多。大家按照各自的名牌坐了下来。有的人已经开始翻看桌子上摆放着的教材，一本书为《丰田式制造管理实践之道》，另一本为《丰田的现场管理》。

一点半，人资开始申明上课的纪律。之后依照会议议程 Tony 开始讲解开课背景目的及规划说明，参训要求，舵主训练营的特色等。Nelson 先生则坐在一旁，仔细观察学员们的反应。此次来参加训练营的人员级别都是副总监以上，全员共有 50 人，都是公司的高层主管。TPS 推动事务局还给每个学员都编有学号，这一方面利于统计人数，另一方面也方便老师上课时提问时使用简单的代号。

“我们的这个训练营每周上课一次，预计半年为一期。

此训练营与一般的上课教学有着很大的差异，教学分成两个部分，一部分为课堂教学，一部分为现场教学。

课堂教学我们使用两本书当参考教材，这两本书都已经放在各位主管的位置上，一为《丰田式制造管理实践之道》，二为《丰田的现场管理》。学员要自己在课外事先学习，在课堂中，老师只是提出其中的一些重点，学生可以提出学习中的疑问，老师会进行解答。

另外，除课堂学习外，现场教学更为重要。我们会要求学员在学习的过程中建立一条示范线，并将在训练过程中学到的知识应用到其中。老师会在教学的另一半时间去看示范线，引导学生提出问题，并自己解决问题，进而提升学员的能力。

希望在我们的共同努力下，建立一套属于我们自己的有效的生产系统。”

Tony 流利地介绍完了舵主训练的相关事项，接着按照会议的安排，播放一段影片，让大家对 TPS 的背景更加了解。

接着 Nelson 先生开始发表演讲。演讲的主题引用了近段在 NP 集团现场发生的现象，这些现象的图片经过简单编辑，显得相当生动。当然这只是生产现场状况的冰山一角，但他要让在座的主管认识到现场的缺失。

Nelson 先生每天都要去现场查看生产的状况，遇到一些有教育意义的事件就用相机拍下来，作为上课教育用的实用教材。另外通过现场的查看，也可以让大家更注重现场的管理，连高层主管都要花时间来现场，现场的管理干部更要花时间到现场去进行管理了。

Nelson先生最后讲道："现在我们所看到的只是一些现象，我并没有批评与指责的意思，我只是要让大家明白我们做得不够好。我们可以通过一些改变，让现场变得更加干净明亮。

为何称舵主训练营？舵主是一艘船的指挥官，指挥官的方向不正确，船就会偏离航道。把各单位的主管称为舵主，亦即此意。

我经常讲的一句话'造物之前要先造人，改善若要成功，其实最重要的在于「人」，让人不仅具有「知识」，而且要拥有「智慧」。'希望大家努力成为有智慧的人才。"

> **提示：**
>
> 造人、知识与智慧
>
> 造人是指让人不仅有知识，更要有智慧。
>
> 知识是理论的，是死的，只有将知识运用到工作中才有智慧。

教学是一件有趣的事情，因为对于Nelson先生来说，这不仅可以带动大家去思考问题，改变大家的观念，也可以通过沟通了解干部的能力与意愿。

总裁与学员们一样，认真地听讲，此刻他应该有更多的话要讲给他的伙计们听。

总裁语重心长地说："从Nelson先生准备的报告中，我看到了我们现场的很多缺失，现在我也不责备谁，但是从今天开始，大家就要努力改正了。

我从未感到过现在这么大的压力，创业容易守业难，现在我们不仅仅是要守业，还要继续扩大业务。但是从近年来公司的业绩来看，我们不仅没有在进步，所以我个人深感压力重大。希望在座的各位主管要做好与我一起向前冲的准备，做得好的将会得到更多的回馈，这方面我已经与董事会在研究拟订方案。

今天舵主训练营启动了，我带给大家好的老师，给大家这么好的机会学习，所以各位要努力，要对得起我。

各位主管要清楚知道'舵主'的含义。刚才特助已经提到了，我再次强调一下。舵主是指在航船上指引方向（掌舵）的人。舵主常常用在武侠小说里，它是一种职位，字面意思是掌舵的老大。一艘船掌舵的人把握航行的方向，那么在一个企业的组织中舵主就是领袖。把它引申到工厂中，指的就是一个车间或部门的领导者，负责指引车间或工厂前进的方向。舵主就是高层的管理者、决策者，一个组织里面掌权的人。所以，你们组成的学习团队就叫'舵主训练营'。"

总裁指出了公司未来 TPS 的三个方向是：降低成本、改善文化的建立与改善人才培养。

1. 降低成本

现在公司内物料和库存太多，占压资金多，隐藏了制造过程中的问题。质量不良率高，报废和返工情况多，人员有价值的作业少，无效动作多，损失工时多，导致单价成本偏高，生产周期时间长。希望推动 TPS 能降低物料库存率，提高产品良率，减少报废和返工，降低损失工时，从而降低公司的制造成本，消除八大浪费。

2. 改善的文化建立

以前推动 TPS 未形成体系和制度，成员缺乏改善意识，没有在现场基本面打好基础。**没有常识，则没有知识，没有知识，就无法达成共识，没有共识，就无法共事，不能共事就没办法做好事。**希望后续创建 TPS，建立起 NP 集团特有的持续改善的文化机制。

3. 改善人才的培养

希望通过训练建立人才培养的机制，从高阶主管到一线员工，每个人的观念和行为都发生变化，使工厂能不断地改变，提升公司的综合竞争力。

同时也对讲师及学员有更多的期待：老师要用对的方法教学，学生要珍惜学习的机会。

1. 讲师的授课方法

培训要从理论和实践两方面进行，既要从观念上使全员认识到变革的重要性，也要能指引主管克服管理上的瓶颈，切实提升公司的管理水平和能力。

在实务面，希望能教导学员从具体的产品制造过程中学到改善的技巧，要让学员的身体学会改善，而不只是嘴巴和大脑学会改善。

2. 学员的学习态度

要珍惜来之不易的学习机会，更要把学到的技能用在现场的工作中，希望努力的学习改善能对公司的经营实质上起到助力的作用，不是走走过场，作作形式而已。

总裁简短的话语让在场的所有学员激动，他的全程参与让 Nelson 先生心怀感动，他看到了一个企业家对于改善的急切之心，同时也看到了总裁对他的信赖，所以 Nelson 先生一定不会辜负总裁的期待。

一个半小时的舵主训练营启动仪式顺利结束，总裁的参与让学员们都感受到了老板的支持和期待。在总裁致辞后，休息了 10 分钟。

为了更加了解学员对于TPS的认知程度，TPS事务局安排了学前测验。测验前Tony针对测验表中可能会遇到的问题做了说明。

对于大部分学员来说，这份测验表是陌生的，里面有些名词可能会有些生涩，但这相反可以激发他们想要弄明白的好奇心。学员们认真地填写着测验表，Nelson先生则在观察着学员们的表情。从半小时的思考中可以看出来学员们对于知识的渴望，似久旱的大地适逢甘霖，尽情地吮吸。是如细雨般滋润，还是如倾盆大雨般溜走？这需要时间。

学前测试完后，Nelson先生拿着麦克风说："既然是个训练营，就要像个样。现有我们来选一个正营长，一个副营长。有没有自告奋勇的？"

课堂上一片哗然。

大家开始讨论，最后一致推荐李副总为正营长，邱总监为副营长。

"好，那现在我要宣布两位正式成为训练营的营长，大家鼓掌。"

"接下来我要给两位营长布置任务……"

"还有任务啊？"不知道是哪位插了一句。

"当老师喊'上课'时，正营长的任务是喊'起立'。下课时也一样。那副营长就是协助正营长，当正营长当日上课请假时，代替正营长工作。"

Nelson先生从大家的表情中看出，大家并不认为这是个任务。

"下面我们先来练习一次。准备好了吗？"

"上课。"

"起立。"

"同学们好！"

"老师好！"

"坐下。"

其实对于营长的要求，并没有军队那么严肃，资历与学历、岗位与职位都没有限定，只要有勇气就可以当营长。

最后Nelson先生讲解了TPS活动架构，主要说明自主研修活动展开要领及发表要领。第一次课程安排的内容不多，最主要是要让学员们了解训练的重要性以及训练营与其他课程的差异。

学员认真填写学前测验，回馈课后的学习心得，及上课时专注听讲的眼睛，让Nelson先生感觉未来TPS自主研应该可以放心。

学前测验的结果，事务局很快进行了整理，并报告给了Nelson先生，以使Nelson先生对全体学员的状况有一定的了解，有助于后续的学习安排。

好的开始是成功的一半，Nelson 先生始终坚信，努力再加上对的方法一定能成功。然而有些人却不这么认为。

在总裁的办公室里，李总经理及李副总正在对总裁抱怨舵主训练的事。

“每个周六上课，我们现场管理的人都没有啦。”李副总说着。

“是啊是啊，现场都找不到主管，出了异常也没办法处理。”李总经理也连声应道。“况且我们以前训练的课程也上了不少了，对我们的帮助也不大，我们有必要浪费这么多人的时间吗?”

总裁只是默默地听着，不说话。最后他站起来说，“我们还是先看一看 Nelson 先生的功力吧，毕竟他成功过。”

两位主管摇摇头，走出了总裁的办公室。而总裁又重新坐回座位，他的用人之道又开始受影响了。

周末很快来临，舵主们是否还记得他们的训练呢? 是的，TPS 推进室的 Tony 总是会在适当的时间做出提醒。

课堂的内容是充足的，而且是有趣的。Nelson 先生上课的模式也许和大多数老师上课的模式差不了多少，但总会让人有出乎意外的收获。随着 Nelson 先生的“上课”，营长的“起立”，基本的礼仪过后，第二次的课程正常开始。

还记得第一次课提到的两本书吧，现在就要用上了。

“6 号，请你来回答一下，生产技术与制造技术有何区别?”Nelson 先生开始了第一堂课。Tony 快速地将话筒递给 6 号。

“呃…”此时，6 号站起来，并飞快地翻着书本，旁边也有人提醒在书本的第几页。终于找到了，6 号一边看一边读，“生产技术简单地说，是制造某种物品的技术，一般常用的「技术」就可视为这种生产技术。制造技术其实可说是一种管理技术。这是指妥善运用现有的设备、人员、材料、零件的技术。如果生产技术是一种固有技术，制造技术便可说是管理技术，丰田方式指的就是这种制造技术。”

“很好，大家鼓励一下 6 号。”Nelson 先生像是在教小学生一样，舵主们有些担心。

“接下来，请 16 号来回答一下，「动」与「働」有何区别?”Nelson 继续提问。

16 号还没有反应过来，匆忙站起来，一不小心把书给掉到地上去了。于是有人发出了笑声。

“16 号看起来比较紧张，大家鼓励一下。”Nelson 先生利用这空档说了句话，为了使16号不要感到尴尬。

接过话筒，16号开始回答问题。“所谓「进行工作」，日文写成「働」，即进行一个工程的动作和提高附加价值的动作。例如在现场的作业中，取东西，放置或堆栈东西、寻找东西这一类的动作，只能算是「动」，而不能算做「进行工作」。”

“很好，请坐。”

“最后一个问题，36号，你来回答一下。”Nelson先生说道，“表面能率和真实能率的区别是什么？”

36号慢悠悠地站起来，似乎不想回答问题。

“不好意思，我没有时间看书。”

“哦，那你先站一会儿，26号你来帮忙回答一下。”

“是。”26号站起来，拿着书念了起来。

“很好，大家鼓励一下他。”众人一起鼓掌。

“26号请坐下，36号再站立一会儿，到5分钟就自己坐下去。”Nelson先生继续着，“看来，大部分人都已经回家看过书了，我就不再提问了。书呢，大家回去了一定要抽时间看。我知道大家都很忙，每天花半小时读书，我想应该还是可以的。我每天都要花一个小时来看书，要接收一下新的知识，不然会与世界脱节的。好，36号可以坐下了。”36号的脸上没有一点色彩。

“我再来快速地带大家过一遍第一单元里面几个重要的概念。”Nelson先生打开PPT文档，不辞辛劳地讲解着。

课堂的最后半小时，安排了2个小组进行作业的发表。当然这个安排是有讲究的，一般情况下，课堂上要发表的小组，当天是不用去看他们的现场的，没有被安排发表的小组，得去他们的现场看实际的状况。

这也许就是与其他教学不太相同的地方。Nelson先生喜欢这样的模式，这不仅可以让学生们要认真学习，而且还要做出来，让大家看。

Tony协助Nelson先生，“第一个作业发表，第3小组；第二个作业发表是第5小组。下面请第3小组的代表来进行作业发表。”

第3小组的组长走上讲台，面向投影开始讲了起来。

“今天很高兴由我代表第3小组来进行发表。我们的作业按照老师布置的作业要求，做了一个大的框架。首先我们成立了专案的小组，我是小组的组长，下面四位是我们的组员。我们的选题是提升生产效率30%，活动日期是从2012年10月到2013年5月。我们这次的内容就这么多。请老师和同学们指教。”当第 3 小组的组长发表完后，才把脸面对大家。

大家似乎并没有觉得有什么不妥，都睁着双眼，等待老师的讲话。

提示：

课后作业的意义

1. 巩固课堂知识；
2. 亲自实践转变成智慧。

“大家做得不错，该有的都已经有了，但我要补充两点供大家参考。”Nelson 先生走到讲台中央说，“第一，大家在进行作业发表的时候，要面向大家，不要让大家看你的背影；第二，作业是我布置给大家的，但大家一定要亲自去做。只有亲自去做了，才会有深刻的体会。”

Nelson 先生了解大家的心情，也相信在他的教导下，大家的能力会越来越高。不过，今天 36 号的学习态度，让他有一些不满，这 36 号不是别人，正是制造处的李副总。

“为什么李副总这么傲慢？”Nelson 先生回到办公室后问 Tony，“我让他在课堂上罚站，有没有不给他面子？”

“还好吧，大家都一样啊，又不是针对他一个人的。”Tony 说道。

“但愿吧。希望他没有反抗心理。”Nelson 先生还是有一点担心。

小结

造物之前要先造人，改善若要成功，其实最重要的在于「人」，让人不仅具有「知识」，而且要拥有「智慧」。所以培育人才是非常重要的一件事。但如何培养是一件值得沉思的事。

任何事，得到高阶层主管的认同是非常重要的，他可以给予主管们一定的压力与动力。通过学习的过程，我们可以更加深入地了解这些主管，以便日后的组织运作。

5.2 看到浪费了吗？（看得懂的管理）

什么是浪费？在现代人的生活中，铺张浪费非常严重，例如酒席上很多饭菜酒水都没有吃完，又不打包带走。这样的浪费一年下来，可以供多少人吃了？据“舌尖上的中国”统计，2013年在餐桌上浪费的粮食高达2000亿元，相当于2亿多人一年的口粮；为了减少吃喝的浪费因而提出了光盘行动。除了吃喝，生活中还有各种浪费存在，正所谓浪费无处不在，在工厂也不例外。虽形式不同，但性质类似。

工厂中的浪费有人归纳了8种，制造过多的浪费、库存的浪费、搬运的浪费、不良修正的浪费、动作的浪费、等待的浪费、加工过剩的浪费及管理的浪费。对于这些浪费从字面上不难理解，但要花精力去发现它，改善它。

山田流中将此8大浪费归为工厂的100%的浪费，以2/8原则来划分，提出70%的浪费都集中在搬运、动作及停滞的浪费。以消灭此两大类浪费来追求少人、节省空间以及降低库存的目标。这样做的话更能集中员工的精力，在短时间内更容易达成目标，看到成效，也更能激发员工的积极性与成就感。我们在生产现场进行改善也要有着重点，用80%的时间集中在70%的浪费上，不见成效都难。

> **提示：**
>
> 山田流
>
> 山田日登志学习并实践“丰田流”后，总结经验提出的快速达成改善目标的方法。以节省人力、空间、库存低减为三大主轴，在短期间内，使得企业获得意想不到的改善成果。

今天课堂的课上完了，大家马上就要到生产现场去走一圈，如果还没有去过生产现场的，通过这样的活动也可以了解生产现场到底是什么样的，并从中发现到底有哪些浪费。

按照计划，今天要去的现场是组装厂。Tony已经准备好了在生产现场交流时要使用的设备，每个人佩戴一个，能讲话的有五个，其余的只能听，当然老师的是有讲话功能的。

Nelson先生拿着麦克风，一边走一边讲。“大家要有心理准备，看现场是很辛苦的。不仅要有脑力，而且还要有体力。”

此话一出，大家都笑了起来。Nelson先生也笑了，“大家不要以为我在讲笑话，今天走完现场就能体会我讲话的意思了。”

现场参观的路线事先就安排好了，这也是Nelson先生与其他老师不一样的地方，凡事他都力求完美，虽然有时候并不如他意，但他总是在一步一步地要求，这一次没有做好的，下一次一定要做好。正如他时常念叨的一句话，先要有，然后再求精。这是一个态度问题，如果连做都不愿意做，何来进步？

组装厂的何副总监带领着大家沿规划路线行进，一路顺便介绍着正在生产的产品。这是他们选择的将要试做的标杆线。

“来，各位舵主，第一次到现场来的举手示意一下。”Nelson 先生开始了现场教学。“好，我挑一个来问一下。副总监，你觉得我们的这个现场管理水平怎么样？”

由于副总监所戴的设备没有讲话功能，所以 Nelson 先生让她上来凑近他的讲话筒。

“我很少到现场来看，觉得我们的现场到处都是物料，搞不清楚这些物料是用在哪里的，现在是个什么样的状态。就是感到有些迷糊，不知道作业员在做些什么，好像没有人管理一样。还有很多金属件堆在一起，这些产品是有外观要求的吧，这样行吗？”副总监说道。

“嗯，说得不错，还有吗？”Nelson 先生鼓励着。

“暂时就这些了。”副总监回答。

提示：

现场 5 要素（4M1E）

1. 人：作业员、管理员、支持人员等；
2. 机：生产线、设备、工具、夹具等；
3. 料：生产使用到的物料、辅料等；
4. 法：作业的方法、管理的方法等；
5. 环：温度、湿度、噪声等。

“好，那么我们继续看。其他人都要努力发现问题。不管你以前做什么工作，都要了解并熟悉现场。”Nelson 先生接着说。

“大家要仔细观察。在**现场主要要看 5 个要素**：人、机、料、法、环，我们通常也称 4M1E。现场是由很多的生产线组成的，而生产线是由人、机、料等生产要素组成的，有以人为主的生产线，也有以设备为主的生产线。现在我们所在的工厂是以人工为主的现场，每个人都要找到一些浪费，可以用笔记下来，最后我们一起发表。”

这条线约长 40 米，是一条有动力的输送带，输送带可以将上面的物品带到下一个工位。输送带的两侧，摆了很多的小桌子，桌子上布满了物品及工具。部分人在小桌子旁边工作着，部分人在输送带上工作着。输送带两侧，除了小桌子外，还有一些机器设备，不时地发出刺耳的声音。有作业者在生产线中间随意地来回走动着。

距生产线较远的一侧，是一个线边仓，物料集结地。乍一看，使用的载具都一样，不知道是不是都是同样的物品？有些在载具的外面标记了物品的名称，但在里面的不知道是不是与标记的物品相符合？触摸一下载具，哇，手上怎一个黑字了得。打开载具看，里面摆放了好多种不同的物品，一团混乱。

相信大家都见到过这样的现场吧，有什么不妥之处吗？我们还是一起来听听舵主们的看法。

看完了组装现场，走到一个空闲较大的地方，那里刚好有一个白板，Nelson先生让大家围成一个圈。

“我们先请三位舵主发表一下。”Nelson 先生道。“还是抽签?”

“对。”Tony 已经拿出了抽签盒。Nelson 先生开始抽签。

“5 号。”

“到。”5 号大声地到了下，大家忍不住笑了起来。

“说说你看到了哪些浪费。”

“我今天看到了很多不合理的地方，说得过分了还请现场的主管不要生气啊。”5 号翻开笔记本，开始说。

“刚进现场的时候，我就发现，我们现场的人员走动比较频繁，但分不清楚是管理者还是作业者。生产线上，物品堆了很多，到底哪些是要用的，哪些是没有用的，或者哪些是不合格的，看不出来。还有在线上，有的地方产品堆起来了，有的地方又空了一大截。”

“很好，有谁在做记录吗?”Nelson 先生问道。

“有。”Tony 回答道，“我有在做笔记，上课结束后发给大家参考。”

“好，那我们继续。下一个是 6 号。6 号真是一个不错的号，又抽到你了。”Nelson 先生笑着。

“好，我就讲两点。第一，作业员很多时候都是闲着的。比如说操作那台热压机的作业员。第二，生产线上有很多要返修的产品，这些返修品应该会花掉我们很多的时间。”

“下一个是 33 号。33 号有没有来?”Nelson 等了一会儿，见没有人反应，又重复了一遍。

“哦，我来了。”33 号好像突然睡醒过来一样：“我也来讲两点。第一，我们的物料集结区是不是太大了，比我们的生产线占的地方还大；第二，物料集结区里的物料分类不够好，有些物料看不出来是什么。”

“好，由于时间的关系，我就不让大家一一发表了。大家把记下来的浪费点都送给 Tony。” Nelson 先生说道。

“我们的干部首先要学会制程内改善，进而制程间改善。今天是在组装厂，下次去另外一个厂，大家在这里看到的学到的东西，要能很快地复制到你们各自所在的现场。这样，我们的改善脚步就会加快，浪费就会减少。”

“我们要带着犀利的眼光看现场，没有什么是理所应当的。”

原来这样可以看到浪费，浪费是如此之多，而且有很多浪费是如此容易将其消灭。

小结

现场到处都有浪费，就要培养他们发现浪费的技能。

现场教学是很辛苦的，同时也是学生学得更多印象更深刻的。我们要带着犀利的眼光看现场，没有什么是理所应当的。

去现场，我们不仅要有脑力，而且还要有体力。身体是革命的本钱，平时我们就要锻炼好身体。

5.3 营造改善氛围，推动月度主题改善活动

虽然示范线在进行着，但为了营造更为浓厚的改善文化氛围，让全公司的员工都参与进来，在短时间内让大家看到和以往的不同，Nelson 先生在回家路上开始思考了。

到家后，立即打了个电话给 Tony。

“Tony，是特助啦。我在思考我们是不是需要举办一些活动来增加改善的气氛?”

Tony 此时还在办公室忙，抓着头发接着电话，“啊，活动?”

“是啊，就像我们以前做过的那些活动啊，比如说三定活动，品质活动月啦。自从进入公司的第一天起，我就想要进行整理整顿，但时机不成熟，纵然投入精力也是枉然。经过第一次的现场浪费之旅过后，现在整理整顿的时机也到了。”

“可是办这些活动是需要花钱的，我们有没有预算?”

“预算可以做啊。况且我们进行改善可以节约成本，这些节约的成本可以拿出一部分来进行支配。”

“但是现在改善还没有看到财务面的成效哦。”

“嗯，成效总会有的，只是时间的长短而已。你先帮我规划一下活动。现在舵主们在进行示范线的改善，我想全公司的就从一些基本的开始做起，就先‘三定’吧。”

“好的。”Tony正要问预计什么时间完成时，Nelson先生就接着说了，“越快越好，我要拿给总裁签核。”

挂完电话，Tony还在抓头发，“好忙呀，都忘记给老婆打电话了。”Tony按下了熟悉的号码，立刻传来了欢愉的笑声。一番嘘寒问暖过后，Tony继续埋头未完成的工作。

第二天早会，Tony向TPS推进事务局的成员说明了昨天Nelson先生的要求。

“除了我们现在手头上的舵主训练外，我们接下来还要规划更多的活动，希望每个人都能分担一点。我们预计要举办一个‘三定活动’，这个规划案就由小王来写吧。”

“哦。可是我还没有写过规划案呢。”

“会后，我会给你一份文件参考。”

“好啊。”

会后，Tony立刻将昨天晚上就准备好的参考文件发给了小王。现在小王开始抓脑袋了。半天下来，竟然不知如何下笔，看到Tony坐在位置上，立刻跑过去。

“专员，那个三定活动的规划案我不太会写，要不你再教我一下。”小王有点紧张地看着Tony。

“哦，好吧。我们一起来完成吧。”对于这样的结果Tony心里是有数的，规划案不是那么容易就能写出来的。

“每个规划案都可以这样来写，定策略，建组织，布人力，置系统，这是一个非常好用的套路。”

“嗯，我在你给的参考文件中看到了。”

“策略包含方向、时机与程度。”

“我就不知道怎么写这个策略，感觉有点高深。”

提示：

三定的定义

1. 定容：规定存放物品的容器规格，种类不宜过多；

2. 定量：规定每种容器中存放的物品数量，数量要求易记；

3. 定位：规定容器的放置位置。

"那你知道什么是三定吗？"

"三定是什么？"

"在规划一个案子前，首先要了解这个案子。三定是指定容、定量、定位。公司内的物品必须做到'定容'，'定量'，'定位'，才能全面提升物的效率，这是改善的基本，如果不彻底，任何改善在一段时间后，又会恢复原样。公司内不管是生产单位工作中的'物'，还是间接单位工作中的'物'，都必须做到三定。"

"生产单位工作中的'物'有哪些呢？比如说，产品、设备、材料、厂房、工装夹具等一切与制造相关的物品，都是物。间接单位工作中的'物'有办公用品、用具、交通工具、餐具以及办公场所，公共场所等与工作生活相关的设施及工具。" Tony 一边讲，小王一边记录着。整个下午，他们都在讨论这个规划案的制作。终于在月亮升起时，完成了初稿。Tony 将初稿送到了 Nelson 先生的办公桌上，走出了办公室。办公室灯光依旧明亮，夜灯照亮了回家的人。

三定活动规划案的初稿中策划地非常详细，包括活动的范围，活动的宣传，活动的评比标准（见表 5-2）及奖项的设置。这次活动的范围为 Z 市 NP 集团。为了评比的公平性，生产部门与间接部门分开评比，也就是生产单位以部为单位评比，间接单位也以部为单位评比，分别设置一、二、三名。规划高阶主管组成"三定"巡查委员会，在活动期间每周不定期巡查生产单位及间接单位的三定活动推行状况，并依标准评选"三定"活动中表现突出的单位进行奖励。

表 5-2　NP 集团现场"三定"评比表

类别	细项	标　　准	得　　分					小　计
物料	1	物料周转箱，定位放置	5	4	3	2	1	
	2	非周转物料箱	5	4	3	2	1	
	3	垃圾箱	5	4	3	2	1	
	4	物料周转车	5	4	3	2	1	
	5	生产用原材料、零组件、辅料	5	4	3	2	1	

（续）

类别	细项	标　准	得		分			小　计
工具	1	生产中手动工具	5	4	3	2	1	
	2	气动及电动工具	5	4	3	2	1	
	3	模具、治具、夹具	5	4	3	2	1	
	4	检具	5	4	3	2	1	
	5	可移动设备	5	4	3	2	1	
产品	1	在制品、半成品	5	4	3	2	1	
	2	完成品	5	4	3	2	1	
	3	不合格品、报废品	5	4	3	2	1	
	4	待检品、带重工产品	5	4	3	2	1	
	5	呆滞品、待处理品	5	4	3	2	1	
	6	首件	5	4	3	2	1	
文件	1	工艺（SOP，流程图，Flow chart）	5	4	3	2	1	
	2	质量保证文件（SIP 等）	5	4	3	2	1	
	3	其他管理文件、公告、通知等	5	4	3	2	1	
管理工具	1	管理板	5	4	3	2	1	
	2	生产线	5	4	3	2	1	
	3	首件放置台	5	4	3	2	1	
	4	其他管理工具	5	4	3	2	1	
个人物品	1	餐具、水杯	5	4	3	2	1	
	2	作业桌、办公桌	5	4	3	2	1	
	3	交通车辆	5	4	3	2	1	
	4	其他管理工具	5	4	3	2	1	
标识	1	物品标识	10	8	6	4	2	
	2	环境标识	10	8	6	4	2	
	3	人员标识	10	8	6	4	2	
	4	作业标识	10	8	6	4	2	
			合计					

评比标准分成 5 个等级，如下：

优秀 5：符合三定要求，定量、定位、定容做得非常到位。

良好 4：符合三定要求，有定量、定位、定容的要求并按要求实施。

合格 3：基本符合要求，三定中能做到两定或以上。

一般 2：有定量或者有定位或者有定容中间的一种或两种。

较差 1：缺乏三定要求，没有明确的对“物”的管理的方法，无定量、无定位、无定容。

第二天一早，Nelson 先生见到了规划案，一边看，一边改。

“小白，把 Tony 叫过来一下。”

小白立即呼叫了 Tony，Tony 快速地到达。

“你再改一下。”

“好，我们再去修改一下。”

“今天总裁在 Z 市。你改好了马上给我，我直接送给总裁签。”

“好的。” Tony 回到办公室，找来小王一起修改。

修改完后的“三定活动规划案”回到了 Nelson 先生的手上，在审核栏中签上了自己的名字。Nelson 先生走到总裁办公室门前，敲了一下门。

“进来。” 总裁回话了。

“总裁，我有一件事报告一下。”

“什么事，说吧。”

“我想把 12 月定为‘三定活动月’，全面展开整理整顿的改善活动，营造良好有序的工作环境，通过三定项目的推动，为提升产品质量及效率做好准备，为 TPS 打下良好的基础。”

“嗯，好。”

提示：

主题活动月

各企业可依据自身的情况制定计划，选定活动主题。

“我们先从最基本的开始做起，我希望可以推行**主题活动月**。每 2 月一个活动主题，例如时值 12 月，这个月规划为集团的三定活动月，再下两个月的活动主题为品质活动月等；一年安排 6 个活动主题，可依据排定的计划进行，若有突发事件，也可以突显某一事件的主题，如安全等。每个主题活动都必须完整地规划、管控、验收，依据 PDCA 的循环持续地进行。活动的举行不但可以营造公司改善的文化，也可以融洽各部门的关系。”

“这个想法好。”

“这是这个活动案的规划书。”

“好。”总裁看了一眼，并没有要签核的意思。

“您过目一下再签。”

“这需要我签吗？以后举办这种活动你签完就可以了。”

“好的。这次您还是签一下吧。”

总裁拿起笔，在规划书上签了名，“三定活动月”可以顺利举办了。

“三定活动月”于12月的第一天正式启动。在活动月启动时，全体人员集合在一起，Nelson先生亲自作了活动月的指示。

这种全员性的活动在NP集团尚属首次，从员工们的脸上看到了员工对此活动感到很新鲜，同时也很兴奋。

某一位总监这样说道：“你们让我上台领黑奖牌，你们的日子就难过了。”这无不表现了主管们对此活动的关注。

“三定活动月”的红幅高挂在大门的玄关上，各种相关宣传标语及海报张贴在工厂的各个工作区域内，工厂从上至下开始了三定活动。

办公室里，每个人从自己的办公桌开始整理。很多人的办公桌上、抽屉内几乎没有整理过，堆满了各类报表、产品的零件，好像总是忙得没有时间去整理。不一会的工夫，一大堆垃圾堆到了指定的空地上。办公桌面统一规划，定位好，例如电脑、电话、茶杯等必需品的位置，其他的物品放置在抽屉里指定的位置并标识完整。清理掉不必要的东西后，办公室变得干净多了，此时便依据人员开始重新规划办公室，布置座位，管理的板报。

车间里，所有的干部带领作业员动手整理整顿，也清理出很多垃圾，在垃圾堆上工作应该不是件很容易的事。给机器设备定个位吧，顺便画上物的流动路线及人的流动路线，如同城市道路一样，标识清楚。

仓库内，所有人员开始动手，进行物料的分类整理，仓库储位重新规划并划线定位编码。

……

所有有人活动的地方、有物存放的地方，都进行了整理整顿。

三定活动月之前，员工经常抱怨找不到要加工的物料，Nelson先生经常在现场观察生产的状况，发现员工花费在找物料上的时间很多，经过了三定的整理，就连寻找物料的时间也减少了，员工们也无不称赞叫好。

贵在坚持，希望三定活动的成果能持久地保持，而要持久地保持，必须坚持不断地进行三定活动。

小结

不管是三定活动还是品质月活动，通过举办活动是要让全公司员工都参与其中。

同时活动中进行评比，可以增加大家对活动的关注度，更重要的是要建立评比的标准，事后做好标准化的文件，以便知识的传承。

5.4 参观美利达

舵主训练营照例开着课，三定活动继续进行着。每次的课堂出勤率告诉Nelson先生学员有一点疲劳了，新鲜劲开始减退了。

周六的下午一点半，学员陆续赶来教室。

“都到了吧？下面我来抽一下，没来的举手。”

大家哄堂大笑。Nelson先生教学时很严谨但也不失幽默。

提示：

“念”的管理

管理者在“念”的时候要注意针对不同事件不同人的方式方法。

Nelson先生明白，**管理有时候就是要不停念，如同孙悟空不听唐僧的话一样，一直念到他喊疼为止。如果真的头疼了，说明已经上心了，要准备或已经开始改变了。**

“虽然有时课堂的知识是无趣的，但你不去认识他，他也不会来帮你，所以虽无趣但也要去学习。”Nelson先生总是这样教导着。

“为了让大家亲自感受推动TPS的改善现场，我们将安排大家去S市的美利达自行车工厂参观学习。美利达，大家知道吗?”

“知道，是做自行车的。”有人回答。

“是的，美利达公司是生产自行车的公司，与我们公司的产品有些类似，他们推动TPS已经有7年多了。我相信他们的现场有很多东西是值得我们去学习的。”Nelson先生说道，“当然，学习别人的东西是要用心的，每个去参观的主管都要写一份心得报告，要将类似的工具带回来引用到我们的工作现场，所以大家观察现场时要认真哦。”Nelson先生稍微停顿了一下，接着说，“为了让大家能全面地观察生产现场，今天的课程调整成《如何看一条生产线》。”

《如何看一条生产线》是Nelson先生结合了多次教学经验总结而成的，每次教学过后，都会有更新的内容，他会教导大家一条有效率的生产线必须具备哪些要素，运用哪些管理的道具。内容不仅有现场的图片，还有影片，像这样贴近现场的东西，很能引起大家的认同与共鸣。

“有谁听说过‘大野耐一的站在圈里的练习’？”在讲到“看”的层次的时候，Nelson先生提问到。

“看”依其程度，可以分为4层：眺望、参观、观察及真正的看。眺望就如同旅行一样，走马观花，如过眼云烟般。参观就如去工厂参观学习，需要一边看一边学。观察就是对某一事物的一种现象表现出很强的要了解它的兴趣，并实际地去记录。真正的看就要眼心手都要到，要像医院的护士看护病人一样，不仅要照看他的病情，而且要依病情去判断下一步要怎么做。

在现地现物地观察是需要长时间进行的，的确是一件很辛苦的事，所以如果要去观察，必须要有直到了解到真正原因为止的毅力，而且要从始至终地去做。

“大野耐一的站在圈里的练习”就是这种真正的看。

课堂上，Nelson先生还提出了生产线的架构，让学员对于好的生产线有一个整体的认识。

奇怪哦，今天的课堂上，大家都瞪着双眼，炯炯有神，似要把Nelson先生所教的内容全部吞下。看来，这堂课的作用很大，对大家有很大的启发。

参观美利达的事，Nelson先生早就联络好了，只待时机出发。

周六的早上，NP集团租了一辆大巴车，经过2个多小时的路程，到达美利达公司，NP集团的舵主们受到了美利达公司领导的欢迎。

“欢迎大家参观美利达。”美利达公司的领导王主管用扩音喇叭说道，“我首先简单介绍一下我们公司的一些基本情况。我们公司位于S市B镇，成立于1990年，主要生产自行车产品，公司秉承‘以诚实稳健、互助热忱的企业胸怀创造无限竞争力，回馈企业人群’经营理念指导企业，自从2004年开始导入TPS生产，2008年公司全面导入**3T**（TPS/

> **提示：**
>
> 3T
>
> 三位一体的精益生产体系
>
> 1. TPS：有效率的生产系统；
> 2. TPM：有效的设备管理系统；
> 3. TQM：有效的品质管理系统。

TPM/TQM）的管理模式，现在已经成为自行车行业的标杆。”

“接下来，我将带领大家参观我们的工厂。”王主管带领着 NP 集团的舵主们走向工厂车间，边走边向他们解说美利达公司的生产状况、制作工序和加工流程。

工厂内，只有机器发出的声音，一切看起来紧张而又有序地进行着。首先到达的是冲压车间。冲压设备表面上看起来已经很旧了。

“我们有些设备已经使用了 20 年了，但仍然好用。”王主管指着车间里的冲压设备说。

舵主们一听，都露出了惊讶的神情。“20 年还能用?”

“是的，大家看一下，这是我们的设备保养表，针对每一项，我们都落实到位，决不马虎了事。相信大家都听说过 TPM 吧，我们一直在推 TPM，以追求设备的效率。”

Nelson 先生则走在人群的最后面，观察大家的言行，并不时地记录让他印象深刻的事项。

车间里没有多余的人走来走去，每个员工看起来都精神饱满，都很有激情，随着生产节拍工作着。

冲床设备的安全防护措施做得很好，作业员操作时都是双手操作，以防止误操作。

自动化程度高，如钻床、铣床都安装了自动收集废铁屑等功能，不影响现场 5S。

模具全部上架，分类标示清楚。

铁管实行立式摆放，容器分阶段存放，避免了铁管的积压，取用过程中产生的人为损坏（如烤漆铁管，阳极铝管的碰伤和刮伤）得到有效避免，及时定量提供后制程的物料，让现场手持数少，让现场一个流的生产。定容、定量、定位规范化。

作业指导书简单明了，有效的图文结合，并标示重点操作，用 A3 纸格式制成，每一个工序的步骤清楚，并且要求新员工上岗前必须要识记，通过这样的方式可以最大限度地降低因人为操作的不同而导致质量的问题。

在整个流水线参观过程中，看板制作的醒目与简洁明了，让生产线干部与员工非常容易知悉。看板的内容不单单简单地包含线上信息，如批号、数量等，还包括本月生产线的质量不良率的推移图，人均时产能的推移图、多能工的培训计划等。通过这样的方式，使数据真正有效地利用起来，便于找出原因，辅助生产。

现场对合格品和不合格品的标示非常明显，让员工非常容易找到摆放不合格品的存放位置，避免不合格品混入合格品之中。其实工作真正做得细的还是他们将产品的几个等级限度样品展示出来给员工参考，即：优、良、中、差，这样员工就明白什么是好的，什么是可以接受的，什么是客户不可以接受的。通过这样的展示，让第一线的生产员工（特别是新员工）省去了询问主管的程序。并且员工在生产过程中发现了不合格品，会立即记录，这样便于主管更好地管控不良数据的真实性与准确性。

组装线旁计算机的运用，从生产角度来讲，便于现场生产干部查找数据（如生产制造单、零件表、变更通知等），这样的好处还有：

1）规避计算机上数据已经更改，纸质数据却忘记分发下来的风险。

2）推行无纸化办公，符合现代企业低碳环保要求。

NP 集团的舵主们在车间中走着，有的人为了看清楚某一个工艺或管理的道具而落下了队伍。对于美利达现场推动 TPS 的所见所闻，让所有的舵主耳目一新，真是“百闻不如一见”。

参观完后，Nelson 先生和舵主们一起感谢了美利达公司相关人员的热情接待，便返回 Z 市了。在车上，大家看起来兴致盎然，还在议论美利达印象。Nelson 先生要大家发表一下感想，舵主们众说纷纭：

1）冲床、焊接、烤漆一个流的作业，这样会减少现场物料堆放，提高场地的利用率，并有助于提前发现质量异常。

2）一人多机作业，如磨床，减少人员浪费，提高生产率。

3）风批、电批、拉钉枪都是使用吊挂，减少了取放动作，提高了生产效率。

4）成品过磅都是采用滑轮方式，减少人工。

5）一个开关控制一个电灯，节约能源。

6）供料系统完善，换线只需要 2 分钟左右就能完成。

近 2 个小时的旅途还是让大家安静了下来，Nelson 先生不由得回想到了之前带总裁及几位主管去台湾美利达工厂参观时的情形。总裁及三位主管一到某些制程时，就开始研究起一些设备或一些技术点，例如抛光处理、焊接处理、液体烤漆设备以及如何钻孔定位、如何去毛边、如何快速封箱等，然而却对防刮伤的去塑料袋容器，WIP 及批量生产进度目视化，人员焊接评比样本，水蜘蛛定量不定时物流，T. T 流动生产，少量空箱置场及组装少量多样排配，U 形化生产线，一个流加工方式等，兴致不高。

对于一般的企业主管，关心生产技术胜过管理技术，因为生产技术是能生产出产品的关键，企业主管们对此关心也无可厚非。但企业能制造出产品后，产品要能卖出去，而且卖得好，就必须控制产品的成本，而产品成本的控制就必须依赖管理技术。能做出产品及要做出更低成本产品，是生产技术与管理技术所追求目标的区别。

传统产业之所以倒闭未能永续经营，完全取决于人工及制造费的控制，其次才是材料及能源的消耗。即生产工艺改善固然重要，但如何省人化，小批量多种自动化以及人机分离，快速换模，适切库存等精益生产模式导入，尤其重要。

虽然之前与总裁的谈话中也了解到总裁认同生产技术已经非常成熟，降低成本需要靠制造技术（管理技术），但在参观过程中还是发现靠生产技术起家的管理者仍然对生产技术带有浓厚的兴趣。

而此次Nelson先生带领舵主们的情形则让他更加有信心了，于是拿出本子进行了总结："TPS要不断地深化。何谓深化？可说成精益求精。为何需深化？可说成为了要有形有神，学习各种TPS技能，同时要领悟其思路，锤炼成改善的智慧。那么如何深化？可说成要全员化，一点一滴化，持续化。把TPS贯穿到经营活动及企业文化之中。"

小结

学习TPS要有形有神，大野耐一的站在圈里的练习，可以练习主管们的眼力。

在学员们出现厌倦前，老师要输入新鲜的知识，或带领他们去标杆工厂去参观，去感受，从而激发他们改变的积极性。

学习各种TPS技能的同时要领悟其思路，锤炼成改善的智慧。要全员化，一点一滴化，持续化。

5.5 示范线怎么不动了

今天又是周末了，是舵主们的训练时间了。照例在课堂学习两小时，就去现场看舵主们建立的示范线。

示范线是各个小组按照各自的选题，依照训练所指引的路径有计划地进行着。刚开始去看的示范也许有些稚嫩，但经过 Nelson 先生多次的指导及同学们的相互建议，也都有模有样了。

今天要去的示范线是 AP02 组装线，舵主们在何副总监的带领下进入了车间示范线旁。

这里的现场并不像以往一样热闹，而是静悄悄的。为什么没有生产呢？发生什么事情了吗？

何副总监紧张地拿起电话来确认。

示范线旁边张贴了很多有关示范线的资料。Nelson 先生招呼着舵主们，“让何副总监处理一下。我们先来看一下示范线的相关资料。”

大家纷纷围观过来。

一整条线的墙壁上，都挂满了资料，五彩缤纷，至少看起来准备地还算充足。

“请小组的成员来讲解一下。”Nelson 先生说。

“好的，我来为大家讲解一下。我们选这条示范线，是经过多方面考虑的。从产品的生产需求上考虑，这个产品我们还能做多久，值不值得做成示范线。这个产品在我们整个生产中是占最重要的比重，所以我们选择了它。”其中一个小组成员说道。“我们依据特助所教我们的知识 < 如何建构一条有效率的生产线 >，在这条线上进行了应用，例如，在人员的管理上，我们应用了**人员管理板**。这条线共有 2 个班，每个班的生产人员分布如图上所示，都贴上了相片。并且，我们还标示了关键工位、瓶颈工位以及品质易变工位，另外还有一些新人工位。这些标示的工位，就需要线长组长密切关注。”

> **提示：**
>
> 人员管理板
>
> 现场管理中使用的一种目视化管理的道具。

“做得不错。我想提问一点，对于这些标示的工位，我们的线组长是如何关注的？”Nelson 先生说道。“有没有记录或者其他的材料说明？”

“目前，我们还没有做到这一步。以后，我们会要求线组长定时对这些工位进行检查记录。”

“好，继续。”

“如果有人员变化怎么办?”这时有人问了个问题。

“这些相片是可以移动的。背面有磁铁，当人员变动时，是可以更换相片的。”小组成员镇静地说。

“这是我们的生产线平衡表，目前生产线的平衡率并不高，只达到了75%。我们正在研究一些可以重组的方案来进行平衡优化。”

“还有很大的提升空间，继续努力。”Nelson 先生不时地点头。

“我们还在流水线上划了节拍线，以保证我们每小时的产量。”

正说着，何副总监已经回来了。

“因为现在缺三颗料还没有到位，所以其他料只能堆着，等料来了我们才能生产。”

“为什么缺料?”

“我们的采购已经通知供应商在昨天要送过来，但供应商说是我们自己把料弄坏了，不肯补货。”

以前一直在大公司任职的 Nelson 先生，之前就听说过 NP 集团的外包商很牛，但不曾想到供应商也会如此地牛。

Nelson 先生思考着，也许是 NP 集团给的订单不稳定，导致供应商对订单也好似不在乎，爱理不理的。品质的保证就更不用说了。由于供应商的这种态度，公司就根本不可能要求供应商定时定量的送货，必须腾出大量的空间来储存物料，等到物料备齐了才能上线生产。

中小企业与中小企业之间的关系如何维系?又是一个令人深思的问题。

最后，生产线还是没能生产，大家也没有看到生产线的动态。Nelson 先生就现状进行了小结。

“以后，在进行现场确认的时候，大家要提前做好准备，不要像今天这样看不到现场。对大家来说，时间都很宝贵，所以既然付出了就要有收获。虽然今天没有看到生产线的运作，但我们从资料中看到了一些生产线的变化，例如生产线人员的管理，节拍线的使用等。希望大家都要尽快地将学习到的知识点运用到你们的现场中去。”

Nelson 先生在以往的教学过程中，也遇到过类似的现象，这就是所谓的“现场无常”，希望无常的现场越来越正常。

小结

现场充满了很多的不确定因素，表现得无常，希望无常的现场在有序的管理中越来越正常。

对大家来说，时间都很宝贵，所以既然付出了就要有收获。

5.6 供应链系统的数据在哪里

示范线的建立过程中，Nelson先生发现了不少问题，不仅是现场的管理，而且还有很多供应链系统的问题，比如说生产的排配问题，出货问题。

A客户的电话直接拨到了Nelson先生的座机上。

“Nelson先生，11198号订单为什么没有按时出货？这已经是第二次了，如果下次再出现这种情况，以后的所有订单全部取消。”似乎有点威胁的话语，让Nelson先生有些恼，但他还是温和地赔着笑：“没有下次了，放心吧，有我在，我会处理好的。”

话音未落，对方已经挂上了电话，看来A客户的确有些生气了。

Nelson先生并没有立刻召集各单位主管召开紧急电话会议，而是找到0011198号订单的组装生产车间，亲自去查看。

0011198号订单是出口欧洲的一批童车，数量为2 000个。此时的组装生产线上堆满了物料，线中不时地传来冲击声，工人们在物料堆里忙碌着。

班长已经见过Nelson先生多次，看到Nelson先生此时出现在线上，立即走上去：“特助要了解什么情况？”

“0011198号订单出现什么问题了？为什么还没有生产完成呢？”

“哦，这个产品经常缺料，所以经常停线，导致现在还没有完成。”

“现在完成了多少了？”

“80%已经完成了，大概有1 600件。”

“一个小时能做多少？”

“30件。”

“都缺什么物料？”

“嗯，主要是前制程的料。”

“哦，哪颗或哪几颗料？”

“需要时效的料。”

“好，谢谢。”

Nelson 先生在生产线上了解了一些情况后，向前一制程走去。

时效车间里，到处都是物料，物料状态极其混乱，物料的标识不清不楚的，搞得人一阵眩晕。“看来这里的学员还没有领会到我所教的知识啊！”Nelson 先生心里不安地想着。

“小白，帮我安排一个电话会议。”Nelson 先生掏出手机，“马上连线各个单位的主管，供应链的史总监，制造的李副总…”

小白很快连线上了各位主管。

“现在我们开个电话会议，主要是今天 A 客户抱怨。”Nelson 先生开始了电话会议。“有谁比较清楚这个订单 0011198 的状况？”

“这个单下达到生产线已经有一个月了，我们一直都在跟催，制造单位一直回复没有完成。”供应链的史总监立刻回答道。听起来他想要表达这与他没有多大关系，他只管下单，生产订单提前下达了，生产过程好像与他无关。

“那现在这个订单在哪里生产？还缺多少量？”

没有一个人回答，连制造主管李副总也不知道东西究竟躲在哪个角落。

“李副总，请立即确认一下生产状况。”

“是。”李副总立即回答。

“史总监，请立刻提供一下这个订单的所有数据，包括库存、在制品及材料状况。”

“呃…这个这个…”史总监支支吾吾了半天，没有明确回答。

“怎么了？”Nelson 先生追问道。虽然 Nelson 先生在一个多月的观察中已经意识到了这个问题，但还是想要问个明白。

“嗯…数据的话，需要一段时间才能出来。”

“大约要多久？”Nelson 先生继续问。

“最起码得要一天的时间。”

“为什么需要这么久？”

“呃…因为需要找人一个单位一个单位的统计。”

“为什么需要这么做？”

“因为我们只有最后组装的数据，中间制程没有统计过。”

“为什么中间制程不统计？”

“因为我们以前都是这么做的，没有出现过什么异常。”

“……”

Nelson先生一直问，直到问得史总监说不出所以然来才罢休，各位主管在电话里也不时地唏嘘，看来这个特助是来真格的。

Nelson先生清楚，供应链是一个公司的神经系统，从客户端到制造端，每个过程都需要合理地精确地管理。供应链包括客户订单预测、订单交期的安排，生产订单的安排，物料的采购及供应商的管理，仓库物料的管理等。

生产进度落后，生产单位可以有各种各样的理由来搪塞，如果问题没有真正解决，问题就会一直存在，也就会反复发生。各单位之间相互推诿扯皮的事见怪不怪了，目前最重要的是要让各位主管有所担当，负起责任来。

Nelson先生觉得有必要进行一次集中教育，电话会议的最后他让大家半小时后一起到生产该订单的组装线集合。

生产0011198号订单的组装生产线上，物料堆满了整条线，作业员三五个成群站在一起聊着天。看到Nelson先生及各位主管的到来，丝毫没有影响到他们，也没有想要回到工作岗位的迹象。

制造李副总站在线头大喊了一声，“班长呢？班长在哪里？”

“去找料了。”不知是哪个答了一下。

李副总的额头上已经渗出了汗水，一边拿出手机，拨着何副总监的电话，一边掏出手帕擦着汗。生产现场对李副总来说，曾经是多么熟悉啊，而今天看起来是如此的陌生。

看上去车间的工作气氛一点都不紧张，即使交不出货来。

“何副总监，到生产0011198号订单的组装生产线上来一下。”

“0011198号订单？在哪条生产线？”

李副总几乎吼了出来，“五分钟内到，否则后果自负！”

李副总的声音压倒了车间内的嘈杂声，顿时安静了下来。

而Nelson先生并没有怒气，因为他清楚这是长久以来主管不关心现场的结果，他只是想通过现场的案例来一次震撼性的教育，让大家有所启发与成长。怒只是肤浅的表现，现在需要的是真正地解决问题。

现场的散乱及Nelson先生打破砂锅问到底的方式让各位主管的神经都紧了一下。原以为不是问题的问题终于被撕开了面纱。虽然制造本身有问题，但其根源何在？计划的重要性没有人不知道，好的计划加上好的执行力可以保证计划的如期完成。但计划的如何，看起来有很多的问题。

问题是要解决的，但不是一个人能解决所有的问题，更不是他 Nelson 先生一个人能解决的。这种需要各部门之间合作的事情就必须有人去协调沟通。

史总监带着一个生管小黄一起来到了 Nelson 先生的办公室。

“这是各制造部最近两周的生产排配表。”史总监手里拿着几份资料送到 Nelson 先生面前。

“嗯。”Nelson 先生答了一下。

Nelson 先生意识到了目前公司的生产排配上存有一定的问题，于是找来了供应链的史总监。

“来，我们一起看一下这个排配表。”说着，Nelson 先生走到一块白板前，拿起一支笔准备写些什么。

“先看这个排配表。史总监你觉得有没有问题?”

史总监拿着排配表，一边看一边说，“这是我以前制作的格式，好多年了都没有变过。”

“我每天都在看，觉得还可以，没有什么问题。”

Nelson 先生又转向小黄说，“作为制作计划者，小黄你来讲讲看这里面有没有问题。”

小黄显然有些紧张，一听到自己的名字，脸唰地红了。

“我已经看习惯了，觉得没什么问题。”

看起来思想已经有些固化了，要不然在平时制作排配时，一定会有一些自己的想法。Nelson 先生心里想着，然后指出了一些问题点，很显然 Nelson 先生已经研究过生产排配表了，要不然怎么会一下子蹦出这么多的问题点来。

“作为一个外单位的人来看这张排配表的时候，会有几个疑问：

第一，为什么几个单位的生产排配表格式都各不相同?

第二，生产排配表里面的内容不统一完整，例如有的是用料号，有的是用品名，有的同时两个都有，有的有交货日期，有的又没有…先不说格式难以让人一眼明白，我们再来看一下排配的数量与工时有没有问题。”

“在制作生产排配表的时候，我们有哪些依据?”Nelson 先生在看排配表的过程中又问了一句。

“我们有依据标准工时来进行排配。”小黄答道。

“嗯，很好。还要考虑更周全一些，比如，员工必要的休息时间，换线的时间等都要扣除掉。另外还要考虑机器设备的稼动时间，产品的合格率等问题。”Nelson 先生继续看着排配表。

“来，我们先看这一天 10 月 11 日 A 线的排配。” Nelson 先生开始在白板上摘下排配表的一些数据（见图 5-2）。

10/11 A 线 28 人	
ABC007A-I 10/22	合计数量：2 670 台
AR1020/80/200=280 台	人数：28 人
AR2002/200/150/200/240=790 台	依标准工时：
AR2100/64=64 台	AR1020 CT=36 s
AR2101/80/150=230 台	AR2002 CT=29.9 s
	AR2100 CT=34.5 s
ABC008A-E 10/23	AR2101 CT=32 s
AR1020/300=300 台	计算出来工作时数：23.67h
AR2002/350/260=610 台	
AR2101/46/350=396 台	

图 5-2 A 线排配状况

“这一天 A 线的排配量是 2 670 台，A 线上有人员数为 28 人，依标准工时计算出来需要的工时数是 23. 67h，也就是说即使不考虑员工的吃饭、休息以及换线的时间，一班人员根本没有办法完成。”

“再看 10/20 的生产排配，相同的产线相同的人力，一天排了两种产品，一种 18 台，标准工时为 288s，另一种为 49 台，标准工时为 279s，计算后这条线只需要 5. 2h 就能完成了，两种产品的切换及休息时间不需要 2. 8h 吧，不足一天的工作量，剩下的几个小时人员要如何安排?”

史总监和小黄站在那里，不知道他们脑袋里在想些什么，只见他们额头的汗水已经渗出，衣服贴在背上。

“做计划最重要的是要知道生产的能力，然后平均地安排订单，不能今天排很多，明天排很少。这样的话，制造单位就会觉得你们的排配很乱，也根本不知道如何达成排配了。所以这所谓的指令也无效了。”

“我们看到的仅仅是一条线的排配问题，我相信其他线的排配也有同样的问题。因为我们公司的产品种类很多，在排配的过程中，肯定会遇到产品的切换问题，所以对于产品的类型我们是否有作过分类，按照不同的类别来进行排配，以减少换线时间的损失呢?”

“另外我们只有给组装进行排配，其他制程没有排配表，这前后制程的串接与协调还有很多的问题。”

“史总监，我这样讲，你明白吗?”

“明白，明白。”

“那回去再教导一下小黄怎么做计划，重新排配一下下周的计划。”

“好好好，马上回去重排。”

“不要再出现这种小问题。”

“一定一定。”史总监嘴上答应地挺快，心里却在发怵。

史总监带着小黄走出了办公室，Nelson 先生还在思考，生产到底要怎么排配才好呢？目前的这个生产排配计划简直太糟糕了，太多的问题隐藏在里面需要剖开一一解决。

目前供应链的生管部门在接到交管发过来的订单交货需求后，依据订单交货时间，与客户需求交货的时间来排配的。排配单只发给最终的制程组装。至于组装与各制程之间的衔接，生管就不管了。这看似后拉式生产，却没有达到真正的后拉，因为中间制程没有串接完善。生管把订单抛给制造，不管制造能不能做出来的方式显示了生管的能力不足还是推卸责任？从与史总监的对话中，已经大概知道了生管的能力是何等的弱呀。现场有那么多的问题，也难怪生产经常无法准时达成，越搅越混越乱。

一般来讲，拉动的实现可以分以下三个阶段：客户的拉动，工厂内的拉动，以及供应商的拉动。客户的拉动最容易实现，客户需要什么工厂就生产什么，等客户拉到一定水位的库存时，工厂内再抛出订单生产；工厂内的拉动较为复杂，除了很多品质的要求外，还要进行工厂内的一系列改善，如减少在制品、使用防呆装置保证品质、一个流的生产、生产周期的缩短等，只有到达一定程度了才能试行工厂内的拉动，否则会将工厂带入到更为混沌的方向；供应商的拉动，涉及多家公司之间的运作，实施起来最为困难，即使是在丰田，也只是在关键供应商中实施拉动。所以很明显，在 NP 集团实施后拉还需要经过很多的改善后才能试行。

目前在做生产排配的时候，看起来像是所有产品不论种类、人员熟练度、产品体积，一律同线生产。由于生产排配不均衡，切换产品的次数多，所以导致损失工时也多，如换线的工时损失。人员的熟练程度一定会影响生产，是否有制定产能爬坡的标准呢？Nelson 先生想到了很多很多的影响因素。

是的，生产排配受多种因素的影响，不要说使用最优的方式，总有较为合适的方式吧。那生产排配到底应该如何排配呢？Nelson 先生留给史总监这个专业的难题。

史总监带着生产排配单，迈着沉重的脚步走回了自己的办公室。在办公室里来回地踱着步，一会开始在白板上写着些什么。

“生产能力、生产线数、制程、工作时间、人数、标准工时…”

一长串的字条写完了，开始找下属过来开会研讨。

“今天我们要来讨论一下怎样进行生产排配最优化。我刚才把影响生产排配的一些因素写了一下，你们看看还有什么补充的，一起写下来。”史总监指着白板说道。

下属看着白板几乎没有发言，史总监点了几个人。

“你们在以往的生产排配过程中遇到过哪些问题，也可以提出来一起讨论。”史总监提议道。“小黄，你先来说说看。”

小黄显得有些窘，“呃，好吧。”小黄开始讲实际工作中遇到的一些难点，其他人也在不停地附和。

史总监在白板上不断地添加一些新的内容，大家都提出了一些困难点，最后讨论还达到了一个小小的高潮。

“好，我们来总结一下。”史总监说，“我们在做生产排配的时候首先要考虑的是我们的生产能力。生产能力取决于瓶颈工位或设备或制程。其次要考虑我们的工作时间和工作的班次。一天可能是一个班 8 个小时，或者一个班 10 个小时，或者两个班 8 个小时，两个班 10 个小时，等等。另外遇到节假日也要考虑进去。我们必须依据需求量来安排生产，而不是由生产线说他们能做多少，我们就排多少。”

“现在我们的产品种类很多，所以排配到每条线生产的产品种类也多，同时批量数又很小。如果用目前的生产线来生产的话，需要多次换线，浪费工时。我们是不是可以依据产品生产量的大小来建立不同的生产线，例如批量数在 50 个以下的订单，可以建立小型的生产线来应对；批量数在 500 以上的就在目前的生产线上来生产。这个我来建议一下生产单位进行改善。”

“每天的生产排配量有很大的波动，这是受市场需求时常波动的影响，但我们可以建立一个防波堤来进行缓冲。这样可以让我们每天的生产不会有太大的变化，对于各类资源的需求也不会忽高忽低，从而避免无法达成交期”。

“标准工时是一个标准，但员工的收入与标准工时密切相关，标准工时的标准程度对于员工的收入影响很大，对于排配的影响也很大。如果标准工时不准确，就会导致生产排配的不准确，即标准高了，生产排配就很难达成；标准低了呢，就会产生很多的浪费。"

"所以，我们在进行生产排配的时候，这些因素都要考虑进去。大家回去再好好地想想，希望明天的生产排配有一点改变。"

大家应声，会议结束后，大家散去。

事隔一周，Nelson先生再次来到上次出货有问题的组装线，线上依然乱七八糟，生产状态依旧不明。

虽说，生产排配的制定有问题，但生产的进度总得有人跟进吧。生产进度跟进最有效的办法就是时时记录生产的状况，但出于成本与可操作性的考虑，每隔一小时记录一次生产状况还是可以的，但事实上却没有。制造单位最重要的是按时按质按量地达成生产排配量，这是再正常不过的道理，可在这儿好像完全没有这种概念。

有资料统计显示，生产落后的订单有20%～30%。这是多么严重的情况，有谁在追究这一责任呢？Nelson先生几乎看不到。

这时，一个看似线长的员工走了过来。

"特助，您又来了。"

"你认识我？你是线长吗？"

"对啊，上周您来过。"

"嗯，是的。"

"有什么指示吗？"

"知道生产管理板吗？"

"不知道。是用来做什么的？"

"生产管理板就是用来记录及跟进生产过程状况的，一般情况下，是挂在线尾的，管理人员要经常去看管理板上的状况进行异常管理。有些工厂现在已经电子化了，可以实现实时记录生产状况。"

"哦。这就是生产管理板呀。"

"嗯，这条线有生产日报表吗？"

"有啊，您要看吗？我给您去拿。"

"哦，在哪？"

"在我的工作台上。"

"好，我们一起去。"

"嗯，走。"

他们俩一边走一边聊，很快就到了。线长的工作台上，随意地放着各种物料、工具和报表等。线长翻了一会，找出一张今天的生产日报表，递给了Nelson先生。

“这是上午的报表，下午的部分还没有填写。”

“一天只要填写两次吗？”

“是的。”

“现在的生产是落后还是正好，你知道吗？”

“不太清楚。”

“半天的事情那么多，你怎么记得啊。”

“呵呵，有些事还真回想不起来，想不起来的就不记了。”

“这个报表写完后怎么处理呢？”

“我们会送给部门的助理，助理再将这些数据输入到电脑里面。”

“哦，那每天都有看到报表吗？”

“有时能，有时不能。”

这是多么粗糙的现场管理啊。Nelson先生并不是不知道现场的管理状况，以往的经验都会告诉他现场会存在哪些问题，但目前他需要的是现实。Nelson先生相信这位线长讲的都是真的。

走过组装线，Nelson先生进入了另外几个车间，情况都是相似的。他所经过的现场，除了遇到一个副总监以外，其他人都没有遇到。这不是巧合，而是现实。很多主管都不喜欢去现场，都喜欢坐在办公室里看报表，而在这里更不可思议的事，报表也没有啊，他们在看什么？

回到自己的办公室。找到一份生产管理板的模板，发了一份电子邮件。

“今天我去现场看，发现现场的生产进度仍然非常不明确，请各单位依照此模板制作管理板，放在线尾并每小时记录一次。各管理者要实时进行监督管理。发现异常尽快处理。”

同时还要求：“对于落后10%，达成率90%以下的厂部，总监每三小时，发短信向我报告生产进度。如果落后15柜，就要花30柜人工工资，去支付成本。不可轻忽！”

这个要求就是希望主管们要多到现场去关注生产。

Nelson先生开始亲自盯管生产进度。

小结

实现后拉式最为理想，但没有达到一定条件就盲目地去实施拉动，会导致生产更加混乱。拉动的实现可以分以下三个阶段：客户的拉动，工厂内的拉动，以及供应商的拉动。

客户的拉动最为容易实现，客户需要什么工厂就生产什么，等客户拉到一定水位的库存时，工厂内再抛出订单生产；工厂内的拉动较为复杂，除了很多品质的要求外，还要进行工厂内的一系列改善，如减少在制品、使用防呆装置保证品质、一个流的生产、生产周期的缩短等，只有到达一定程度了才能试行工厂内的拉动，否则会将工厂带入到更为混沌的方向；供应商的拉动，涉及多家公司之间的运作，实施起来最为困难，即使是在丰田，也只是在关键供应商中实施拉动。

5.7 交货要多久

提示：

价值流

它是一种用来描述物流与信息流的工具，用一支铅笔和一张白纸即可将现有的生产物流及信息流的状况完全绘制出来。

从材料投入到最后成品出货，需要多久的时间？这对于计划安排满足客户交货需求有决定性的作用。Nelson 先生决定要理清楚。

这里有一种方法叫作价值流（VSM，Value Stream Mapping），通过绘制价值流的方法来知道材料从投入到出货需要多长时间。Nelson 先生使用过这种方法，觉得这种方法非常好用，且可以通过价值流找到各环节中的问题点从而进行改善。

“我们这周舵主训练的课已经安排好了吗？”Nelson 先生问着 Tony。

“嗯，已经安排好了。”

“哦，有安排‘价值流’的课吗？”

“价值流是下周的课程。”

“我想改成这一周。”

“OK。”

在一旁的小白听到后，不自觉得地问了一句：“什么叫价值流?”

“不错哦，对新的事物还有兴趣。来，我这里有一本书，《Value Stream Mapping 价值流图析》，你可以拿去看看，看完了你就知道什么叫价值流了。”Nelson 先生微微笑。

小白对于自己的这一多嘴感到有些懊悔，只是想知道三个字的意思，却要看一本书。“哦，好的。”小白走过去虽不太情愿但还是接过了那本书。

小白翻开那本书，首先找到了什么是价值流的定义。“价值流是当前产品通过其基本生产过程所要求的全部活动（包括增值和不增值活动）。①从原材料到产品交到顾客手中的生产流；②从概念到投产的设计流。”大概 Nelson 先生讲的这个价值流是第一种吧，小白这么想着。

> **提示：**
>
> 价值流的种类
>
> 1. 从原材料到产品的生产流；
> 2. 从概念到投产的设计流；
> 3. 从订单到取得现金的商业流。

舵主训练，各位主管都准时到达，Nelson 先生也准备好了介绍价值流的投影片。课程开始，Nelson 先生向大家问了一个问题。

“大家知道什么是价值流吗?”

其中一个生产的副总监回答道，“特助，我们之前有学过，是以前的顾问教我们的。”

“哦，很好。那你来告诉大家什么是价值流?”

“价值流，好像就是……”

这个副总监说了好像半天硬是没有说出个完整的来。

“嗯，好了。我知道你上过课，但你好像又把知识还给老师了。”不少主管在偷着乐。Nelson 先生继续道：“学过不等于学会，看过不等于记住。知识用上了才是智慧。大家明白吧。”

关于顾问的说法，仁者见仁，智者见智。有一次 Nelson 在星巴克喝咖啡，享受美好的假日，同时也可安安静静地思考一些问题。不期偶遇一位做精益顾问的老友。两人一边寒暄，一边聊起精益推动的话题。这位老友对 Nelson 先生说，目前有几家公司改善进度比较慢，他就让他们停一段时间，不勉强辅导。

Nelson 先生听后，思索半天：为什么老友是这种想法呢？假如是我的话，我会先去探讨为什么这几家公司的改善进度比较慢？顾问是否由浅入深，因材施教？是否对该产品及生产线不熟？是否干部的应知应会不够，不具备改善的能力？是否平常干部的学习实践的心声，没有常沟通解决？

顾问是外部的力量，可以跳脱工厂内的管理束缚，帮助企业解决内部无法解决的问题，从某种程度来说是一个很好的资源，且顾问的资质都非常优秀，经验非常丰富，通常可以一针见血地把问题揪出来。

如果要管组织，管设备投资，管人才招募及适用性，管技术，管企业未来策略，那“顾问”应该改为全职，以融入管理实务团队沟通做事，实际解决问题负最终责任。

“今天我们课程的目的是让大家清楚工厂的价值流，从而知道公司生产的产品需要多长时间才能到达客户手中。不管你们以前有没有了解什么是价值流，从今天开始就要学会什么是价值流，并要知道如何运用价值流的图来进行工厂的改善。”

“现在我简单地给大家介绍一下什么是价值流，以及如何制作运用价值流图。”Nelson 先生点开了投影片。

“工厂中的价值流是指从原材料投入到成品产出出货这段流程，其中需要的时间多长，以及真正产出价值的时间多长。从这两个时间的比值中可以看出增值的时间比例。”

“价值流所追求的是让物不停滞，让物与信息的停滞一目了然，将问题显在化，从而进行改善缩短前置时间，提升工厂的 JIT（Just In Time，及时化生产）的水准。”

“价值流图析是使用铅笔和纸张帮助你看到和理解生产过程在整个价值流中材料和信息流动情况的工具。

我们所说价值流图析的含义很简单：从用户到供应商跟踪产品的生产路径，在材料和信息流中仔细画出每一过程便于看清的代表图形，然后询问一组关键问题并画出一个我们希望的价值流的‘未来状态’图。

反复多次地做是最简单的方法，而且是我们所知道的最好方法。去教会你自己和同事如何去发现价值，特别是发现产生浪费的根源。”

课程结束后，大家散去，Nelson 先生回到自己的办公桌前，又在思考如何尽快地实施专案改善，他需要找到一个 Leader 并带领这个 VSM 的团队。在脑海中盘来盘去，觉得供应链的史总监比较合适，虽然生产计划做得不令人满意，但他还是有一定的优势的，既懂制造的流程，又对公司的信息来源比较熟悉，而且人也比较有个性，具有较强的领导力与沟通能力。后来的事实证明他的想法是对的，那在制作 VSM 的过程中，又到底发生了哪些事呢。

周一一大早，Nelson 先生找来了史总监，向他说明了想法，史总监有些稍稍地迟疑，不过很快就调整过来了。

“就怕不专业啊，到时还需要特助多多指点。”

“这个没有问题，只要你带好这个团队并努力完成就可以。”

接下来的日子，史总监按照 Nelson 先生的指示组建 VSM 的团队，团队成员从各个部门中挑选出来，包括了所有的制程。同时史总监也在重温 VSM 的知识，以便带领团队作业。事实上 Nelson 先生也一直在告诉史总监要按照 VSM 的步骤一步一步走，用自己的眼睛以现地现物掌握现实，从后工程依序往前工程追溯。史总监给整个团队上了一堂有关 VSM 的课，让大家都了解什么是 VSM 以及 VSM 的一些图标工具。

史总监选定了公司具有代表性的产品 A 作为调查的对象，这个产品经过公司所拥有的所有制程。史总监亲自带领团队，从产品的最后制程出发，向前移动。每到一处，史总监都十分地感叹，怎么有这么多的成品半成品？为什么找料要找这么长时间？产品在工厂中停留的时间好长啊。边走边在白纸上画着符号，记录着数据。后来连史总监都觉得很不可思议，自己竟然在这么短的时间内就可以熟练地运用这么好用的工具来检视整个工厂的运作。也许是在强压之下，也许是自己的努力……

为什么说价值流图析是一个基本工具？

它可以帮助你看到不仅仅是生产的单个工艺过程，如装配、焊接等，而是整个流动。

它可以帮助你发现更多的浪费。图析帮助你发现价值流中浪费的根源。

它为谈论生产过程提供共同语言。

它对价值流的状况做出判断，使你能讨论它们。然而在你车间中很多细节问题和判断恰恰是随意做出的。

它将精益概念和技术结合起来，帮你避免‘拣樱桃’。

它是形成实施计划的基础。通过帮助你设计整个门到门流动需要做的工作——很多精益努力所忽略的事，价值流图成为实施精益的蓝图。想象一下没有蓝图怎能建楼房！

它可以显示信息流和材料流的联系，没有其他工具能做到这点。

它比做出非增值步骤、生产周期、移动距离、库存数量等清单的定量工具和生产布置图更为有效。价值流图析是详细描述为使价值流流动起来须怎么做的定量工具。数据对于产生紧迫感和测量前后差异是很有说服力的。价值流图析可以很好地描述为改变哪些数据所应做的事情。㊀

当然在这整个过程中还是遇到了一些麻烦。

史总监在到一个焊接车间时，找到负责这个制程的主管蒋副总监，计划一起来完成这个制程的相关流程及数据的收集。不曾想到蒋副总监派了一个小兵出来应付。

“蒋副总监忙着生产呢，让我来代替一下。”小兵对着史总监说。

“哦，我打电话给他的时候他不是说有时间的嘛。”史总监虽然抱怨一句，但还是跟着小兵去现场了。

史总监刚开始还好，后来就有些脾气了。

“小兵，你带我找到这个料号的产品放在哪里，我们从那里开始吧。”史总监对小兵说。

“这个料号，好，我去问一下。”小兵一面应付着，一边去旁边的生产线找人去问。

这一去就是半小时不见人影，把史总监一个人搁在一边，这下可把他惹着了。他一边不动声色地看着生产线，一边静静等待小兵的返回。

小兵回到史总监身边时，带了个人回来。“史总监，我给你找了一个熟悉整个车间的人，这个是线长小赖。小赖，这是史总监，你应该不太熟悉。”

虽然面对这种情形，史总监心里很不舒服，但他还是保持了他的风度，也许这就是现在现场管理中的问题点，如果不是亲自跑这一趟，他是感受不到的。会不会自己的队伍中也有这种情形？

流程与数据收集着，史总监思考着这整个过程。一个小时后把车间所应收集的资料数据收集完成，回到蒋副总监的办公室。此时蒋副总监却在办公室喝着茶，聊着天，根本没有忙碌的迹象。

史总监“啪”得一下，把收集用的纸扔到了蒋副总监的办公桌上，“我本不想发火的，但是看到你们这些人这副德行，火就自发了。”

㊀ 摘自《价值流图析》。

蒋副总监被这突如其来的怒火着实惊了一下，但稍纵即逝。

“史总监，当心身子。”蒋副总监表现出了惯有的油嘴滑舌。

“到特助办公室去说吧。”史总监感觉有些无奈。

“内部矛盾不要让老大为难嘛。来，坐下来，喝杯茶，消消气。”

史总监再也无法忍受如此的情形，拿起资料，走了。

工作的过程中，摩擦在所难免，史总监的直率也多少会得罪一些人，但工作还得继续开展。

走过了工厂的每个角落后，史总监带着团队终于完成了 VSM 的制作，在制作 VSM 的过程中，发现产品在时效车间待的时间最长，库存最多，或许这也找到了关键的制程时效车间，此即为工厂的瓶颈，为什么工厂的出货总有问题，大都堆积在这里了。

虽然有很多制程的设备有空闲，但最不被关注的一个小制程却制约了整个工厂的生产产能，这就是**TOC**（Theory of Constraints）理论。

> **提示：**
>
> TOC 约束理论
>
> 是以色列物理学家企业管理顾问戈德拉特博士在他开创的优化生产技术基础上发展起来的管理哲理。
>
> 小说《目标》详细介绍了 TOC 的原理和应用方法。

VSM 制作出来了，就要使用，因为它的价值就在于告诉你现在的状况，以及将来你想它变成什么样。这个现状与理想之间的差异即为要改善的问题。

Nelson 先生拿着史总监绘制的 VSM 图，一直紧皱的眉头松了一下，图上不仅标注了必要的参数，还加了一些史总监的一些想法，例如前后制程生产排配的信息解决方案。孺子可教也，没有看错人啊，Nelson 先生心里想着。

“对于时效车间，先找来车间的主管，讨论一下，一起再去现场查看，一起解决问题。”Nelson 先生一边看着 VSM，一边对史总监说。从史总监所制作的 VSM 中，也验证了 Nelson 先生对于第一次客户抱怨时亲自到现场查看时的结果，但到底是产能问题，还是管理问题，必须到现场再次确认。

时效车间的主管是一个课长小孝，平时在管理的过程中也觉得有些不太顺畅，上一制程明明把某一产品送进了车间，但 N 天后仍不见产品到后制程去，好像一个黑窟窿一样，直到史总监把事情的原委说出来，也顿时明白了过来。

于是小孝带领着史总监的团队，一起去现场。Nelson 先生也随着一起去了，因为这是一个他自认为非常重要的案子。

时效车间虽然制程很简单，但需要大片的场地，供产品处理后静置。一进现场，感觉就像进了一个无人管理的仓库一样，那是一团的乱呢。车间里堆的产品无法快速地区分，也无法精确地先进先出管理。

“在车间的墙壁上贴上海报纸，再准备两支水笔。”Nelson 先生吩咐着小孝。

行动是快速地，不到十分钟，已经布置完成。

为了能更细致地掌握时效车间的信息状况，Nelson 先生一边查看车间，一边开始询问。

“需要经过时效车间的产品有哪些?”

“这些产品经过时效车间所需的时间是相同的吗?”

“能不能将产品列出来?”

小孝对于这些产品还是很熟悉地，列出了大部分产品并标上了各产品在时效车间必须等待的时间。

“目前在时效车间里的产品有哪些? 都是什么时候进来的，应该什么时候出去?”

Nelson 先生注意到了存放产品的架子上，有些有标签，有些没有标签。“为什么有些架子上有标签，有些又没有?”

小孝看了后，有些不好意思地回答说：“可能是在移动的过程中丢失了。”

“这就对了。”

“啊！什么对了?”

“这就是问题呀！没有标签怎么分清楚产品到底在哪里? 哪些已经到时间需要去下一制程了?”

“找人立刻盘点一下车间，开始进行整理。”

小孝找了一个人过来，要他进行车间的盘点。

“车间里没有其他人吗? 多找几个人快速地完成盘点。”

“报告特助，时效车间的人员本就很少，一共才 14 个人，其他人都在生产，只有一个是协助我统计报表及其他杂事的。”小孝有些为难地说道。

“史总监，协调一下，去其他单位找 5 个人过来。”Nelson 先生快速地布置着。

“好的。”史总监开始电话联络。不一会，5个人来到了时效车间。小孝便教导他们如何盘点。

“画一下车间的生产线布置，等盘点清楚后重新划分区域。”

史总监在板报上记录下了Nelson先生说的需要做的事项，并写上了责任人，及预计完成日期。这些都让Nelson先生愈发地喜欢上了史总监。虽然与自己年纪相仿，历经了沧桑，但仍未磨平他那急躁的性子。

围绕整个时效车间转了两圈，Nelson先生就先回办公室去了，留下史总监继续指挥作战。

这一天，对于史总监来讲也是非常充实又非常有成就感的一天，找到了问题的真正关键，并努力进行改善，使之朝好的方向发展。在车间走动了很久，史总监需要休息一下了，工作再怎么紧急，休息还是需要的，因为健康的身体才能更好地完成工作。

第二天，史总监再次来到时效车间。边走边有些纳闷，好像跟他昨天走之前没有多少变化呀。

小孝不知什么时候已经来到了史总监旁边，看着史总监不悦的脸色，说道：“昨天您走时已经到下班时间了，您叫来的5个人就回去了。晚班车间也没有多余的人，所以现在看起来，比昨天白天还要糟糕一些。”

史总监点点头，事实就是这样，不能责怪任何人。

“哦，那今天继续，尽快把车间整理好。”

“好的，但还是需要您协调几个人过来帮忙。”

史总监立刻调了5个人过来，继续昨日未完成之事。

小孝在史总监的指导下，将产品分类，并在板报上开始将车间划分区域。考虑到产品存放的特殊性，区域标记得也较为特别。

经过两天的盘点，盘出了很多过期的产品，部分已经没有订单需求了，也许这些就是后制程需要时没有找到，又多投入的那部分，可想而知浪费之严重。有些产品没有标签，等待相关人员确认，重新归属。

车间按照小孝在板报上画的生产线布置图重新划线，贴上区域标记，产品重新摆放。经过整理后的车间，显得干净整洁多了。

史总监舒了一口气，有点像样了，希望能长久保持。但是这样瓶颈就解决了吗？史总监还是有点疑惑。不过，现场就是这么神奇，整理过后，后制程需要的产品都准时交出去了，似乎这里已经不是瓶颈了。

史总监在现场转圈的时候，听到了两个作业员的交谈。

"现在找东西比以前好找了。" A 作业员说。

"是啊，但还是需要很长时间，一个一个找。要是有更简单的方法就好了。" B 作业员回答说。

……

史总监听后，陷入了沉思。

"怎样才能快速地了解各产品的状态呢？是不是可以做一个管理板，将产品与区域标识连接在一起？"

史总监找来了小孝，一起讨论这个话题。小孝同时也将在此作业的两位作业员叫了过来，让他们一起参加讨论以便有更好的作业方式，因为只有实际操作者更有发言权。

经过讨论，大家一致认为增加管理板列出清单来管理更方便。于是在各个区域增加了管理板，管理板上有明确的存放位置列表与产品对应的清单，还设置有投入日期以及应出货日期，作业者只要在管理板上作一个统计就可以快速地清楚目前产品的状态，也可以快速地找到想要找的料，更为管理者在作业者缺席时的管理带来了方便。

提示：

吊桶管理理论

吊桶生产方式是一种典型的以容器代替看板实施后拉式的生产方式，后工序需要到前工序或中间工序领取物品以继续生产。后工序作业者搬运时，需预先准备与领取物品数量相等的前工序的原材料或零件及空箱。而后工序进行物品领取时，领取者携带的原材料或零件数量同时也是对前工序或中间工序下达的生产指令。

现场的管理似乎越来越顺利，Nelson 先生一有时间就来现场指导，提出了一些改善的方向与方法，就如那个"**吊桶管理理论**"，在车间运用得也是如鱼得水。

现场的智慧就是这么出来的，一个人有一个思想，但几个人在一起，每个人都拥有了多个思想，想办法解决问题，智慧就会越来越多。

现场是一切竞争力的来源，Nelson 非常同意这个观点，当他看到现场改变得如此快速而有序时，更是由衷地感到欣慰。

小结

价值流所追求的是让物不停滞，让物与信息的停滞一目了然，将问题显在化，从而进行改善缩短前置时间，提升工厂的 JIT（Just In Time，及时化生产）的水准。

知识学过了不等于学会，看过了不等于记住。知识只有运用上了才能称为智慧。一个人有一个思想，但几个人在一起，每个人都拥有了多个思想，想办法解决问题，智慧就会越来越多。现场的智慧就是这么出来的。

5.8 改变示范生产线布置

最近在组装车间分别试行各种不一样的生产线形状，企图依产品大小形状分别采取较佳的生产方式，从而激发主管的创新，更活性化地改善智慧。生产线的布置有很多种类，但在 NP 集团或可以说在大多数的企业中，都用的是传统的流水线的生产方式。并不是说流水线不好，而是要有更适合的生产线来满足生产的需要。

“就目前较为流行的 Cell 来讲，他也并不适合于所有的生产。如果要问 Cell 和 Conveyor 哪种较好，这必须依产品的制程、产品的大小而不同，生产效率及适用性会有所不同。其实汽车、机车、自行车、童车业都有用输送带当组装线的。产品重，多能工及品质确保是其 neck（瓶颈）。”

提示：

Cell 与 Conveyor

Cell：细胞、单元的意思。小批量生产的代表产物。

Conveyor：输送带是大批量生产的产物，广泛运用于各制造行业。

Nelson 先生带领着舵主们站在杂乱的组装车间流水线边，激发着舵主们要进行改善的决心。

回想汽车的组装现场，汽车的主体装配也是在流水线上进行的。但一些零部件的组装可以提前组装完成，通过搬运车或输送带送到主装配线上。或许可以借鉴此模式来改变 NP 集团现有的生产模式。

“我们现在的组装线这么长，能不能切小一点呢?” Nelson 先生带着试探性的口吻说道。

“怎么切小呀?”

“重新改造也要花钱的。”

有人在不断地打断 Nelson 先生的说话。

“组装大线是不是可以将一些在线边可以完成的集中在组装前 Cell 上完成，总装的话还是使用原来的 conveyor。这样流水线不会太臃肿，切换产品时损失总工时也会降低。”

“这里就这么大的地，摆不了什么 Cell 啦。”

“这和原来有什么区别呢?”

“是啊，这和原来有什么区别呢。大家只有做了才知道和原来有什么不一样啊。”

“大家不用害怕改变，改好了，当然好；如果改了没有以前的好，大不了再改回原样就可以了。” Nelson 先生在鼓励着舵主们。

“大家要突破原有的思维模式，要不断地求新，才能不断地进步。你们中间有谁比我还年长吗? 我都在每天接受新的知识，想要改变。”

大家都相互地笑笑。

“希望在下周就能看到变化。”

“下周会不会时间太紧啦。”

“不做的话就永远没有时间。”

“对，我们要试着去改变。”

一周过去了，组装生产线的现场到底有没有变化呢? 从舵主们交来的作业中看到了一些。

“我们按照特助上次提出的一些想法，把一些可以提前生产的零件放到一个工作台上让一个员工提前组装了。然后将流水线旁边的桌子移走了，现在流水线上看起来干净多了。” 一个舵主发表着他的作业。“不过，还有一些地方需要再想想，有没有更好的方法。”

纸上看到的始终不如现场看到的，现场是有些变化，但要改的地方还有很多，Nelson 先生一下就指出了以下的 N 条：

1）真正的改善要看总和 CT（Cycle Time，周期时间）的变化才能知道，只看 UPPH 数字是不准确的。如果只是比较背景差异，不叫做改善，要看到底是因为改善了平衡率的损失省的人还是将某些工位删除省的人……

2）机器虽然是进行CELL改善的一个障碍，但也只要掌握机器的种类，做好组合分析，利用1条分流2条（n条），或2条（n条）合流为1条，即可完成CELL的架构。当设备本身数量足够时，若设备因为有两个治具，一次做两个造成CT加长，则可以将此拆成两条线生产，每条线的此设备只做一个产品。当设备本身数量不足时，就要考虑其他的方法，例如将设备当成中心，24小时轮班生产，当然这时设备前后都要设置店面来配合。设备能改成加工完成后自动弹出脱出时，也许该机器就不是障碍了。

3）CT时间在10秒以内都太快了，太快时可以将输送带拆成两条线，即将CT延长为两倍。

4）CELL的形状可以是多样化的，只要适合当前的生产，例如把原来直线型改成Y形或X形……

5）两人之间是一个pitch（节距），就算总人数不变，减少pitch数也能提高产量，即让一个人CT延长至2~3倍更好。

6）看现场要以整体系统来思考。例如：为什么材料及完成品或不良待重工品堆积那么多？到处都有？这些问题通常是因为物流速度与现场制造速度不搭配造成。材料大批量运搬至线头，或下线的完成品未及时搬走时就会堆积。这些到处堆满产品的环境会影响人与人之间的沟通，甚至影响作业者情绪及效率。

7）造物之前要造人，不要把干部素质不佳当问题的原因。如果干部每日不断教导下属，每年有260工作日，累积起来就是一个不得了的成绩。天生我才必有用，人只要不做违法的事，没有素质好坏的问题。在丰田很少雇用博士等高学历的人员，人才都是自己教育成才的。下属都喜欢做干部要点检确认之事，因此干部每日要对七大浪费不断指摘。

8）瓶颈工位要标示出来，要做到看得懂的管理。要不断地改善瓶颈工位，这也是干部每日要关注的主题之一。

9）改善后的生产线，可以应CELL推动的程度区分以下几种：CELL线（没有输送带），精益手工线（有输送带，但停止不用），精益流水线（有用输送带），而不可以统称为CELL单元细胞线。

10）人工费用会随着经济的成长而越来越高，CELL、机械手、自动化线，将会是最终的选择。所以生产方式的演进次序为：大量生产流水线，进而小批量生产的CELL线，最终小批量生产的CELL自动化线。

提示：

生产方式的演进

单件生产→大量生产→小批量生产

作坊生产→流水线生产→Cell（一人工）

大家听着，认真地记录下这些内容，以利后续的改善。

改变是一件令人痛苦的事，但痛苦过后就会轻松。

缝纫车间正在进行生产模式的改变，他们也希望研究一条有效率的生产线出来。其中最有争议的一点改变就是是否实施站立作业，为此小组团队也吵得不可开交。

“为什么要改成站立作业？以前我们尝试过站立作业，后来还是改回去了。”

“如果要实行站立作业，我们还要改生产线的高度，这些需要投入，改完后我们的效益会增加吗？”

“如果改成站立作业，每个人做的工作是否改变？如果改变了，我们的作业标准应该也要改变。作业标准改变了，各方面的指标也都会改变，比如产出的工时，UPPH（人均小时产量），薪资等各方面都要改变，我们必须事前想清楚了再改。”

“我想作业员是会反对的。站着多累啊，不信你来站一天试一试。”

是的，在导入丰田生产方式的工厂中，通常看见改善推动者要求作业者站立作业，并再三强调站着作业的好处，而无论这些改善者如何巧舌如簧，作业者基本都站在反对的一方进行抗拒，认为站立作业是一种苛刻的无理要求。最终使站立作业无法实施，影响到公司整体丰田生产方式推动的进度。归根究底，是因为想要别人站着作业的人无法给出让人信服的理由，而且未能让别人真正体验到站着作业的好处所导致。大多数精益生产者在要求站立作业时，着眼点都是从提高生产效率出发的，虽然他们也会拿出大量人体工学的数据说明站着作业更“有益身体健康”。但作业者的表现却与这些证据背道而驰。

标准作业强调作业要以人为中心，工厂的经营要以人为本，这并不只是喊喊空话而已，必须要有很具体的表现形式，在丰田公司中，以人为本的具体表现形式就是降低作业者的劳动强度，而不只是关心其生产效率。让作业者以更少的体力和脑力付出，产生更高的劳动效益，使他们能更轻松地工作，才是对工作者们最人性的关怀，当初丰田佐吉发明自动织布机，其目的不正是如此吗？而如果我们在没有改变作业环境的前提下，只是要求作业者站立作业，其实是违背了这一大原则的，也就是说，不改善作业环境的站立作业要求，必定是不得人心的，也是无法持续推进的。

面对是否要实行站立作业，我们必须在实施站立作业之前，思考为何要进行站立作业？到底坐着作业和站着作业有何不一样？Nelson 先生说，“大家不要吵，我知道各有各的道理，我先举两个例子来让大家清楚站立作业与坐着作业的区别。”

“我要讲的例子是在我们的日常生活中的，日常生活中有很多站立作业的案例可以借鉴。例如：家庭厨房的食品加工作业，就是一个很好的例子。灶台是用来加工食品的作业台，相信几乎没有哪家的灶台边有专门安放一个凳子给做饭的人坐着做饭，如果你一定要在那里放一个凳子，相信也会被他（她）以妨碍做饭的名义给取消掉，即使是一天到晚忙个不停的厨师也是站着的。那为什么人们在做饭的时候宁愿站着也不愿坐下来，而在工厂内作业时却坐着就不肯站起来了呢？答案是：作业的方式大不一样。

在厨房内做饭时，‘作业者’需要按照一定的流程进行各种作业，如洗菜、切菜、洗锅、炒菜等，这些作业需要在不同的工作台完成，这些工作台组成了一个作业的环境，叫厨房（Cell）。‘作业者’需要在这个环境里不同的工作台之间走动才能完成作业，而如果一旦设置了凳子，就会阻碍作业者的走动，降低她们的工作效率，而这是她们无法接受的。并且这种站立作业因为可以走动，因此人员的疲劳度大大降低了。感受最深的就是‘站军姿’（站着保持一定姿势不准动），坚持五分钟，比散步一小时要累得多。”

大家听完，都觉得这些在生活中的例子可以让他们理解站着与坐着的区别，但在工厂的改善中需要更多的技术与理论来支持。为了引导大家思考为何要站立作业，Nelson 先生又从人员的作业方式和产品的特性两方面进行了阐述。

在工厂内部的作业环境中，多半的工厂使用的是流水线生产，这种生产方式将工作的内容细分到令人不可思议的地步，作业者基本就是以数秒的时间段为周期进行重复的作业，既不需要走动，也不需要思考，作业内容也不发生更换，因为他们被当作机器一样对待。此时如果为了生产效率的提升而勉强要求他们站起来作业，是对他们的一种惩罚。例如：小时候上学你不好好听讲，老在下面搞小动作，老师发现了，会叫你站起来？这叫罚站，那为何是叫你站起来而不是躺下去呢！是因为站着比坐着辛苦。

所以，站立作业要实现的第一条，是要让作业者能走动作业。站起来的目的

> **提示：**
>
> 实行站立作业的条件
>
> 1. 需要作业者走动作业；
>
> 2. 产品重量和体积较大，流程较长。

是为了使作业者能够走动，不能实现走动作业的站立作业改善都将不可持续发展，因为这是一种对人的惩罚。虽然很多企业为了降低站立的疲劳度，研究出如海绵垫、脚踏管、个别的可调高度的座椅等以降低作业者疲劳，最终会无济于事，因为只是站起来，而不改造作业环境的举措不得民心。

现场的改善，要先改善物，再改善人，将作业的环境营造好了，作业者有了自己的作业目标和空间，他将和厨房的“作业者”一样，将他原本用来坐着作业的凳子视为障碍物而主动清除，无须等到改善者来要求，同时，他也将从这样的作业中得到巨大的成就感，如此的现场，才可以说具有自主行动的DNA。所以，要求作业者站着作业的人们，需要将他们的注意力从直接的要求上转化为对作业内容的调整和作业环境的改善上。一定会有所突破。

从另外一个方面即产品的特性来看。也有很多生活中的案例可以借鉴。例如，小时候家里请了木匠打一张床，因为床的体积大，重量相对也大，木匠师傅在组装床的时候，他总是围着自己的“产品”东边敲敲，西边拍拍，慢慢地把床组装到位，如果此时让他坐在凳子上，他也是绝对不肯的。因为他坐着，可能既不能有足够的力量翻转床面，也无法去组装超过自己手臂范围以外的零件。但如果是加工一些小块的木板或者其他小件，他们则会坐着作业而不是站着。

而我们的工厂中，要是不管是什么产品，都希望作业者能够站起来作业，也是违背了员工心声的。如果产品需要搬运（必须走动），或者体积较大（坐着够不着），或者重量较大（坐着提不动），相信此时作业者绝不会坐着作业。所以，站立作业要实现的第二条就是先在重量和体积较大，流程较长的产品中推行。

现场改善的目的，必须要以人为中心，而不是为了使作业者站立而推动站立作业。总之，实施站立是由环境、产品特性、人员等多种因素综合决定的，不能一概而论。我们不会看见有坐着迎宾的礼仪小姐，同样，我们也不会看到有需要站着进餐的酒店，需求决定站立与否，这就是站立之道。

除了站立作业之外，实施 Cell 的另一必要条件就是多能工。多能工的培养必须要通过“选育用留”来实施。

1）选：要选择相对优秀的员工作为多能工候选对象。

2）育：要确定多能工培训的技能数量。

3）用：应主要用在重点、关键、瓶颈工序的作业，以保障质量及效率。

4）留：要与基层员工的晋升机制结合，多能工与普通员工待遇及福利差异化，从而激励员工学习热忱，降低人员离职率。

多能工的推动也有步骤可依：

1）确认重点、关键工序。

2）确认具有多能工培养资质的员工数量，进行多能工人员提报。

3）多能工资质认定及培训。

4）多能工试用方案实施（省人化、少人化改善）。

5）直接人力成本成果评估，验证。

6）多能工激励制度检讨及实施。

7）多能工制度固化，改善成果维持。

小　结

如果要问Cell和Conveyer哪种较好，这必须依产品的制程、产品的大小而不同，生产效率及适用性会有所不同。其实汽车、机车、自行车、童车业都有用输送带当组装线的。

现场改善的目的，必须要以人为中心，而不是为了使作业者站立而推动站立作业。总之，实施站立是由环境、产品特性、人员等多种因素综合决定的，不能一概而论。

多能工的培养是实现Cell生产的另一必要条件。

5.9　换模换线快速切换的水准

今天的课堂上讲到了一个重要的概念，换模换线快速切换。快速换线（Single Minute Exchange of Die，SMED），即“10分钟内换模法”，就是把设备换装调整的所有作业划分为“外部作业”和“内部作业”，要尽可能地把内部作业转变为外部作业，并尽量缩短这两种作业的时间。

丰田汽车为了提升及时化生产的水平，责成工场改善专家新乡重夫先生研究换模技术。以冲压部门的换模具时间为例，1945～1954 年间为 2～3 小时，但 1955～1964 年则缩短为 15 分钟，到了 1970 年已缩短至 5 分钟以内。

> **提示：**
>
> 10 分钟换模法（SMED）
>
> 把设备换装调整的所有作业划分为“外部作业”和“内部作业”，要尽可能地把内部作业转变为外部作业，并尽量缩短这两种作业的时间。
>
> 顺序：区分内外→由内转外→优化内外

丰田汽车的“**10 分钟换模法**”，其技术为：区分内外，由内转外，优化内外，以此来进行换模的改善活动。虽然不是第一次听到这个名词，但 Nelson 先生在课堂上列举的几个数字着实让舵主们大吃一惊。

Nelson 先生说：“在丰田，他们的切换技术水平已经相当高了。以冲压部门的换模时间来讲，1945～1954 年间是2～3 小时，但 1955～1964 年，已经缩短为 15 分钟了，再到 1970 年，换模时间已经在 5 分钟以内了。”

“再来看一下我们的现场。”Nelson 先生已经派 Tony 作了一个简单的数据统计与分析。

“投影片上显示的是 7 月到 9 月，制三部组装课 B 班的换线状况。在此期间共换线 58 次，换线工时累计为 138 小时，平均每次换线需要 2.4 小时。此条线共有作业人员为 27 名，共损失人工工时 3 726 小时。每人每天约有 1.53 小时花在了换线工作上。”

“如果将换线时间减少，那么用于生产的时间就可以增加，我们每天的产出就可以增加了。”

“这话谁都会说。可是怎么做呢？”下面有人插了一句嘴。

“是的。话都会说，怎么做呢，这就需要我们去现场观察，亲自动手了。不过，在大家要去现场动手之前，我会教大家基本的快速切换概念，具体问题要具体分析与解决。”Nelson 先生说道。

“不知道大家对 F1 赛车有没有兴趣，下面我们来看一段有关赛车的视频。”Nelson 先生在说的时候，Tony 将已经准备好的视频的播放。

“大家猜猜看，F1 赛车换轮胎需要多长时间？”

“我想大概要1分钟吧。”

“只换轮胎的话，正常的换胎时间是4秒。”

视频内容只有5分钟，大家都挺有兴趣的。的确这样的场面，只有亲身经历亲眼看过才会体会。赛车比赛要求非常高，不仅有安全方面，还对速度要求更高，有时胜负就差0.1秒。当F1赛车停站时，会有12个人专门负责换轮胎，每个轮胎三个人负责：一个人拆装螺栓，一个人将旧轮胎取下拿走，另一个人将新轮胎装上。也许你从未想到过，这些零部件的更换只需4秒就能完成，真正达到了快速切换。

换胎速度快主要有以下几个因素：

第一是车轮结构。F1在内的所有赛车，只要卸下一个中央螺栓就可以拆下车轮，而平常的车辆需要拆5~6个才行。

第二是工具。民用车的4S店里正常都是用气泵，个别比较落后的还用手拧，F1的Pit里面也是气动，但是那个气泵的转矩和转速都是专门定制的，根本无须换胎工在那儿拧上之后再用手拧一下看看有没有上紧，一旦上了，转矩必然是正好，也必须是正好。

第三是人工。F1的换胎工都是经过特殊训练的，而且换一次轮胎，需要14个人，四个轮胎，每个轮胎三个人伺候，一个操作气泵拆装螺栓，一个卸轮胎一个装轮胎，两个一前一后操作撬杠。再以前还有一个“棒棒糖人”。4S店拆轮胎能给你派十几个人……那是不可能的，何况还是训练无数次，拿薪水巨高的F1换胎工。

大家发出一阵呼声。

“真是太神奇了。怎么可以有如此快的速度呢?”

“再回放一次，没有看清楚呢。”

“好，Tony再放一次。”Nelson先生知道此影片调动了大家的兴趣，于是答应再回放一次。回放时，Nelson先生开始在赛车更换零部件的时候解说，“所谓的快速切换技术，可以分成三个部分，大家在影片里看到的只是其中的一部分，也就是内切换，这是必须要等车停下来才能进行的工作。其他切换工作可以提前进行准备，这部分就是外切换工作。我们要尽量将内切换工作减少，或转换到外切换工作。这样我们设备真正停下来的时间就少了，我们也就不会害怕设备的切换损失了。”

“希望大家各自能找一个案例，试着做做看。例如：注塑的快速切换可以分大、中、小三套模具进行案例研究（case study），希望两个月内完成报告。

客户来时我们可以演示给他们看。先找出目前的切换流程，测试出每个步骤所需要的时间，然后我们来判断如何利用快速切换的技术来改善我们工厂的切换水平。如果依照丰田的切换水平来看我们工厂的切换水平，我们还相差很远，这意味着我们的改善空间很大。”看着舵主们激动的表情，Nelson 先生仿佛看到了未来工厂的模样，脸上同样露出了兴奋。只要按着换模的流程去做，去改善，就会达成想要的结果。行有余力的时候，尽量安排人员多做换模换线的练习，提升换模换线的技能，从而缩减换模时间。

“除了切换工时损失外，我们在生产过程中还有很多其他的损失工时，谁能举例说明一下？”Nelson 先生试着发问。

“等待物料的工时损失。”

“等待品质确认的工时损失。”

“不合格品返修造成的工时损失。”

大家你一言我一语地发表起来。

“是的，工厂中还有很多的损失工时，比如说，搬运工时的损失，生产线不平衡导致的工时损失，物料配送不及时导致停线的损失，等等。”

“有一种工时的损失，与切换线相类似的，就是我们每天开线与收线的时间。来看一下我们最近花了一点时间的统计数据。基本上每天开线准备时间就要 1 个小时，而收线要 0.5 个小时，如此一来，每天就此损失的工时就有 1.5 个小时。”

“每天生产线上都有工时在损失，所以我们必须重视，并将他们分类，依不同的类型追究造成工时损失的单位的责任。”

要如何去减少损失工时？工厂可以制定一些标准文件来执行，例如，损失工时的统计，损失工时分类，并明确各类工时的责任单位，最终排名，此排名成绩将成为各单位年终绩效评比的一个参考。

有些工厂中，每条生产线会及时统计损失工时，并找责任单位签字确认。但一些工时的损失找不到明确的责任单位，或有些责任单位不承认是自己的原因造成的，生产线就只能自己承担了。IE 会将每天的损失工时报表汇总分析，每周主导召开损失工时检讨会，将造成损失工时的责任单位排名，并要求各单位改善。虽然有时会议中有争论，但最终还是会解决。

课后，推进室组织了快速换模换线的竞赛。在快速换模换线的演示竞赛时，Nelson 先生发现学员们只知内切换与外切换的作业分开，对于实施的目的、改善的步骤、目标值的设定与追求，以及 4M1E（Man、Machine、Material、Method、Environment）全面性思考不足。

换模必须能快速定位锁定，工具及配合五金模组化共箱化，换线时物料及机器、治工具，要如同飞机停靠后补给货柜般，停线前理货完，搬送放在输送带二道规划位置。

换模与调整时间的缩短，可以达成小批量生产，从而实现少量多样的生产。换模时间以多少为宜呢？**在《学习观察》一书中提出了一个理想的目标“大约有10%的开动时间用作换模”**。换言之，若一天的开动时间是22小时，可用于换模的时间即为2.2小时，以此为目标。若每次的换模时间为0.5小时，一天即可换模四次，相对于一天只换一次模的生产，可减少3/4的批量。

> **提示：**
>
> 换模调整时间目标为设备开动时间的10%。

小结

快速切换是小批量生产时所必须具备的能力。区分内外、由内转外、缩短内外。但在进行快速切换改善时必须先找出目前的切换流程，测试出每个步骤所需要的时间，然后来判断如何利用快速切换的技术改善工厂的切换水平。

除了切换损失的工时，由于其他原因造成的工时损失我们也不能遗漏。

5.10 标准作业

标准作业在很多时候与作业标准会混淆在一起，特别是没有接触过TPS的人员。但也无须过分强调，它们本就是两个不同的概念。

在课堂上，Nelson先生问着同样的问题，大家对于这两个概念还是混淆不清。

作业标准是指为了进行标准作业而订立的各项标准。例如，由非组织制定的标准如质量安全与环境的标准，组织内部制定的作业方法如标准规格、标准程序等。不同的标准有不同的用途，标准作业中要包含这些标准，不一定是全部的标准。

标准作业同样是为了制造制品所订立的标准，但其包括节拍时间、作业顺序和标准在制品三部分，而这三部分是缺一不可的。为了更安全、更便宜地制造好的制品，标准作业当然是不可或缺的。这里所谓的要在周期时间内完成，更是标准作业的最大特点，也是和作业标准不同的地方。（摘自《丰田生产方式》P100）标准作业是以人的动作为中心，能够反复的作业。

其实标准作业，有三要素，就是节拍时间 Takt Time（T. T）、作业顺序以及标准的手持量。对这三要素，有着明确的定义。

（1）节拍时间的制定

在实际的生产过程中，所使用的节拍时间与计算所得的节拍时间是有差异的。通常以理论节拍时间（T. T）为基准，以瓶颈工位的工时来考虑确定生产实际使用的节拍时间（A. T. T），即标准工时。标准工时之值一般比节拍时间之值小。

通常情况下，测量一组数据，然后取其平均值，即可得出标准工时。但是这样得出的标准工时并不标准，因为根据 IE 教科书对于标准工时的定义，必须用秒表取得足够的样本数，并用三倍标准差的方法，剔除异常值后的单个观测时间值总和的平均值；然后给出评价，再依据不同的单位给予不同的放宽。

（2）作业顺序

在电子产业中，每个作业员的作业大都是几秒即可完成的单调操作，虽然简单，但任何的作业都必须规定完成的先后顺序，否则就会产生品质与安全的隐患。

工作可以分解为单位作业，例如：产品的组装可分为多个零件的合成，先装这个零件可以是一个单位作业，后装那个零件又是一个单位作业。单位作业又可以拆分为若干要素作业，例如：先装这个零件有哪些作业步骤？首先是取零件进行组合。要素作业可以拆分为若干单位动作，例如：取零件进行组合，步骤可拆分为将部件拿起、放入夹具、压合、取出四个单位动作。单位动作又可以拆分为若干要素动作，例如：拿起零件作业，可拆分为伸手、握住、移动三个动素。

（3）标准在制品

在制品的存在是为了生产过程中不停线、不断料，所以在各工位都要考虑到底要不要存放在制品？如果要，到底是多少？在制品数量要明确。同时，在操作现场可以规划标准在制品的放置区。

另外，标准作业依据不同的应用，也分为三类。

第一类被使用在可以使用标准作业三要素（节拍时间、作业顺序、标准在制品）以编成重复的标准作业的工序里。可使用的工序包括机械加工、成型等。其使用的表单有：工序能力表、标准作业组合表、标准作业图。

第二类被使用在可算出节拍时间，但作业组合种类多，难以表示一人份作业量的工序。例如，组装生产线，其作业时间会依机种别而有所不同；其他如烤漆、焊接等也属于这一类。其使用的表单有：作业手顺书、标准作业组合表、**山积表**（也可称为工程编程表）、要素作业票。

第三类使用在无法算出节拍时间，进行非重复性作业的工序。例如，更换刀具、品质检查、换模、搬运等。例如：仓库管理人员可列出一天份的作业，按时间分配。其使用的表单有：山积表（负荷型）。

> **提示：**
>
> 标准作业分类
>
> 1. 可以使用标准作业三要素以编成重复的标准作业的工序里。
>
> 2. 使用在可算出节拍时间，但作业组合种类多，难以表示一人份作业量的工序。
>
> 3. 无法算出节拍时间，进行非重复性作业的工序。

> **提示：**
>
> 山积表
>
> 又称工程编程表、生产线平衡表。是将各工程或工位的工时以直方图的方式表现出来的一种时间研究的手法。通过此可快速找到瓶颈，关注瓶颈。因为系统能力取决于瓶颈工位。其源于木桶理论：一只木桶装水的多少，取决于木桶中最短的一块板子。

若想导入标准作业，必须根据生产特性，选择或制订适合的表单。在组装类制程中，要素作业票的学习及导入，可在原有 SOP 和 SIP 格式的基础上完善，使之加入作业顺序、节拍时间及标准在制品数量，更新为要素作业票。为了不增加工作负荷，可优先导入新产品中；成熟的产品，则可排配时程依序切换。

制作简单的标准作业表单可以照抄，但其中包含的要素是如何制定的，务必弄清楚。

标准作业最重要的就是运用：作为新员工教育，作为改善的基础。标准作业是丰田公司的新进员工接受的第一个教育训练，可见标准作业的重要性。“品质是制造出来的”，所以标准作业的内容必须以品质为优先考虑；同时，积极地把安全因素考虑进去，编成了以安全为前提的标准作业。因为让作业员遵守标准作业，维护其自身安全是很重要的。

在标准作业教导时，可以通过基层管理者亲自示范，再让作业员照着方法进行。然后，要实地观察作业员是否按标准作业执行，执行的过程中有无困难等。例如：班长制定新进人员的每日作业观察计划，每天花两三个小时对新人进行观察，发现作业的顺序与标准不一致时，应立即进行指正，再测量其作业时间是否跟得上，是否需要特别的加强训练？同时组长也可随时到线上抽查新人的状况。这样的作业观察机制可及时评估新人的进步状况。因此作业观察要有针对性，除了新人工位，瓶颈工位也是要注意的地方。

标准化作业往往被视为对作业员的一套指示，其实标准化作业的另一个作用，是可用来分析及了解作业流程中的浪费情形。因为任何作业在尚未制定标准之前，不可能达到真正的改善。

做任何的改善，都必须有改善的动机及科学的改善方法，缺一不可。如果缺乏改善的动机，不管旁人如何规劝，他都充耳不闻，置之不理；有了改善的动机，但改善的方法不够科学，到最后仍然徒劳无功。

标准作业是依照将必要的产品、在必要的时候、做出必要的量的时间要素，以安全为考虑的简易作业方法、步骤等项目来设定的，可抑制制造过剩、排除动作的浪费。标准作业的各种表单都是其改善的依据，如果作业时，依据标准作业进行却出现了异常，那就要改善，也有必要修订标准作业。此刻 Nelson 先生正在生产线上教导作业的改善。

“在一条生产线上，明确要改善的点，这里的改善点就可定义为瓶颈工位。因此首先要找出瓶颈工位，并标示出来。快速找出瓶颈的一个方法叫作 YO-I-DON。”

“YO-I-DON？YO-I-DON 是什么意思啊？”有人在问道。

“YO-I-DON 就是预备开始的意思，是日语。”Nelson 先生回答着。

“哦，那要怎么用呢？”

“好的。现在我们先分组。”

这条生产线有 18 个工位，Nelson 先生将学员们分成两组，每组 20 个人。每一工位后面站一个人，每个人拿一个秒表，还有一个人站在线头一个人站在线尾，当完成五组动作时他们两个人收集记录的时间画到海报纸上。同时 Nelson 先生交代生产线上的员工先暂停作业，并在面前准备一个未完成品。

“等我发出预备开始的口令时，你们就开始作业，同时我们的学员要按下秒表测时。作业员做完一个就举手示意，直到所有的作业员做完后再开始第二次，一共测量五次。”

“第一组的学员，我们先来试一下。”Nelson 先生提了一下嗓子，“预备，开始!”

生产线上的作业员开始动了起来，而他们身后的学员有的则没有按下秒表，在偷偷地干笑。待作业员们都完成后，Nelson 先生说，“刚才没有准备好的学员注意了，我们现在正式开始，要把时间记录下来。作业员们把手上已经完成的产品传到下一个工位，保持自己手上有一个未完成品。”

作业员们纷纷开始传递产品，学员们也手捏着秒表，有的归零，有的在试用，待一切安静下来，Nelson 先生再次喊了出来：“好，都准备好了，现在正式开始。预备，开始!”

五组动作很快就完成了，两个线头线尾的学员也收集好了各工位的时间。但要怎么画上去呢？难道这五个数字都要画？

“在这五组数据中，挑出每个人最快的那个时间作为标准。把这个工时画到海报纸上。”

“哦？为什么是每个人最快的时间呢?”

“这表明他们可以用这个工时做完这些动作。”

“哦，如果换成别人会不会做不完呢?”

“这是可能的，所以作业的动作都要标准化，完成每个动作需要多长时间都要有标准。”

“哦。”

随着学员的问答中，海报上已经画出了 20 个高低不一的线条。

“还要在上面标注节拍时间。”Nelson 先生在提示着。

“节拍时间是多少?”

“课堂上我教过的，计算一下理论节拍时间。”

“好。”

海报上又多了一条切割 20 个线条的线。

“显示的哪个柱子最高，哪里就是瓶颈了。”Nelson 先生说道。

“哦，这就是瓶颈工位。”

“我们现在先计算一下**平衡率**。平衡率的计算大家都会吧！”Nelson 先生在海报纸上写下了平衡率的计算公式。

提示：

平衡率计算公式

平衡率 = 各工位工时之和/(瓶颈工位工时 × 工位数) × 100%

学员们拿出手机很快就计算出来了。“平衡率是 62%。”

“好。平衡率这么低，说明我们很多的作业工时就损失掉了。那要怎么减少损失呢？”

“就是要降低瓶颈工位的工时。”

“是的，我们现在就要对瓶颈工位进行分析。”学员们都围在一起听着 Nelson 先生讲解，“要对瓶颈工位的作业进行分解，并要测出每个分解的作业所需要的工时，这样我们才能了解作业是否可以通过动作经济原则进行改善。”

提示：

作业的分类

1. 实质作业
2. 附随作业
3. 附带作业
4. 浪费作业

Nelson 先生一边在另一张海报纸上画着图（见图 5-3），一边说着：“每个作业都可分为实质作业（A）、附随作业（B）、附带作业（C）和浪费（D）。”

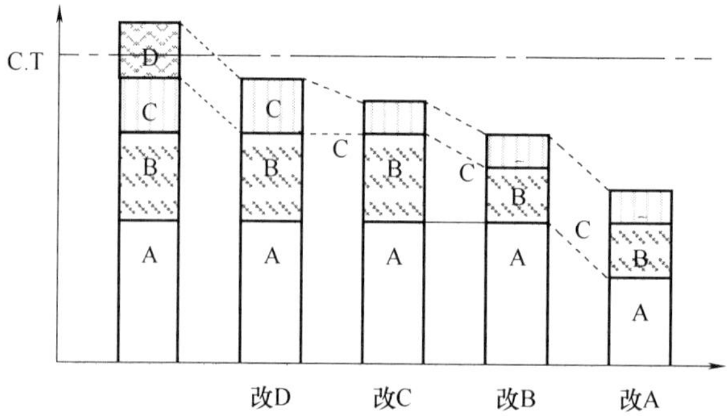

图 5-3 要素作业的改善顺序

“实质作业是指操作，产生价值的作业。附随作业是指检验、搬运、储存的作业，不产生价值，但又是不可少的作业。附带作业是指非重复性作业，例如换模、换线、物料补充等的作业。最后浪费是指等待的作业，可立即消除的作业。”Nelson 先生解释着图中的每个作业的意思。

“哪些作业容易改?”Nelson 先生试着问学员们。

“肯定是浪费啦。”其中有学员答道。

“没错。首先我们要改的是浪费作业，这部分最容易改；其次是改附带作业，这部分的作业要尽可能地减少，可交由专人处理这些不重复的作业；再次是改附随作业，最后是改实质作业，这也是最困难的。”

Nelson 先生尽可能详细地讲解着，由于时间关系，第二组的学员没有来得及试作，但 Nelson 先生布置了课后的作业“山积表的应用”。

一周后，去现场对上一次课的山积表的应用进行了检视，其结果惨不忍睹，令 Nelson 先生有点失望。

生产线上所贴的山积表标示 T. T 为116 秒，平衡率为92%，瓶颈工位第12站。但实测数据与张贴的数据明显不符。先看平衡率，工位中工时最低 55 秒，最高 125 秒，平衡率根本不可能为 92%。再看瓶颈工位为 125 秒的第 11 站。最后看 T. T，生产看板上排配换算 T. T 为 90 秒。

Nelson 先生看了极其不满，他心里很清楚现在的管理系统还是有形无神，总监相信课长，课长委任组长班长。高阶层主管似乎是被低阶层干部在“管”，NP 集团正在精益之路上蹒跚学步。

小 结

标准作业有三要素，就是 Takt Time、作业顺序以及标准的手持量。标准作业是以人的动作为中心，能够反复的作业。

没有标准的地方就无法区别正常、异常，所以也就没有改善的可能。但标准作业并不是一成不变的，标准作业是活的东西，为了使标准作业能顺利执行，不论是标准作业的制定者或被要求遵守标准作业的作业者都可以提出改善意见，并根据改善成果去修订标准作业。

5.11 自动化技术设备

有关自动化设备，在生产制造业中，已经运用得相当普遍了，特别是在这个能源材料及薪水飞涨的年代。虽然人们使用自动化的设备一方面是为了替代人无法完成的作业，另一方面也是希望能降低生产的成本。但纵观众多使用自动化设备的工厂，大部分的自动化并没有真正给工厂带来成本的节约，就如同在 NP 集团的现场一样。

在焊接生产现场，Nelson 先生看着机器人不停地定位焊着管材，时时冒出星星火花。当机器人焊完后，机器人就停止工作，工人忙着将焊好的产品拿出来，再把要焊的产品放到夹具里。然后，工人再拿着焊好的产品来回地检查一遍，检查完后放到另外一边。

“我们正在开发更好的治具，以提升机器人的利用率。”跟随在一旁的蒋副总监看着效率低下的机器人说。

“嗯，机器人的利用率不高，可以再提升。”Nelson 先生应道。“这里一共有多少台机器人?”

“就只有这 5 台，您现在看到的这些。”

“哦。产品的品质状况如何?”

“产品的品质还算好吧。”

“一次通过率是多少?”

“呃，这个要看一下报表才知道。不过平均的一次通过率大概在 95% 。”蒋副总监已经开始发慌。

“哦，都有哪些不良呢?”

“呃…”这一次的拖声更长了，“主要不良是虚焊吧。”

Nelson 明白，在焊接这个工艺里，除了虚焊外，还有一些不良的现象，对于蒋副总监的回答，他是不太满意的，只不过，他没有再问下去，怕咄咄逼人的问话会引起太多的尴尬，对于下属的要求，还是要慢慢地培养，总要留个台阶给人下吧。

“在引进设备之前，都要进行评估分析，比如说，人机的操作分析，投资回报等。这个有做过分析吗?”Nelson 先生耐心地问道。

“确实没有。我们只是觉得引进设备一定会提升效率就去买了，至于能提升多少，没有正式地计算过。”蒋副总监回答得有些不好意思。

当然，对于买回来的设备，他们更不会动手去改装了，即使它用起来并不如我们所想象的好用。

然而在丰田，因为他有着与大众不同的想法，他把对于品质的要求加入到了自动化的概念中，因而也称其为能自动判断品质的带“人”字旁的自働化。

自働化是指在生产的过程中内建品质管控或防止错误(Fool Proof)，同时，也指作业与设备的设计使员工不会被机器绑住，可以自由执行创造价值的工作。在生产过程中，每台机器不需操作者持续监控也能自动运转。一旦发生异常，如刀具损坏，机器会自动停止运转，以避免有缺陷的产品传往后道工序。也就是说自働化可以将问题显在化，防止生产有缺陷的产品，操作员可以同时操作多台机器。自働化包含的内容有：一出现问题便自动停止、安灯、人员与机器分离、防错、品管、追求问题解决的五个为什么。自働化也被称为“智慧”自动控制，因为与全自动化相比较，这里更注重的不是产量而是品质和“自运行能力”。

> **提示：**
>
> 自働化与自动化
>
> 1. 自働化：“智慧”自动控制。
>
> 2. 自动化：当遇不良时，设备不会自动停止，而是继续生产。

在丰田还有一种着着化的产线更让我们为之惊叹，它投入成本低，但效率高。所谓的**着着化**，就是利用“廉价自働化”让自动机器进行：起动、加工、弹出、送到下工程等动作要素，让人只进行简单的安装的动作，通过这种制品加工方式建立顺畅的生产线，这样的生产线就是着着化生产线。

> **提示：**
>
> 着着化
>
> 利用“廉价自働化”让自动机器进行：起动、加工、弹出、送到下工程等动作要素，让人只进行简单的物料安装的动作。

我们距丰田的“自动化”还很遥远哪！

小结

在大部分人的观念中，自动化意味着高产。然而在多样化需求的今天却有着不小的尴尬：不开机折旧高，开机损失高。所以在引入自动化的时候要做全面的评估分析。

丰田对于自动化有着与大众不同的想法，他把对于品质的要求加入到了自动化的概念中，因而也称其为能自动判断品质的带“人”字旁的自働化。

5.12 提升物的效率

现场的效率由四个体系组成，分别是物品体系的效率，设备体系的效率，人员体系的效率，问题解决体系运作的效率。丰田生产方式中的一大支柱 JIT，就是强调物品体系效率的最高化，为了实现 JIT，产品在流程中必须要减少停滞的时间，不管是什么样的生产模式都一样要遵循物的流动化的原则。所以现场的物的管理，就是要使其停滞时间越短越好，总体数量越少越好。搬运的距离越短越好，搬运的频率越高越好，标示越清楚越好，总之就是越顺畅越好。

> **提示：**
>
> 现场的 4 大效率
>
> 1. 物的效率
> 2. 设备的效率
> 3. 人的效率
> 4. 问题解决的效率

舵主训练现场，Nelson 先生正带领着舵主们走在仓库里。“物品停滞会发生在哪些地方呢？”Nelson 先生一边看着满满的仓库，一边问道，“温课长你来说说看。”

“物品停滞会发生在，比如说仓库啦，线边的集结区啦。”

“还有没有其他地方呢？Tony 你来说说看。”

“我们通常可以看到物品停滞的地方有除了刚才温课长说的仓库，集结区外，还有生产线内的停滞。如果要讲得清楚一点的话，我们可以把仓库划得更细一点，可以分为成品仓库、半成品仓库、物料暂存区，我们这儿叫物料集结区。”

“很好，我们为 Tony 鼓励一下。”Nelson 先生每次都不忘记给下属以鼓励。“物品发生停滞的地方，刚才 Tony 已经讲得很清楚了，我再来详细讲解一下。”

Nelson 先生花了十五分钟，详细说明了物品停滞的地方以及为什么会产生停滞：

第一，完成品的仓库。因为客户需求的产品是批量搬运，而不是生产一个就搬运一个，因此先生产出来的产品必须在完成品仓库中等待着他的伙伴，等时间到了，伙伴们都齐了，再一起乘车前往客户家。

第二，存在于各工段之间的半成品仓库中的半成品库存。这些半成品库存的存在是因为前后流程的生产速度不一致、生产场所不一致或生产时间的不一致而产生的，如果按照单元生产的思想，如果我们能做到将产品生产的所有流程全部集中在一起并连接起来生产，做到彻底的单元生产，就不需要这些半成品仓库了。工段就变成了工序，整个产品的生产没有了分段。如果生产的速度不同，则采取时而分流时而合流的流程来应对，这些半成品仓库会因之而消除。

第三，在半成品仓库和生产线之间，有一块空间叫作物料暂存区。它是用来摆放从仓库出来准备送上生产线的产品，需要在这里做分类、分线、数量的分装，因为从仓库领出来的产品是一次就够做半天的，半天才能做完的东西不能一次都放到生产线上去。这里还有从生产线出来准备进入仓库的产品，也是在这里做集合，再统一入库，这个暂存区域是为了减少物流人员的搬运频率而设置的，因为要减少搬运次数，所以只好一次搬很多，很多生产管理者说要把物流人员省下来放到生产线上当作业员使用，这样既可以减少搬运的浪费，也可以提高生产的效率，可谓是一举两得，这种逻辑听起来好像非常有道理啊！但是按照精益生产单元生产方式的原则，要实施高频率、小批量的搬运，与这种逻辑刚好对立。我们要求按照区域、产品型号或者相同或相近的料号进行物流的配送，而且每种物料每个班至少配送 8 次以上。之所以要这样做，减少堆积的产品数量，缩短生产的前置时间固然是重要的追求目标，更重要的是，因为减少了产品的堆积，制造流程中存在的各种问题将会被暴露无遗，让人们能及时地进行问题的解决，保证流程的顺畅。这种益处比起省几个物流人员而言，实在是天壤之别。

第四，在生产线的线头设置了来料店面，线尾设置了完成品店面，用来容纳生产线要使用的和已经完成生产的一段时间的产品。物流者为了省事，将半天的物料直接从暂存区一次性地搬运到线头店面，以便让他们多一点自己可支配的时间，如此一来，站在生产线中，只能看见成堆的产品，既无法看到作业者的作业状况，也无法看到生产的实际进度，更看不出正常还是异常。这违背了标准作业中的基本规则：以人为中心。作业者是有思想的，作业环境的舒适与否会对生产效率和产品品质产生直接影响，当他们看到这如山的作业任务摆在眼前，心理压力可想而知，于是他们要么为了速度不顾品质，要么这些物品占据了他们的作业空间而令他们无法做到最好。作业的生产线上必须清爽整齐，绝不可以像菜市场，污水中长不出好鱼，烂环境也绝生产不出好产品。

第五，在生产线内的各工序中，在前后工序的生产速度不一致的地方。这些地方发生产品的堆积，产生 WIP，有些管理者认为这并不影响总体的产出速度，是正常的，大不了堆多了时找别人帮一下忙就可以了。

“除了物的流动，物的状态也很重要。” Nelson 先生依循着与物相关的主题，继续讲解，“我们必须要营造看得见，看得懂的现场，这样才能实施有效的管理。”

物的状态有哪些情形呢？

提示：

物的四种状态

1. 停滞
2. 检查
3. 搬运
4. 加工

第一，不管是生产线上，暂存区，还是半成品仓、成品仓都放了很多不知道的东西，除了知道是用箱子包起来的产品之外，其余一无所知，经过调查询问，结果有的是报废了，有的是待重工的，有的是待检查的，有的是生产过多客户不要的（呆滞品），有的是…反正是五花八门，无所不容。

第二，除了产品以外，包装箱和包装盒也会让人防不胜防，因为为了搬运的方便，基本大多数包装箱、盒的外形基本一致，只在容纳产品的部位进行区分，总会发生用错、取错、装错、贴错、搬错、多种产品混合包装的现象，使管理者非常烦恼。

第三，设备、机器、工具、治具、夹具、仪器等都属于现场的物品，这些东西经常会影响现场的作业环境，如果不加以整理、整顿，并且明确标示，会影响作业者的效率甚至导致作业不安全。

要提升物的效率，就可以从这些方面去考虑。

小结

现场的效率由四个体系组成，分别是物品体系的效率，设备体系的效率，人员体系的效率，问题解决体系运作的效率。丰田生产方式中的一大支柱 JIT，就是强调物品体系效率的最高化，为了实现 JIT，产品在流程中必须要减少停滞的时间，不管是什么样的生产模式都一样要遵循物的流动化的原则。所以现场的物的管理，就是要使其停滞时间越短越好，总体数量越少越好。搬运的距离越短越好，搬运的频率越高越好，标示越清楚越好，总之就是越顺畅越好。

第6章

如何推动企业内外自主研

只埋头在家里苦干是不行的，需要适时地到外面去取点真经回来。社内外的自主研习，就是一个很好的机会。内部自我学习，外部参照学习，互相进步。

Nelson 先生的人脉为其带领团队外出学习，提供了有力的支持。他们到底去哪里学习了，又是怎样学习的呢?

6.1 精益之旅

随着对公司的熟悉，时间也在不知不觉中流走。Nelson 先生来公司已经三月有余了，有返台探亲的假期。一般情况下，在台资企业台湾干部都会有这项返台探亲假的福利，间隔一段时间就可以返台一次，在这个港资企业中 Nelson 先生也争取到了。所以返台，对于 Nelson 先生等这些漂在大陆的人来说，是一个非常不错的福利，不仅可以定期回家看看久别的亲人，也可以会一会老友。

每次返台，Nelson 先生都会回味那一次的“精益之旅”，他将生活中的点滴与工作中的点滴整合在了一起，用生活化的例子来解释精益中的相关概念，时而兴起时，讲给他的信仰者们听。那是在 2011 年 8 月 12 日返台一周的旅途。

第一天晚上在家门口走走，尝一尝家门前的那个老妈妈做的小吃，几十年不变的美味且分量足的便当，这是他非常喜爱的家乡美食。还有那家乡味浓浓的 coffee，浓郁芳香，再加上一盘小点心，让人心情愉悦。

次日的清早便开始了一天的旅途，去看望南部家里的老父亲，陪他说说话，到田地间走一走。这是每次返台必定的行程。Nelson 先生先从家里租车到达火车站，到车站买了火车票后，还有时间就去麦当劳买了早餐汉堡，在进火车站的便利店里买了报纸及饮料。进火车站如同地铁一样，可以自动验票，验票完成后，走到第二月台等待火车的到来。火车准点到达，找到第 10 车厢 18 号座位安静地坐下。Nelson 先生很喜欢坐火车的感觉，不仅仅可以看看一路的风景，感受春的碧绿，夏的鲜艳，秋的成熟，冬的期盼；还可以安静地想想工作时忙得没时间想的事；甚至可以带上一本书吸收一点新的知识，与时俱进。火车开动后，拿起报纸，喝着饮料，很惬意的旅途。翻完报纸，翻看起精益中国出版的书《精益的一天》，3 个小时的车程终于结束了，经过检票口出了车站，在车站门口排队等待出租车（排队论）。搭上了 taxi 后，经过约 15 分钟到达老父亲的家。这一天的旅途中，有多少精益的概念在里面呢？

首先是物流系统。

（1）定时不定量的搬运——租车 & 火车

定时不定量是指固定时间去搬运物品，但物品的量不确定。

从家去车站，约 15 分钟的车程，Nelson 先生预约了车，定时定点送他去火车站，这在物流中可以称为定时不定量的搬运。另外，从 A 站到 B 站，坐火车约 3 小时的车程。火车的运送是定时不定量的搬运。

（2）水蜘蛛搬运——火车

水蜘蛛日文称为 Mizusumashi。水蜘蛛搬运是指在车间内进行小批量高频度物料配送的人员，水蜘蛛型物流员、搬运工。

火车每天围绕台湾行走，定时输送着不定量的乘客，这种系统叫作水蜘蛛搬运系统。

（3）不定时不定量的搬运——打的

下了火车后，打车去父亲家。去的时间与数量都是不确定的，对于打的系统来说就是一个不定时不定量的搬运。

其次是生产系统。这里涉及了两种生产方式及各项管理方法。

（1）Cell——卖车票窗口、卖报纸便利店

Cell 是单元细胞的意思，又称小区分、小部屋。它是一个一个生产，产品是一个流的流动，所以 Cell 可将生产批量极小化。

清早车站的人流量较少，所以卖车票的窗口也相应地减少，这与 Cell 的本质是一样的。Cell 可以适应各种不同的生产能力，同时也可以多品种地生产——卖不同地方的票。

卖报纸的便利店也是一个 Cell，顾客买什么，店员就拿什么，多能工化。

（2）一个流——ATM 机取款

一个流，英文称为 one piece flow，意为产品一个一个流动。

大家一个一个排队在 ATM 机上取款，就如同一个一个产品在经过某一个设备一样，一个一个流动。

（3）看得见的管理——月台

看得见的管理是指一些标示信息的明示，当然其做的程度不同，管理的水平也就不同。

看得见的信息可以说随处可见，如月台的标识号码、火车车号、火车的到达信息、当前时间等。这些都是提醒乘车人注意的信息。

（4）店面——车站等候区

店面是指零件或成品暂时存放的区域。

由于火车是定时开的，所以应对乘客到达车站的时间不同，需要有暂时容纳的地方，车站等候区便如同生产线前面的材料店面一样。

再次是仓库的管理，仓库管理系统，指定席与自由席。

（1）指定席——座位

指定席用于仓库的管理，是指仓库中规划好储位，每一个储位对应放某一种固定的产品，如果暂时没有该产品，则该储位就空着。

火车上每个座位都有编号，每个乘客的车票上也标有相同的号码，所以每个乘客必须对号入座，这与仓库中的某储位只放某产品是相同的道理，这种就叫作指定席。

（2）自由席——过道

与此相对的，那些没有座位的乘客也就是只买到站票的乘客只能站在火车的过道上，他们可以自由地选择站在何处，这过道就如同仓库中的自由席一样，不管是什么产品，只要有空的位置就可以占用。

最后是有关自动化。

自动检查——自动检票机、ATM 取款机、电话亭

自动检查是指设备生产时能自动辨别产品的好坏，当产品不良时，自动停止生产。

自动验票机就如同生产线上设置的自动检查站，当票面信息与到达站点不符时，会发出警报，并阻止乘客通过——防止不良流出。

ATM 自动取款机也是一样，如果输入的密码错误，就会阻止下一步的动作。

电话亭打电话，电话机会自动识别储存卡里的余额，如果余额即将不足时，会自动提醒，并在余额用完后自动切断电话。

回忆总是美好的，有人说如果你开始喜欢回忆，说明你已经老了。但这种回忆，Nelson 先生并不认为是老的缘由，而是他对精益的执着追求。

同样，这次假期，Nelson 先生已经安排好了行程，再次体验这样的“精益之旅”。先回南部看一看年迈的老父亲，做一个孝子；去北部看一看一对儿女，做一个称职的父亲；再与老友们喝茶聊天，交流学习经验，充实一下自己。除此之外，Nelson 先生此次返台，还特意安排了一项活动，参加丰田供应商的自主研。

小结

我们的生活中无不体现了精益思想与精益技术的运用，只要你足够用心就能体会到。这也是精益思想在非制造业的运用。

6.2 重温丰田到供应商的自主研

离开台湾丰田汽车公司已经有很多年了，对于现在他们的 TPS 推动到底到什么程度，也不太清楚了。是停留在原地，还是又提高到了另一个层次，Nelson 先生很想回去看看。

机会也总是这么眷顾 Nelson 先生。又到返台期，Nelson 先生除了看望父亲与儿孙外，还接到朋友的邀请参加丰田到供应商的自主研。

提示：

自主研

指个人或者团队在主管指定的方向上，通过自己及团队的力量去解决问题，不仅有课堂的训练，且课后要自己研究课题，有自己研究的意思。

自主研 英文名称为 Take Initiative，日文为 Jishuken，中文全称为丰田生产方式自主研究会，其与一般的研修有着本质的区别。自主研是指个人或者团队在主管指定的方向上，通过自己及团队的力量去解决问题，不仅有课堂的训练，且课后要自己研究课题，有自己研究的意思；而一般的研修是指课堂训练，训练完后就结束了。

这家供应商是丰田的供应商，自然经常与丰田交流，其自主研的形式也是与丰田的一般模样。它是做电镀工艺的，对于生产的环境要求非常高。电镀工艺对工件的表面清洁度要求高，我们可以想象出电镀车间的环境，但同时也担忧电镀的电化学过程中会导致车间的气味难闻。

现场自主研的发表，选择在其中的一个电镀车间，参加人员围绕着白板站成一圈。Nelson 先生走在人群中，用其犀利的眼光不时地左看右看。白板上有序地贴着 **A3 报告**，改善题目醒目，基本上每个类型的改善挑一个展现，每个改善都有改善的着眼点。Nelson 先生回想着当年亲自辅导供应商的情景历历在目。

> **提示：**
>
> **A3 报告**
>
> 指的是丰田公司在现场改善、技术研发、市场调研过程中，以图形呈现 PDCA 步骤在一页 A3 纸上，使高层管理者快速掌握问题情况，并正确快速地进行决策。

自主研开始，现场报告人员按照自主研既定的程序进行着。报告人员指着白板，以极其富有感情的状态发表着本次自主研的主题成果与改善的过程，一个主题接着一个主题地报告，链接得如此完美。Nelson 先生仔细地看着，认真地听着，珍惜着每一次这样的交流机会。

现场参观，大家紧随着发表人员。每个改善之处，都有记录，发表人员都能很好地清楚讲解。

印象最深的要属电镀生产排程管理板。生产排程管理板放在车间中间，上面依产品类别，依时间别设置，不同的时间别内放置着生产看板。看板上的数量比我们通常想象的要小，可以说是小批量的平准的投入电镀。上挂区的材料店面 WIP 最小量化。上挂作业依生产看板进行，流程及参数计算机化，防刮及生产效率提升做得很好。虽然在大陆人工费较台湾便宜些，但损失工时多，不良率也较高，整体效益很难说。

所到之处，无不体现了改善的痕迹。大家的交流与互动可以堪称完美。

Nelson 先生回味着过往，这才是 TPS 的应有之姿。

小 结

不断地与外界接触，才能了解更新的发展动态；不断地温习过去的知识，与新的发展融合，才能提出自己独到的见解。自主研是一种交流与学习形式，其重要的不是形式，而是坚持不懈的毅力，永远向上的学习态度。

6.3 参访老东家台湾 Toyota 国瑞汽车公司

参加完丰田到供应商的自主研，Nelson 先生又在老同事的带领下，参观了老东家台湾 Toyota 国瑞汽车。刚才已经被丰田供应商的现场打动了，现在更是对丰田自身的管理效率赞叹不已。

这是多么熟悉的地方啊，Nelson 先生曾在这里工作了二十多个春秋。车间的布置与 Nelson 先生离开时相差不大，但是其深入人心的改善文化让车间永远都在不停地变动着。

参观时恰好看到了供应商送料过来。供应商基本上没有人指引，直接就将物料送入指定的地点。取看板，交换看板，放物料，回收到车上，一步步有条不紊地进行着。钢板都使用了颜色管理，以保证 FIFO（First In First Out，先进先出）。Nelson 先生看着，笑了笑，他心里知道，除了丰田还有多少家公司能做到如此呢？

“这些改变，有你不少功劳呢。走，去车间看看吧。”老同事对 Nelson 先生说。

他们一起走上了参观通道。Nelson 先生已经记不清有多少次走在这个参观通道上向来参观的人们介绍丰田的生产方式，如今自己又回到这里，却变成了一个参观者。有一点感叹，颇多的感慨。

提示：

指差呼唤

指人员作业每一步骤都会用手指指示确认后再作业。

Nelson 抬头望去，在每个十字路口，不管是小车驾驶人，还是人行员工，都会伸出手指，确认是否安全，是否可以通过。这个是行为习惯规范，非常好的意识！同时它有个名称叫**指差呼唤**。

从参观通道看整个车间，物流人流线条清晰分明可见，只是中间多了一些站点。

Nelson 先生指着那些站点问道，“那些点是做什么用的？”

“那些站点是我们的供料与取料点，我们已经在去年导入了**AGV**（Automated Guided Vehicle，简称 AGV）供料与取料系统。”老同事很快做出了回应。

> **提示：**
>
> AGV
>
> 指装备有电磁或光学等自动导引装置，能够沿规定的导引路径行驶，具有安全保护以及各种移载功能的运输车。

这时一辆 AGV 正在按照指定的路线行走着，到一个有物料需要输送的成品取走站点，自动停止，需要输送的成品在另一机构下实现了自动转移到 AGV 上，无须等待人员过来搬运作业。原来的人工搬运物料系统已经被 AGV 系统取代，进而减少了大量的人工作业。

“AGV 系统好用吗？”之前 Nelson 先生对于 VGA 有很多的疑虑，也曾听人说过是一个很不实用的系统。

“嗯，很好用啊。当然在导入之前，我们花了很多时间研究与试验，比如说在哪些地方设立站点，采用什么样的运送方式等。”老同事解释道。“而且它使用方便，占地面积少；生产车间的 AGV 小车可以在各个车间穿梭往复。当车间某一环节需要辅料时，由工作人员向计算机终端输入相关信息，计算机终端再将信息发送到中央控制室，由专业的技术人员向计算机发出指令，在电控设备的合作下，这一指令最终被 AGV 接受并执行——将辅料送至相应地点。”

“我们物料的配送不是有三个原则嘛：定时定量，定时不定量，定量不定时。我们知道定时定量要求很高，一般情况下也不容易达到。AGV 我们采用的就是定时不定量的方式。”

> **提示：**
>
> 物料配送三原则
>
> 1. 定时定量。
> 2. 定时不定量。
> 3. 定量不定时。

“嗯，确实不错。”Nelson 先生想着工厂内的物流有三种形式，水蜘蛛搬运、呼叫（Hiya）搬运、直接搬运。AGV 就是水蜘蛛搬运，只是使用 AGV 取代了人。

提示：

物流形式

1. 水蜘蛛搬运：定时不定量。

2. 呼叫搬运：定量不定时。

3. 直接搬运：物料不用换包装直接可送达生产线进入使用状态。

水蜘蛛搬运可称为成套搬运、组合搬运。指按照指定的顺序前往多个前工序搬运指定的物品，每日多次循环进行。搬运的物品数量及种类由后工序的生产需求决定，通常以看板作为搬运物品数量及种类的依据，因此，每次搬运的物品恰好能组合成整数个完成品的零部件的混合体。

而呼叫搬运，需要有相关的配套系统，例如设置能反馈物品需求信息的资讯系统。各工序的设备上应能显示物品的呼叫步骤，当加工物品到达呼叫步骤时，作业者即启动呼叫按钮，发送物品需求信息。各生产工序发送的物品需求信息集中反馈于物品需求信息管理板，搬运者一次仅对一个发出物品需求信息且距离最近的工序店面配送物品，完成配送后，搬运者立即返回物品需求信息管理板前，等待下一次的配送指示。

直接搬运又称为时刻表搬运，指在搬运时能将供应商按照客户的生产时刻表提供的物品，直接投入生产线相应的工序进行生产，无须进行物品的中间储存，也无须更换包装再搬运的一种方法。

回想间老同事说：“还记得我们当初对那个机械手取放过程进行了研究，现在我们已经利用动作经济原则进行了改善，缩短了机械手的运动距离，从而缩短了周期作业时间。”

“记得，记得。”

老同事一边陪同 Nelson 先生一边说着曾经的故事。

Nelson 先生还是非常迷恋这一方曾经工作了二十多年的地方，现在感觉既陌生又熟悉。

小结

Toyota 就是 Toyota，制造成本的严谨控管文化太棒了，钢板库存颜色 FIFO，供应商进料看得见的管理，行进中安全指差呼唤，Karakuri 无动力物料搬运作法，工段间物料叉车、机械手设备的动作经济原则改善，AGV

大量采用取代人力，新人实物教育的彻底化。

Toyota 规划屋顶的参观路线，供学生及各企业扩大学习视野，是企业对社会贡献的一种永续方式，也是企业免费公关与自我宣传品质、良好管理技术的方法。Toyota 的开放式学习，让我们不得不佩服。

6.4 舵主训练结业，堂主训练启动

时光飞逝如烟，半年转瞬即过，半年的训练营结束了，一切都在 Nelson 先生的计划之中。通过示范线的建立过程，Nelson 先生发现真正执行改善的支柱还是要靠中基层的干部，总监毕竟出主意的居多，所以也想借此机会开启中基层干部的训练。现在 Tony 正在召开舵主们的结业典礼发表大会准备会议。

“我们预计 5 月底召开这次结业发表大会，在这之前，我们需要做一些准备。”Tony 一边说，一边打开 PPT。“所以，今天召集大家来，布置一下各单位的任务。”今天来参加会议的人员除了 TPS 推进事务局的人外，还有人资单位派出来的人员。

“舵主们的成绩都很优秀，我们按照当初的分组来进行报告，这些报告，Nelson 先生要亲自看过，在这里我们就不讨论了。今天我们有这么多条任务要分派，我们一个一个来。除了报告之外，首先是主持人。我们要有两位主持人来主持结业典礼。有没有好的人选?”

“我们以前有开过文艺晚会，当时也有主持人，我们可以看看主持人是否可以再让他们来担当?”人资的一位同事说。

“如果有经验的话很好啊，那这个任务就派给你了。”Tony 想就这么定了。

“不是吧，我还不能确定，万一人家已经辞工了呢？或者不愿意呢？我也没有办法。”人资的同事立刻说。

“嗯，这样吧。如果确实没有人选的话，我们是否可以通过召集的方式进行？这还得由人资同事帮忙一下。”

“这可以，我们准备一下。各单位如果有人才的话也可以直接推荐到我这边来。”

“OK。主持人必须提前一个星期找到，因为到时候还要进行排练。”

“好的。”

“谢谢。我们再来看第二条主持稿。主持稿这条就由我们 TPS 推进事务局的小王搞定。我这有参考文件，到时给你。”

“OK。”

“舵主训练营结业，我们计划给结业的舵主们颁发结业证书，所以结业证书还需要采购。这个是结业证书的样式，证书内容等买回来后印上去，并请我们的总经理和总裁签字。”

“这么正式啊！”

“是的。这不仅是对舵主们的认可，也是对我们付出的认可。”Tony 兴奋地说。

“这些可以直接到市场上买就好了，买回来报销就可以。”

“哦，由谁来购买？”

“你们 TPS 推进事务局就可以自己买。”

“好吧，我们自己来买。”

“有关会场的安排，还需要人资同事的协助。我们参与会议的人员大概安排 1 000 人左右，各层级的人员都会安排。所以我想在我们公司可以同时容纳这么多人的地方就只有会堂了。”

“是的。”

“所以，会场借用就要麻烦一下你们了。”

“这个没有问题，我们写个联络单就可以了。我们需要有明确的时间点。”

“好，我们 TPS 事务局会发一个联络单，同时会务的相关设备也要准备好，到时我们会提前去调试彩排。”

“会场上我们需要挂横幅，这横幅也要准备。至于这横幅上的文字，我们再想一下。”

“另外，我们 TPS 推进事务局要将各位舵主的出勤状况要统计出来。因为出勤状况与舵主们是否结业也密切相关。”

会议持续地进行着，直到所有列出的项目都有了责任人，无一遗漏。

会后，TPS 事务局依照会议的条例进行进度的跟进，使得相关事务有序地进行着。

5 月 25 日，一个天气晴朗的日子，下午两点，舵主训练结业典礼在会堂里正在隆重地举行着。

各项准备工作充分完成。会堂布置得很好，两侧的横幅“现地现物自强不息历练，一点一滴坚持不懈改善”高高挂起。入场音乐愉快地响着，随着主持人的一声“舵主训练营结业典礼现在开始”，会场变得安安静静。会议按照既定的程序进行着，首先是由TPS事务局对舵主训练营进行了一个总结。总结报告了舵主们在这半年期间课堂中所学的知识内容，现场活动时的精彩瞬间，以及所有舵主们的学习状况。

再来看看台下的舵主们吧，他们是不是迫不及待地等待着上演了呢？

第一个出场的是A团队，所有成员小组都登上了台。团队的组长代表小组进行发表。

“总裁，总经理，各位主管各位同事大家好。我是何副总监，今天很荣幸由我代表我们小组向大家汇报我们这半年来的成绩。”

每个报告都是依照Nelson先生指导的方式做成的，从选题，组织的建立，目标设定，活动计划，现状把握层别分析，对策拟定与执行，改善案例，改善成果，残留问题，活动感想等步骤展开。其中多媒体的运用，让大家不会感到枯燥无味。

> **提示：**
>
> 报告要领
>
> 1. 选题理由
> 2. 组织的建立
> 3. 目标设定
> 4. 活动计划
> 5. 现状把握层别分析
> 6. 对策拟定与执行
> 7. 改善案例
> 8. 改善成果
> 9. 残留问题
> 10. 活动感想

台下，大家为每个小组的精彩发表热烈地鼓掌。Nelson先生和总裁坐在台下，一起聆听着精彩的报告。总裁偶尔向Nelson先生询问报告中的一些问题点，Nelson先生也回应着。

小组报告完后，Nelson先生起身走向舞台中央。

“今天我们的舵主们结业了，但是他们的任务并没有结束，他们要将这半年来的所学教给大家，带领着大家一起继续改善，所以我对他们寄予了很高的期望。现在他们是一个小组做一条标杆线，接下来他们要各自带领一个团队再做一条标杆线，相信在我们的共同努力下，在我们一轮一轮的改善下，公司的明天会越来越好！”Nelson先生看着台下一双双渴望的眼睛，心情激动。“未来三年，如果我们仍维持目前的生产模式不变的话，劳力密集的产业，必须外移到非洲。创新发明就是人家听完你的 Idea 之后，觉得你是疯子，这才能提升制造能力。所以，值此机会，我也宣布我们的堂主训练营正式启动。堂主训练是我们规划的中层干部培训，我希望每位员工都能接受到系统的培训，让我们拥有共通的思想，达成共识，共创 NP 集团的辉煌!”

掌声热烈持久地响着。

最后，总裁上台致辞。

“今天很高兴看到舵主们如此的表现，让我们再次为他们鼓掌加油!”

掌声再次响起。

“很感谢 Nelson 先生和 TPS 事务局带给大家看到的不仅仅是现场的改变，更是大家思想上的改变。不管大家最初的想法如何，我相信大家经过这半年的历练已经有所改变。虽然我现在看到的只是冰山一角，公司需要我们每一位员工努力地去发现问题，提出改善的方案来解决。相信如果我们每一位员工都这样做的话，我们公司的明天将更加的辉煌，公司回报给大家的也会更多。谢谢大家的努力，公司需要大家共同的努力，需要大家持续的努力。”总裁激昂的演讲让大家的掌声此起彼伏。

随着主持人的“圆满结束”，舵主训练营发表大会终于在胜利的音乐声中落下了帷幕。

这算得上是 NP 集团的一次重要的“表演”，演员们从学开始，历经半年的时间，对所学的内容作汇报演出，而 Nelson 先生就是这部戏的导演。

这可以说是一场训练的总结，也可以说是一个新的阶段的开始。TPS 之路漫长，就如红军的万里长征，需要大家去挑战克服更大的困难，迎接新的明天。

然而正当 Nelson 先生享受这一过程时，总裁办公室里又有人在唱反调啦。此人不是别人，正是新来的 Ben 助理总裁和李副总。此二人是何时走到一起的？又在总裁面前打什么小报告呢？这也难怪“物以类聚，人以群分”。

“这场报告太浪费我们的时间了。”李副总正在抱怨着。

“报告上都是几秒钟的改善，照这样子真能改变我们的现状?”

“我们的舵主们花了很多时间，好像效果没有那么明显啊!”

“好像财务面并没有看到什么变化。”Ben 助理总裁提示说。

刚才总裁还被员工高涨的士气影响得有点热血沸腾，却被这几声冷语瞬间浇灭。很明显总裁开始在摇摆了。

小　结

阶段性的总结是必需的，这不仅能让老板看到这段时间来的成绩，也能让大家感受到学习带来的改变与力量。

培育人才是一个漫长的过程，“不积跬步无以至千里，不积小流无以成江海”，正道出了十年树木百年树人的道理。TPS之路漫长，就如红军的万里长征，需要大家去挑战克服更大的困难，迎接新的明天。

6.5　参加美利达供应商交流研发表

Nelson先生是一个非常好学的人，他认为只有不断地学习新知识，才不会被这个快速发展的社会所淘汰。当地政府安排了首次企业首席质量官任职培训，Nelson先生参加了。参加此次培训收获良多，Nelson先生不仅更新了有关质量管理方面的知识，让他重新深入地思考研究企业的质量管理，例如制造型企业如何利用供应链促进质量改善；同时他还认识了很多其他企业的高层管理者，广交人脉。

地方电视台对Nelson先生作了质量管理方面专访，谈及了他在集团内开展自主研以及现场发生的巨大变化。这个专访同时在多个电视台播出，让Nelson先生的名声也开始远扬。

电话铃声响起。

“喂，总经理，您好！我是美利达S市有限公司的××，您还记得我吗？”

“哦，很高兴能听到你的声音。”

“看到你的专访了，讲得很好啊！不过看起来那天的精神不太好。”电话的一端传来了一阵阵笑声。

“嗯，是的。最近比较累，没有休息好。笑得这么开心，有什么喜事？”

“您上电视就是件值得庆贺的喜事啊！不过倒是有一事相求。”

“什么事？”

“我们公司打算在年底时举办供应商交流研发表会，希望您能派人来参加发表。”

“哦，这是好事，我们需要这样的机会，多多益善。”

“具体时间及需要准备事项我会发通知给您。”

“好的，谢谢！”

美利达公司的供应商3T交流大会在预定的日期举办，Nelson先生派队并亲自带领了一小组成员来到了美利达。Nelson 先生之所以带这一小组成员，他想让他们看一看别家公司是怎么推动 TPS 的，同时让他们代表 NP 集团来参加发表会，也有一种荣誉感。

作为友情参加的 NP 集团代表，被安排在中间环节发表，NP 集团代表们被现场气氛所感染，激情洋溢地发表着他们的故事。

为了这次发表会，他们准备了好多影片、相片资料，包括地方电视台采访剪片，各堂主经过 130 学时的理论与示范线的实践，以及改善的成果。他们把改善过程的精华，呈现于 1 500 人面前，分享给各位主管、员工、供货商与客户。

提示：

推动精益　四坚持三期待

虽然他们在公司内备受改善压力，但仍然全力以赴。正如 Nelson 先生在发表会上所说："我对我们公司**推动精益**有'**四个坚持三个期待**'。

四个坚持是：①坚持造物之前先造人；②坚持现地现物现实；③坚持持续改善，只有更好没有最好；④坚持改善要与财务数字关联，切忌有形无神。

三个期待是：①期待品质改善速度赶上客户要求的水平程度；②期待人的效率提升速度赶上涨薪幅度；③期待推动 TPS 供应链自主研。

我想如果我们都能这么认同，相信未来的精益之路将不会那么艰辛。"

此次的发表会使人振奋，这是他们未曾想到过的事件之一，令他们终生难忘。发表的改善技术资料具体、深入、务实、多样化，搭配现场改善实例说明，对参加者而言可谓收获良多。最后大会预定了半年后发表的单位，依照这样持续改善的模式，加上 TOP 莅会讲评及协助解答问题，这是制造业推动 3T，非常成功导入供应链体系的案例。

半年后，美利达的代表们也来 NP 集团进行了第二次参观，总体评价比第一次时多了肯定，尤其是现场的变化很大。

小结

发表大会的改善技术资料具体、深入、务实、多样化，搭配现场改善实例说明，参会者有收获；TOP 参与讲评及协助解答，并预定下期发表时间及单位，这是持续改善及成功推动 3T 的一种模式。

第 4 篇

降本提效的管理技术

造人的过程也是精益改善的过程，通过边学习精益技术及手法边进行改善。改善涉及企业的很多系统，例如品质保证系统、供应链系统、经营管理系统、IE 系统、人资系统等。对于不同的企业，他存在的问题不同，即使相同，其存在问题的程度也有差异，所以要对症下药。

第7章

如何展开品保系统改善

为某品牌代工组装的F科技集团总裁对品质的定义可说一针见血："品质是价值与尊严的起点，也是公司赖以生存的命脉。"足见品质对一个公司的影响力。他的另外一段名言则是："品质就是客户愿意用两倍的价钱来买我们的产品，而且还很高兴。"好的品质就是要让客户拥有你的商品时感到很有尊严，在亲戚朋友面前觉得很有面子。它是一种精品，能让人的内心充满快乐，会让人有喜悦的感觉。

在NP集团遭受品质危机严重抱怨时，Nelson先生做了哪些事进行品质改善呢？

7.1 品质危机严重抱怨

在舵主训练进行的同时，Nelson先生发现因品质问题影响交货的占比也不少，特别是在B客户抱怨后，连同客户自己都亲自跑到我们的工厂里来了，更觉事态的严重。

B客户是NP集团最大的客户。公司生产的儿童汽车安全座椅产品出货到B客户美国公司抽测后发现有功能不良现象，客户立刻反馈回来，NP集团内相关人员就立刻开始寻找原因进行改善。不能说NP集团内没有重视，连总裁都参与了进来。总裁花了上千万港币请外面的咨询顾问辅导，希望从原料来改善儿童汽车安全座椅功能不良的问题。总裁希望透过各种手段，来尽快解决儿童汽车安全座椅重大品质的问题，然而改善并没有快速有效地防止不良事件的持续发生。儿童汽车安全座椅的退货已经超过了6个货柜，AP01生产线不得不停了下来。

两个星期前B客户美国的供应链总监Monica，飞到了亚洲，专门与公司召开儿童汽车安全座椅的品质会议。

Monica一开始就有些激动，“现在儿童汽车安全座椅品质不良问题改善的怎么样了？我们已经快没有货交给我们的客户了！”这一声足以让整个NP集团震惊，客户都抱怨到自己的工厂来了，这还不严重吗？

品质总监Q向Monica讲述了改善的过程，但结果是令人不满的。毕竟这件事已经严重影响到客户自己的交货了。

“以后每周二周四晚上七点十五分报告AP01线的进度。我会派我们的工程师来协助你们共同改善。不过这费用需要你们来支付。”

面对客户的宽容，我们还能怎么样呢？要不是客户看在合作多年的份上，我们早就被踢走了，哪还有机会让客户带着我们去改善。

客户的工程师进驻了，立刻要求NP集团成立儿童汽车安全座椅品质改善团队。团队本就已经成立，只是平时有些散乱，没有方向。客户的工程师带领整个团队，利用两个晚上进行鱼骨图分析。经过筛选，直接要求NP集团的模具工程师进行修改模具，并主导**DOE**实验。改善依旧在进行着，似乎已经发现了改善的方向。改善需要科学的方法，而不是盲目的猜测，否则就既花精力花金钱也得不到想要的结果。客户的工程师的能力很强，我们的工程师能力可以企及吗？

> **提示：**
>
> DOE
>
> Design Of Experiments，实验设计。一种安排实验和分析实验数据的数理统计方法。

前天B客户CEO也来到了公司，并专程到注塑部查看工厂的运作，当然重点也是儿童汽车安全座椅的重大品质事件。市场部马总监和Nelson先生陪着一同前往。

现场正在试模，改善团队们正在努力检讨。看到B客户CEO后也没有停止下来。

B客户CEO站在机台旁边问道：“**QC工程表**呢？”

“注塑机及模具的日常维护表呢？”

> **提示：**
>
> QC工程表
>
> Quality Control Sheet，是指依客户的需求来制作的如何管制各零件与制程的工程表单。

"SOP 呢?"

……

他提出很多问题，市场部的马总监一边忙着应对，一边忙着让人准备 CEO 提问时需要用到的资料。现场有些忙乱，找一个资料要很久才来，完全应付不过来的架势。这些情景 Nelson 先生不知道看到了多少次，上一家服务单位，供应商那里，眼前正在发生的。不管是在哪家公司，如果没有做好资料的整理，做到看得懂的管理，是很难轻松应对的。现在舵主训练才刚刚开始，有些基本功还没有做好，Nelson 先生心里也急着需要加快改善的步伐。

B 客户 CEO 并没有抱怨什么，最后提出了一系列的要求，如儿童汽车安全座椅本体，底座的生产一定要接 **RJG、Flow Con**，一定要称重等。这些让 Nelson 先生确实感受到了客户高层管理的细腻与对此事件的重视程度。

> **提示：**
>
> RJG、Flow Con
>
> RJG：油压型注塑机用于精密度高产品、需追溯制造参数条件时，所外加的计算机储存系统设备，屏幕可目视化监控各种生产参数，绘出实际与标准值图形曲线差异。
>
> Flow Con：计算机流量控制器，注塑时通过控制通过模具的水流量来控制模具温度，也会用 flow controller 表示。

Nelson 先生曾经是某公司的品质长，对于品质的重要性，他比任何人都清楚。对于客户的要求、投诉，甚至是无来由地数落，都得小心翼翼，热心处理。责任与压力巨大，心理也备受煎熬。

Nelson 先生一直谨记着这句有关品质的名言，他出自一位代工王的总裁之口，"品质是价值与尊严的起点，也是公司赖以生存的命脉。"

NP 集团当前正面临着重大的品质危机，儿童汽车安全座椅的品质事件严重影响到了公司的声誉及生意。虽然儿童汽车安全座椅的品质事件存在着技术上的不足，但是不管是由哪方面引起的品质不良事件，都不允许。因为品质信用一旦掉落下来，无法快速恢复，甚至会一蹶不振。公司也会面临被并购的危险，要挽回顾客印象是很难的，很花时间的。还记得 2010 年丰田汽车召回事件吧，几乎全世界的人们都知道了产品缺陷，丰田召回了多少汽车要花费多少返修费用，社长面对着多大的压力来多次召开记者招待会道歉。尽管丰田做出了快速的应对措施，但重要的事是人们对它的品质还信任吗？

为了要做好质量，提高产品质量，提高全员的质量意识，Nelson 先生让品质总监 Q 在一次早会上作了关于品质要求的报告。

“大家还记得 Nelson 先生在舵主训练时给我们看的有关海尔冰箱的影片吗？海尔人最初对于品质意识多么薄弱，做好的产品不是螺钉没有锁紧，就是焊接没有焊好，不是这儿有个坑就是那儿有道痕。在那个年代是海尔的执掌人用其震慑人心的手段换回了海尔人对品质的卓越追求。那我们现在呢？我们生活在一个人人对品质要求严格的时代，我们每个人的品质意识难道还没有海尔人强？”

邱总监一边讲一边打开投影片，投影片上正显示了他与 Nelson 先生制定的质量宣言：

1）质量 = 人的质量 + 产品质量。

2）质量是 NP 集团的生命。

3）质量做不好，我们都会失去工作。

4）不接受不合格品、不制造不合格品、不流出不合格品。

待邱总监说完，Nelson 先生接着说：“我没有海尔的那股疯劲，将自己的产品砸了，但是我希望可以通过软文化来改变大家的品质意识。以上四句关于质量的宣言，请班长以上主管打印出来，张贴在自己的工作岗位上。每天开早会的时候，在场的最高主管带领所有成员在会后举手高喊四句口号一次才能散会。”

在此前，Nelson 也没有想到自己也会被逼着用到这种最为原始的手段来改变人的意识，现在不得不这样做了。

“今后对于客诉的内部管理，我们也制定的相应的惩罚规定：

1）因为质量不良，造成客诉并发生赔偿，不论金额大小。

2）因为质量不良，影响营销额。

3）因为质量不良，丧失客人，丢失订单。

凡发生以上三种情况者：当事者开除；上一级主管记大过两次；上二级主管记大过一次。管理部会将这些规定制成宣传单，张贴在车间办公区域。”

“在座的每一位，都是质量的保证者。希望把我的这些话，带给你的部属。NP 集团的未来就要依靠你们了。”

一句句话，压得大家喘不过气来，个个神情凝重。Nelson 先生知道，虽然惩罚是不得已的手段，但是在非常时期也是管用的。

客户对产品或服务不满而打电话或发邮件进行投诉时，客户投诉的处理要非常明快，否则就可能失去某些客户。多数企业设有专门的客服部门，来处理客户对产品或服务不满的各式各样的抱怨。

客户投诉发生时，客服部门忙得焦头烂额，其他单位却置身事外，认为处理客户投诉只与客服部门有关，以至于影响客户投诉处理的速度与公司信誉。

一旦发生客户投诉，应实时明快处理，以挽回客户的信心。除了运用谈话的技巧、和善的态度，耐心倾听，安抚客户的情绪，消除客户的抱怨与不满，更重要的是能够达成客户的期望，不再生产不合格产品。

针对客户投诉的产品，在改善的过程中应建立一套专门应对的机制。

提示：

应对客诉机制

1. 快速分享客户投诉信息。
2. 召开紧急会议，组建项目团队。
3. 资料收集整理。
4. 问题分析及对策。
5. 进行改善并跟进。
6. 当处理无效时应更深入地进行探讨。

1. 快速分享客户投诉信息

客服部门接获客户投诉后，立即将相关信息进行分析整理，通告各相关部门。

2. 召开紧急会议，组建项目团队

由客服部门召开紧急会议，以品质工程师为负责人，组建项目团队。成员包括该产品相关的工程、生产、品保及供应链等部门人员（例如：制造工程师、品保品质工程师、生产技术员、生产排配人员及交货管理人员等）。

3. 资料收集整理

团队成员分头进行重大品质异常报告表单中所需数据的收集整理，力求资料的正确性与真实性，以利后续的问题分析。

4. 问题分析及对策

改善团队需对客户投诉品质问题的件数、DPPM、造成的报废率进行分析，对问题的种类、部位、班别甚至工位进行细致的追踪。

依照制程品质问题分析逻辑，如图 7-1 所示：FQC 提供抽检数据，IPQC 提供稽核记录，OQC 提供批退记录，全检人员提供项目直通率状况，IQC 提供来料数据，分别制成推移图，作为团队进行改善的依据。

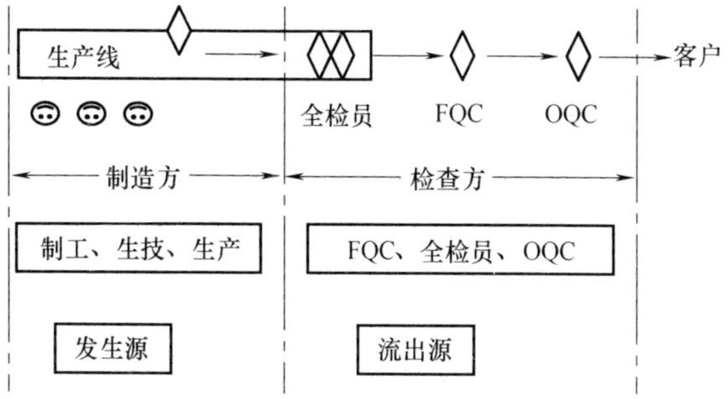

图 7-1　品质问题分析逻辑

5. 进行改善并跟进

改善团队应定期定所召开会议，如图 7-2 所示。视不合格现象的影响程度，决定解决的优先级，采取暂定对策或永久对策以解决问题。

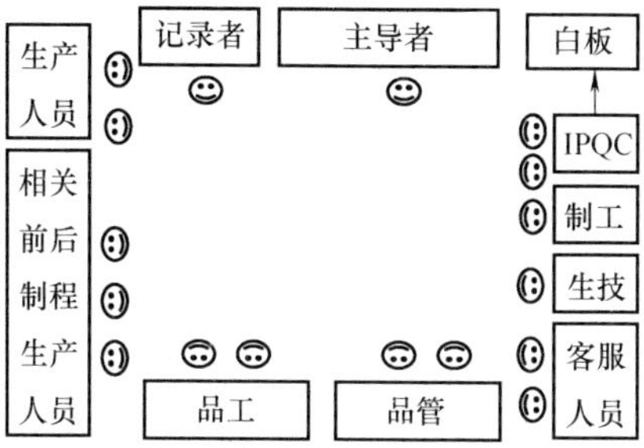

图 7-2　改善团队会议示意图

召开会议时，品质工程师需携带样品供与会者确认，每天定员，定时，确认进度。改善从发生源和流出源制程进行，要对人、机、料、法、环逐项调查追踪，还要及时掌握客户对本项目最新的品质要求，若双方的品质标准有异，则进行品质确认适正活动，使品质标准趋于一致。

6. 当处理无效时应更深入地进行探讨

任何企业都不会乐见这个情况发生，意味着整个研发、设计、生产、品保系统的某些环节出现重大的危机，客户投诉只是冰山的一角而已。地毯式的搜索成了唯一的选项。

小结

品质是价值与尊严的起点，也是公司赖以生存的命脉。质量等于人的质量与物的质量之和。

一旦发生客户投诉，应实时明快处理，以挽回客户的信心。除了运用谈话的技巧、和善的态度，耐心倾听，安抚客户的情绪，消除客户的抱怨与不满，更重要的是能够达成客户的期望，不再生产不合格产品。

7.2 品质活动月

配合品质惩罚的政策，Nelson 先生的软文化建设也开始了。

“Tony，我们提前进行品质活动月的举办。”为了提升员工的品质意识，Nelson 先生让 Tony 提前策划品质活动月。

“要让员工参与进来，让他们都知道品质的重要性。”Nelson 先生对 Tony 说。

“明白。我们以前有做过类似的品质活动策划，应该没有问题。”Tony 对自己的任务信心满满。

“好，你先去做策划。我还是要提醒一点，在这里的员工与你以前的公司的员工有一些不同，策划时一定要注意。”

“是，特助。我会注意的。”Tony 对此毫无畏惧。

Nelson 先生笑笑，心里感叹自己真的遇到了好部下。

Tony 知道品质活动月的主导单位应是品质保证部门，因此品保部门需要对整个活动进行策划，而他可以作为辅导者的角色出现。所以他去找品质主管邱总监共同商讨。

“邱总监，现在我们的品质状况不是很好，客户抱怨也很多，我们 TPS 事务局想协助你们举办一个品质活动月来提升一下大家对品质的认识度。”

“我们现在就连搞品质的时间都不够，哪还有空搞什么品质月的活动啊!”邱总监带着有些不耐烦的口吻说道。邱总监最近是被品质问题缠住了，分身无术，以往精神抖擞的小伙，现在有些像花期过后的花一样蔫了。

“是的，我知道你们很忙。其实大家都一样，都是在为公司忙。举办品质活动月也不会增加很多工作量，是让大家关注品质。”

“我们之前没有做过相关的活动，现在也没有专人去搞。”

“这你就放心吧。我们 TPS 事务局可以协助你来做这件事。”

这时邱总监防备的心有点松了下来，“好吧。”

“举办品质活动月，我们需要先制定品质活动月的推动计划、预算活动费用、选定活动主题、主持相关的活动等，以保证整个活动有效进行。品质活动月可每个月或每两个月拟订一个主题，通过稽核活动、竞赛活动、品管圈改善活动、品质自我申诉活动等来强化品质意识。但最重要的是高层主管的支持，并要持续进行下去。”Tony 一下子说了这么多，把邱总监听得一愣一愣的。他与Tony年龄不相上下，Tony却如此有条理地说出他有些不太懂的名词来。

“呃，稍微打断一下，什么是品质自我申诉?”

“哦。品质自我申诉是指员工可以将看到的身边的品质风险隐患写在申诉单上提交给上一级的主管，以便改善。”

提示：

品质风险自我申诉

是一种改善的形式，员工可以将看到的可能的风险描述出来并上报给其上一层主管的一种形式。

这时Tony开始在自己的本子上画了一个表（见表7-1）的样板出来。

表7-1 品质风险自我申诉单

品质自我申诉单				
单位：	厂	课	组	线
产品名称：				
工位名称：				
导致产品不良的描述：				
				签名：

“嗯，明白。你继续。”

“在品质活动月中，可以由各品管单位主管牵头，成立品管圈，对本制程内重大品质问题进行集体攻克。也可以大范围进行品质知识竞赛，品质看板制作比赛，品质标语接龙活动，大型的品质改善交流会等项目，促进公司全体成员品质意识的提升，使产品品质无形之中得到更好的保障。”

“你好像很有经验哟!”

“是的，我亲自策划并举办了两次品质活动月。当时场面很火，总经理都亲自来参加。”

“那你来策划?”邱总监笑着说道。

“可以啊。不过有些地方我是不能代劳的，比如说，品质活动月的启动会。”Tony 直言。

“你先策划一下，把方案给我，我们一起来讨论怎么做吧。”

“好的。”

策划方案的撰写，对于 Tony 来说已经不是件难事了，他有经验，有很多的案例可以参考，只要邱总监认可这件事就可以了。两天后就将方案交给了品质邱总监，当接过方案的那一刹那，邱总监投来了佩服的眼光。

依照品质活动月的策划，品质活动月按时启动了，所有与品质相关的人员都到现场。在品质活动月启动会上，品质总监 Q 首先作了目的说明：“最近大家都在为品质的事而烦恼，相信大家都希望这样的日子赶快过去，这也是我希望的。没有品质问题，我们都不用这么愁眉苦脸了。品质并不是品保部的责任，是大家的责任，所以只有大家的品质意识提高了，我们产品的品质才能提高。为了提升全员的品质意识，养成重视品质的良好观念，加强各生产单位对品质的掌控能力，减少不合格产品的制造和流出，我们在这个月举办品质活动月。活动月中有很多活动，大家一定要踊跃参加。”

Nelson 先生也到场致辞：“品质是一件严肃的事情，不可有半点马虎。希望通过一些活动来加强我们的品质意识，提升我们公司产品的品质。”

品质活动月就此展开。员工们都积极地参加各项活动，例如举办员工多技能竞赛，将员工构想的品质改善意识（如标语、对联、漫画）贴在楼梯上、墙壁上。员工们还撰写有关品质方面的文章，提出有关品质方面的各项提案…，好不热闹。举办方也对部分活动进行了评比奖励，让员工参与进来的劲更足了。

通过品质活动月的举办，除能实际解决部分制程内的品质问题外，更重要的是使全员的注意力集中在品质细节，无论是对人员品质意识提升，或是对公司品质技术的推进，甚至对涉及多部门的长期悬而未决的品质疑难杂症都有药到病除的效果，同时，在活动中，参与成员的能力都得到了很大提升。

在品质活动月的策划与举办过程中，Nelson 先生感觉到了邱总监虽然很精明，但热情不足，或者可以说干劲不足，不愿多出一份力，他心理已经有了一个打算。

小结

品质并不是品保部的责任，是大家的责任，所以只有大家的品质意识提高了，产品的品质才能提高。

品质活动月等类似的活动是一种很好的传播品质意识的手段。

7.3 品质能力评鉴

除了开展品质活动月，NP集团还组织了质量能力的评鉴来发现公司内存在的问题并进行改善，提升品质。

提示：

品质三不政策

1. 不接收不合格品
2. 不制造不合格品
3. 不流出不合格品

一个企业的品质能力是从质量目标开始，到质量规划，新产品开发，到工厂的进料质量管理，制造过程质量管理、出货质量管理，一整套的条条框框与体系。与之相对应的即为企业的品质三不政策。品质三不政策是指不接收不合格品，不制造不合格品，不流出不合格品。品质管理流程中秉承此三不政策，如图7-3所示。

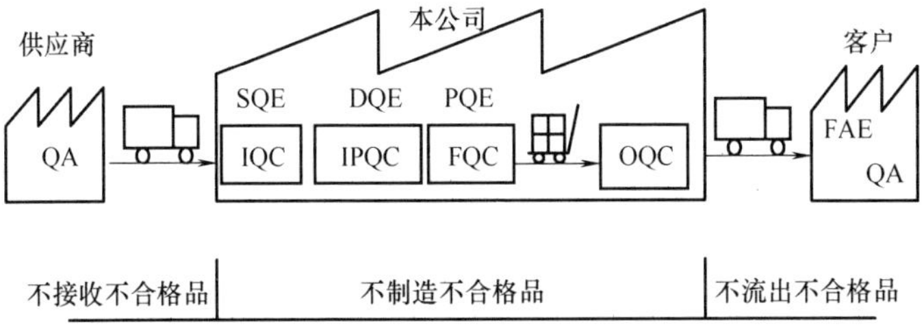

图7-3 品质管理价值流程图

工厂内的IQC（Incoming Quality Control，来料品质管理），要将供应商的不合格品挡在工厂外，取得优质物料供工厂内生产使用；SQE（Supplier Quality Engineer，供应商品质工程师）要深入供应商的工厂，对供应商的品质管理进行辅导与监督，而不只是在现场处理品质异常而已。

制程中IPQC（In Process Quality Control，制造过程品质管理）要做好制程巡检，预防产生不合格品；FQC（Final Quality Control，品质最终检查）要及时反馈不合格现象，将不合格品留在制程内；OQC（Out-going Quality Control，出货品质管理）要以客户的角度抽查产品，保证不合格品不流出。PQE（Process Quality Engineer，制程品质工程师）要对品质异常做出分析，并提出防止再发生的对策。

客户端 FAE（Factory Analysis Engineer，驻厂分析工程师），要时刻倾听客户的声音，及时将异常与客户的不满反映到工厂。

DQE（Design Quality Engineer，品质设计工程师）是工厂最重要的功能之一，若新产品品质精良，工厂生产时就可省掉很多麻烦。所以 DQE 要对新产品的品质进行规划与设计，并通过新产品的试产，从源头消除品质不合格的因素，以保证交出让客户满意的产品。

质量能力评鉴的程序，与 ISO 认证程序基本相同，只是人员是内部的质量管理专家。这过程涵盖整个公司，从供应商送零部件过来一直到做成合格品出货的过程，这期间不仅要查看流程的完整性、有无文件，还要查看执行状况，记录或去现场实际抽查。

此时来自不同事业部门的质量专家们拿着评鉴表正在童车事业处的进料检验现场进行品质能力评鉴。这也相当于是一次对公司全面的品质体检。对于进料管制的要求就有十几条。

“这个供应商的来料有没有异常?”专家问道。

“有啊！这些摆着的都是。”现场人员回答。

“那这么多异常你们要怎么处理?”

“我们要写异常联络单给供应商。”

“哦。那这些零件不用和其他区分开的吗?”

“要啊。我们的人还没有贴红单。等下贴完单就会写异常联络单的。”

“让我们看一下你们的这个单据。”

现场人员从文件架上拿出一沓异常联络单给专家，“这是上个月的。”

专家也细细地翻看着，从里面抽出几张单，“这几张单现在都已经结案了吗?”

现场人员拿过来看了一眼，“应该还没有，我要查一下。我们有一个系统，记录这些异常的。”

“这些异常都在我们规定的时间内完成吗? 你们是怎么管控进度及供应商改善的效果?”

“这些异常有的按时完成，有的没有。我们会通过电话的方式催促他们将异常联络单反馈回来。”

“对于品质异常，我们要有定义进料质量异常处理标准作业流程，针对不合格品的处理有标准作业流程，并适当地予以隔离及标示以避免混用。这一点我们做得还不错。要在现场做到目视化管理，应从人、物、书类、方法等多方面展开，并制作检查表定期进行检讨。”

品质专家们的评价肯定了我们平时就做好的品质工作。品质评鉴的过程是发现公司内部问题的过程，也是大家相互学习的过程。但活动必须要组织好，不要落入表面形式。

产品的品质除非原始设计不合格，否则品质是可以控制的。控制的重点是事前掌握人、机、料、法，把正确的习惯行为变成具体的规范，即可有效预防95%的不合格发生。异常处理是指突发事件，将异常处置的各种手法变成标准作业，可以预防5%的不合格产品发生。变化点管理最重要的是以人的变化为管理的基础，因为人是有思想的。变化点管理有三要素：规定、要领书、确认。标示出变化点，并使用变化点确认点检表，以确认变化点的确实执行。变化点管理根据职场别的不同决定流程与道具，设定管理项目优先级也有所差异。道具须进行目视化的管理，如设立工程变化点管理板。

如何布下天罗地网，防止不合格品流出？如果在生产过程中，每个作业员都可通过自主检查与后工序检查前工序，以保证产品的品质，而不需要额外增加检查人员，这样就可以防止不合格品流出，也就是我们所说的制程品质自主保证。所以这是每个企业主都向往的，但此目标并非一蹴而就，需要有高素质的员工配合执行。

在尚未达到制造品质自主保证时，有赖生产与品保的通力合作，联手建立发生防止与流出防止的品保网络。将制造及品管功能区分，建立品保系统——QA网络矩阵图（见图7-4），借由现场管理者对实际活动的了解，导出标准的工作惯例及改善，保证产出符合标准的品质。

提示：

QA网络矩阵

建立品质网络矩阵，区分制造与品管功能，联手合作，保证产品的品质。

等级		发生防止				备注
		1	2	3	4	
流出防止	1	⊙	⊙	⊙	⊙	△与×不允许发生
	2	⊙	○	○	△	
	3	⊙	○	△	×	
	4	⊙	△	×	×	

图7-4　QA网络矩阵图

1. 制造的发生防止等级

等级1：在异常状况下能自动停止。

等级2：在异常状况下，未自动停止，但警报系统会响。

等级3：一般人便可判断状况，容易发现问题。

等级4：唯有技术人员，才能发现问题。

2. 品管检查的流出防止等级

等级1：自动防错（Auto POKA-YOKE），利用设备或工具、夹具保证不流出。

等级2：抽检再加上夹具或设备（局部设备），自主保证缺陷不流出；如：适当的频率或用容易判断的项目，执行百分之百的目视检查；适当的频率是指可确保防止工位问题流出的频率。

等级3：抽检再加上100%全检，下一工位可防止不合格；在某个频率下进行抽检，以防止不合格由下一工位流出或较难判断的项目执行百分之百的目视检查。

等级4：有从下一工位流出的可能。

品保网络，只是用来定义品质保证水平的工具，若能达到第一等级，离自主品质保证亦不远矣。

小结

除非原始设计不合格，否则品质是可以控制的。控制的重点是事前掌握人、机、料、法，把正确的习惯行为变成具体的规范，即可有效预防95%的不合格发生。如制程内能做到自主品质保证，那就可防止不合格品的流出，保证品质。

企业内要定期地进行自我体检，努力改善问题点，以降低品质保证风险。

7.4 质量奖评比

2012年NP集团参与Z市质量奖评比活动，此奖共有两个奖项，除了获奖证书外，还可以得到政府的奖金。虽然钱对于一家企业来说并不算多，但很多企业还是很看重这个“质量奖”的荣誉称号。两个奖项分别由两家企业获得，NP集团为其中之一。

Nelson先生参与了整个审核过程，要说对评审的过程中最不满意的还是自家内部准备得不充足，例如人资处的准备不足，品保部系统构建不足：

1）人资处：主管更迭多，资料拿不出来，主管能力弱，审核后一个月后也辞职了。

2）品保处：系统构建不足，QC问题改善手法受到不少指摘及挑战批评。

针对以上的不足，Nelson先生也在不断地持续改善中。最近他又将组织进行了小小的调整，让Jacky从制造退出回到他更为熟悉的品保岗位，让其与原邱总监共同管理品保，同时让Peter退出品保与IE替代管理制造处。

又有一次很不错的机会，Nelson先生被邀请参加Z市企业质量官的培训，此培训共计两天，教材、教授、中餐全部免费。由于他自己时间的限制，不能亲自前往，但Nelson先生派品质总监Jacky参加了这次的培训，这也是他给部属外出学习的机会。在这两天中，Jacky充分感受到了地方政府的良苦用心，政府非常希望企业能将产品质量提高，能创造出更好的成绩。所谓不进则退，管理者是需要不断地吸收新知，吸收新知的方式很多，自己读书、听别人讲课等都可以；这一次Jacky学习到了卓越绩效质量最新管理新知，透过咨询顾问系统性、结构性的解说，深深感觉自己在此方面的不足与落后，同时也了解到各行业同学对知识的渴望，求知欲非常强。

Jacky深知，培训是很重要的，但更关键的是如何在公司内部展开。Jacky提出了一篇《制造型企业如何利用供应链管理促进质量改善》的论文。作为传统型制造企业，NP集团面临转型升级过程中的进一步提升产品质量和企业全员质量意识的新课题。公司领导层在经过长期研究和探索后，决定尝试导入丰田生产方式。

首先从工厂的基本5S管理开始，建构扎实的现场，让问题无所遁形；借由目视化管理架构，让问题快速暴露、快速解决；通过标准作业的遵守与改善，让作业更安全有效；综观物与信息流程图，共享信息，使物快速流动，达成快速交货，压缩库存的目标；小批量的生产，让生产更符合市场多样化的需求；拉式生产，让生产速度与市场需求接近完美。在生产环节的严格要求落实质量三不政策：不接收不合格品、不生产不合格品、不流出不合格品。

同时，建立与供应商信息沟通的畅通渠道。与供应商信息沟通的畅通渠道的建立是供应商质量控制的重要措施。其中的质量信息包括：入库检验情况、驻厂服务情况和质量整改等内容。建立分级质量处理机制和质量信息归口管理制度，保证质量问题及时处理，并将质量信息及时传递，以避免曾经发生过的质量问题重复发生。为了保证质量信息处理的及时全面性，可根据质量信息的重要程度，建立质量信息的处理机制。

供应商质量控制的重要措施还包括协助供应商进行相关的质量改进工作，与供应商共同进行现场诊断，找出问题的根源，从而提出相应的整改措施并进行质量跟踪，以便更好地提高供应商的产品质量。为了有效控制质量改进的效果和进度，应要求供应商在质量改进时实施解决问题的八大步骤：问题描述及对策、紧急处理防止扩大、分析原因、拟定纠正措施、试行纠正措施、纠正措施有效性验证、正式付诸实施并更改文件、总结。最后，确认质量改进是否达到设定目标，需要进行验证，建立相关的质量改进验证制度，以避免质量问题的重复发生。

制造业所面临的巨大挑战，要求企业必须进行供应链管理，提升企业的质量意识和产品质量，才有助于制造企业的内部创新和可持续发展。NP 集团将一如既往地将全面质量管理作为企业发展的立足之本。

Nelson 对此论文赞赏有加，后来得知此论文获得了 Z 市品质论文的二等奖，这些更加坚定其用人的态度及对 NP 集团精益改善之路的信念。

国产品牌领头羊“中华酷联”之一的宇龙酷派高级副总裁鲍益新说：“中国的品牌要做质量是基本功，这是不需要宣传的。中国企业必须要有自己的格调、品牌、信誉度，质量不像产品设计可以用漂亮、炫、材质用金属壳或者是超薄这些来衡量，做不到还可以回来改。质量是我对客户的基本承诺，就是努力去做、去学习、去检讨自己，丰田在汽车品牌中今天是质量全世界第一，他没有到处宣传，一点点做，事实胜于雄辩。”当质量做好了，就没有人重视它了。就像人每天都要吃饭一样，但当吃饭变得困难时，那就有生存问题了，所以质量也是如此。

小结

品质是每个公司的一个面子，政府通过质量评比的活动，来激励企业的质量不断地提升。目前制造业所面临的巨大挑战，要求企业必须进行供应链管理，提升企业的质量意识和产品质量，才有助于制造企业的内部创新和可持续发展。

质量就像人吃饭一样，当你做好了，就不会重视它了；但当你吃饭都困难的时候就有生存问题了，质量也是如此。

7.5 客户的评价

品质的良莠，来自顾客的评价与观感。良好的品质形象得来不易，爱惜羽毛的企业，不论对现场管理或内部会议都不断强调对追求品质的不妥协、不马虎的一贯立场。

品管部要求品质水平，天经地义，制造部生产时不容马虎怠惰，应留意每一个细节、每一道工序，这就是所谓的品质保证基础。

经过大家共同的努力，现场看起来越来越好了。前6大客户对NP集团的评价越来越好，这就可以看出来他们对NP集团越来越有信心。其中有一客户B客户对NP集团的评分见表7-2，2014年第一季度NP集团已经提升为B级供货商，这是对NP集团所有同事付出的回报。

表7-2　2011—2014年的评分明细与对比表

客户	年份	Q1	Q2	Q3	Q4
B客户	2011	—	—	1.42（D）	1.52（C）
	2012	1.26（D）	1.46（D）	1.59（C）	1.5（C）
	2013	1.81（C）	1.85（C）	1.89（C）	1.92（C）
	2014	2.16（B）			

Nelson先生的邮箱里，来了一封客户的邮件。这是一封特别的邮件，让Nelson先生都感到动容。

> **提示：**
>
> FOB
>
> Free On Board，离岸价，按离岸价进行的交易。该术语仅适用于海运或内河运输。

邮件的内容是这样的：“我们这一年来，看到了NP集团的改变，现场变得越来越有秩序，交货也越来越准时，让我们对客户的承诺增强了信心。非常感谢你们的努力，希望NP集团越来越好。我们将会把另一部分订单转给你们生产，以感谢你们的配合与支持。”

客户的好评对Nelson先生来说是最好成绩的表现，这也是Nelson先生辛苦了大半年经营建立起来的客户评价体系所带来的。虽然已经取得了一定的成绩，但仍需努力，如交期的问题，按照首次确认的**FOB**日期达标率是86%客户要求的交期是 60 天，但目前平均交期是 73 天。在春节期间还有 6 张订单延迟。这些都需要持续地进行改善。

品质的改善，需要一点一滴持续进行，让品质的文化深入人心，让大家都有改善的热情，让大家都以有好品质自豪，方能入精益企业之列。

小结

品质的良莠，来自顾客的评价与观感。良好的品质形象得来不易，爱惜羽毛的企业，不论对现场管理或内部会议都不断强调对追求品质的不妥协、不马虎的一贯立场。

客户的肯定，是对我们最大的鼓励。

第8章

如何进行供应链的改善

供应链系统在一个公司中的地位是至关重要的，供应链管理的好坏，直接影响到现场的生产状态。如果生产订单没有排配好，物料没有准备好，来料品质问题一大堆，现场生产就会一团糟。

Nelson 先生看到了 NP 集团供应链系统有诸多的问题，且看他是如何解决的。

8.1 订单达成率低

“为什么我们的订单达成率这么低？前 5 大客户这个月的达成率只有 70%？订单 Lead time 80 天以上很常见，这样的效率还有竞争力吗？”Nelson 先生在经营会议上提出了疑问。

会议上，业务将责任推给了生管，生管把责任推给了生产，生产呢，难道就自认倒霉吗？不，他又将球踢回给了生管。

“生管老是修改我们给的时间。”

“你们给的时间与客户需求的时间相差很大。”

“生产老做不出来。”

“生产排程不准确。”

Nelson 先生实在看不下去这种踢球的游戏，“市场的需求是代表客户的需求，生管无权任意变更客户的需求。生管是上下游的纽带，就由你们来牵头进行改善。”

虽然在舵主们建立标杆线的时候就已经暴露出来生管系统的问题，但始终没有彻底地解决。市场的业务员为了保证交期总是把订单交期提前，生管不按业务开出的制造通知单进行日排配，而是以船务做出的出货日管制表排配，从而造成部分产品延误交期。也就是说大家各按各的原则做事，导致事情做不好。

“一个 PO（Products Order，订单）生产完成的定义是指这个订单中产品的质量达到 100%，生产数量达到 100%，时间达成 100%。大家好好地一起来检讨一下，我们订单完成的流程及时间。”Nelson 先生建议大家先理一下流程，找到真正的问题再来进行改善。

会后，大家该干嘛干嘛，并没有把这一问题当回事，自然就没有了下文。待下一次经营会议时，同样的问题 Nelson 先生再次提起。

“现在这个问题进展地如何了？”

结果无人应答。

“上次会议时我不是指定由生管来领头进行改善的嘛，怎么没有执行？”

史总监摸了摸头，有点不好意思起来，“大家都忙，我们从这周开始建立专案团队进行检讨改善。”

“好，每次检讨进度抄送给我一份，我要了解进展的状况，如果遇到困难可以来问我；同时在经营会议上也要报告进度。”

“好的。”

于是由生管、生产、采购及市场几个单位各指定一人成立了改善团队，拟定每周检讨两次。一件事一旦有人去关注去行动，往往离成功就不远了。

提示：

问题解决的步骤

1. 明确问题
2. 分解问题、层别问题
3. 设定目标
4. 彻底解析真因
5. 对策拟定与执行
6. 效果确认与标准化

这个案子的关键在于市场与生管，生产单位只是按要求执行，如此简单。但这里还涉及了外购和外包的业务，所以对于供应商和外包商的要求就不如自己工厂内自如了。物料的采购周期也影响着生产，所以采购的任务也不少。

市场开始将订单交期确认工作进行清理，每个流程大概需要多长时间都细致地标记。而生管则将排程计划流程工作进行清理，如此与市场的工作对接。生产交期对于供应链来说是非常重要的，对客户来说，我们要做到客户要货时有货，不要货时零库存，但这一理想状态，相信还没有哪个公司能做到。不过对于现在的NP集团生产交期的达成甚至缩短生产交期还是必须要做的。生产交期时间我们通常也叫提前期（Lead Time），包括从接到订单到原材料投入再到完成品产出所需要的时间，也就是订单时间和生产时间的总和。

部门内业务流程整理，部门间业务流程串接整理，头脑风暴列出各项有可能影响的因子，特性要因图分类列出影响因素，因果矩阵找到关键因子，列入改善对象。问题很快就找到了的根本原因，在两边的业务流程中，生管不清楚有些产品需要送外测，而且送外测的时间长达7天，通知客户来验产品需要3天等必要时间，而是按照出货时间来安排生产，从而造成了交期的延误。而有些采购的物料周期时间过长，也严重影响了生产。

但检讨时的争论是免不了的，因为任何的改动都需要花费很大的精力，特别是关于排程的改善。

最后几个部门的老大和团队一起讨论。

"看起来你们找到可以改进的地方了。"史总监一进会议室大门就开始说起来。

"是的。"团队成员异口同声回答。

"我们团队已经检讨过了，目前我们业务的流程方面没有问题，可能需要平时更多地与生管部门沟通，以便及时掌握状况。"

"生管部门现在是一个比较弱的部门，需要时间来完善。以前我们对于Lead Time的定义不清楚，所以会造成我们排配生产时的偏差。我们也会多和市场部门沟通，以清楚了解业务流程中必要的时间，不会自行更改制造日期。至于后续的生产排程方面改善，我们再想想。"

"嗯，我们不可能一蹴而就，一步到位。改善是一个长期的过程，但必须要做的马上就要做。"史总监说。

"生管在做排程的时候必须掌握一些要点，如开发计划、采购交期、生产周期、检验测试时间等。"市场马总监说。

"是的。以前我们对这些时间并不太清晰，我们会搞清楚的。"

"对于我们来说，新产品、老产品和改良产品所需要的时间因为管控点及流程有差异也应该有所不同。所以我们还要分开确认这三种产品的周期是否可以控制在目标天数内？"马总监说。

"我们需要再计算一下，看看相差多少，然后再给出具体的可执行的时间来。"

"对，生管必须列出预计可以达到市场要求 OTD（Order To Delivery，交期）的目标时间点，市场才能以此为依据回复客户交货；另外生管需要确认配合完成订单需要的时间，并管控交货前的排程细节。"史总监听着大家的建议后给出了一个方向。

"嗯，我们要制定所有产品的**关键管理点**及流程管控方案，不能散弹打鸟，今天这个问题解决了，明天又出现另外的问题，我们要有系统地解决。"马总监点着头。

"好，需要做的事情很多，我们一起继续努力吧。"史总监鼓励着大家。

Nelson 先生也一直在关注着事件的发展，似乎一切进展顺利，且宽心做其他的事。

提示：

关键管理点

生管若不做制程别排配，而只做组装日程排配，其他制程自行参考组装排配的话，会产生很多中间在制品。

小结

一件事一旦有人去关注去行动，往往离成功就不远了。

要制定所有产品的关键管理点及流程管控方案，不能散弹打鸟，今天这个问题解决了，明天又出现另外的问题，我们要有系统地解决。

8.2 缺工怎么办

年关将至，生产屡受外地员工返乡及离职的制约，开始出现交货不准时的现象，Nelson 先生注意到了。

缺工一直是近年来珠三角地区头痛的一个问题，特别是春节期间。据了解去年春节期间，由于长三角地区部分省份上调了最低工资标准，给珠三角地区带来了很大的压力。Z 市的一些商会在政府尚未上调最低工资标准的情况下纷纷商议，将企业最低工资标准上调 30%。虽然，今年 Z 市的普工和技工的工资都比去年大幅上涨，但春节前后缺工现象仍很明显。

这种现象也不奇怪，在外打工的人们辛苦了一年，想趁着中国传统团圆的节日——春节回家看看，不论是年长的父母，年幼的孩子，还是兄弟姐妹；同时也可以调整一下一年来长期绷紧的神经，感受一下家的温暖与舒适。这是人之常情，任何东西都阻挡不了。

生管依照出货计划计算人力的缺口，不停地发出警报。Nelson 先生也在过问这事。

“国家法定假日是多少天?”

“3 天，但春节刚好是周日，必须延长一天，所以有 4 天。”

“我们公司是放假几天?”

“7 天。”

“统计一下有多少员工不回家过春节，可以留下来继续工作?”

“已经在统计了。”

“国家法定假日不放假的话，我们要付出三倍的薪水，我们的人事成本会升高很多，所以我们尽量避免不必要的成本。”

“好的。我们再继续试排一下。”

人资则在不停地依照生管的排配出不同的人资政策，以应对春节的到来。

随着春节越来越近，原本就缺工的工厂，此时显得更为严重了。很多员工已经收拾好行李回家了，而留下来的员工也有些怠倦。为了能赶上出货的进度，生产不得不提前进行，利用尚未休假的员工并动员间接人员支持产线，先做出一些半成品，存放在车间仓库，慢慢消化。

Nelson 先生走到车间去，看到车间里到处成堆的半成品，似乎工厂又一片乱象，陷入了沉思。

> **提示：**
>
> 缺工的应对
>
> 1. 提前做好资源规划
> 2. 留住员工

要如何应对春节缺工呢?在 Q3 时就必须做好全面资源的规划，前一年 Q4 必须提前建立库存，否则要达成年度的损益目标，会受很大的折损。然后排配月度间平准化生产，控制整体的运营最大效益。过年缺工的问题，已是企业普遍的痛，企业被迫只能自己想办法参加薪资追涨竞赛，精益生产变得非常重要了。另外，除了全面规划好资源外，企业还要能留住人，从待遇上留人，用感情留人，用企业文化留人，从而稳定企业技术工人队伍。否则企业会面临有订单，但招不到人、交不了货的现象。

即便如此，在此期间还是有一个产品因不能及时出货而收到了客户的罚款单。

小结

过年缺工的问题，已是企业普遍的痛，企业被迫只能自己想办法参加薪资追涨竞赛，精益生产变得非常重要了。另外，除了全面规划好资源外，企业还要能留住人，从待遇上留人，用感情留人，用企业文化留人，从而稳定企业技术工人队伍。

8.3 风波再起——为自己的错误买单

从每周的产销协调会上得知，6 月的订单量不足，生产线员工将面临放假。这将意味着有员工流失的危机。经历过春节期间缺工的危机，Nelson 先生至今仍心有余悸，所以他决定要预先管控异常，提前计划。

Nelson 先生正在和几位总监商量是否将 7 月的订单挪一部分提前生产，以防止员工的流失。

“为了不让 6 月与 7 月的订单相差太多，我们是否可以将 7 月的一部分订单提前到 6 月生产。一方面，生产线的员工不会放假，减少员工流失的风险；另一方面，可以减轻 7 月机器设备的负荷。”

几位总监都没有表达什么意见，Nelson 先生就当他们同意了。

提前生产的 7 月的订单量占 6 月的生产总数的 18%，史总监也已经按照这个决定安排生产了。

Nelson 先生虽然决定要这么做了，但心里还是有些担忧，因为他很清楚，在丰田从来不会提前生产。提前生产也就是过早地生产，是七大浪费中最大的浪费，也是最要不得的浪费。这不，接下来 Nelson 先生将要为自己的错误决策买单了。

由于临时决议要将 7 月的部分订单提前生产，采购物控都没有预先库存管理，所以每日都在召开催料会议，会议状况百出。

“Q 料目前仓库中已经没有库存了。”

"W 物料是进口的物料，因为购买周期长，目前已经欠料了。"

"E 物料……"

会议上，大家都在报着欠料的消息。

每日的晨会上，因为生产欠料，导致生产效率低下的报告也不停地爆出来，Nelson 先生的头开始有些晕了。

而且在生产线上，客户的检查员不紧不慢地守在线尾，对产品的检验不断地加严，因为客户不急着要货。

本以为 6 月的订单不多，生产能够很轻松地完成，没有想到会多出这么多的麻烦事来，由于生产出来的产品无法出货获取营收，就连财务部也盯上了 Nelson 先生。

"本月直接人工费开销异常，请说明原因并改善。"财务部门发来了邮件通知。

哎，这是一个混乱的月份。Nelson 先生为了追求完美而导致了更多的问题发生，而这本是一个应该可以避免的错误。

"如果我不这么做，我也料想不到会有这么多的事发生，正所谓吃一堑长一智。失败是成功的妈妈，相信以后做决策前一定会更加深思慎重。"Nelson 先生这么安慰着自己。"但还是要提前做好产能的规划，平准化月度间产能，如果后续的月份订单超过产能就势必建立库存应对，要建立必要的防波堤，可能这个概念没有提前让大家明白。嗯，多了一个教学案例。"

所谓**防波堤**是指市场需求的基本库存数量，防波堤（仓库）示意图如图 8-1 所示。市场需求的大幅变化通过防波堤（仓库）以后，对公司内部的影响相对较小，利于各单位进行微幅调整。

> **提示：**
>
> 防波堤
>
> 指市场需求的基本库存数量。

其中企划单位的排配乃是一切的基础，确实的排配均衡化，可使生产安定化，进而改善搬运和减低库存量。例如：在生产旺季的时候招募一些临时工、季节工、短期工、实习工等人员，或者去同行处租借一些设备、几栋厂房以满足旺季的订单需求，或者为了省事直接将订单外包。而在生产淡季时则采取部分人员停薪留职，人员离职后视情形补充，调岗轮换作业等方法降低成本的压力。

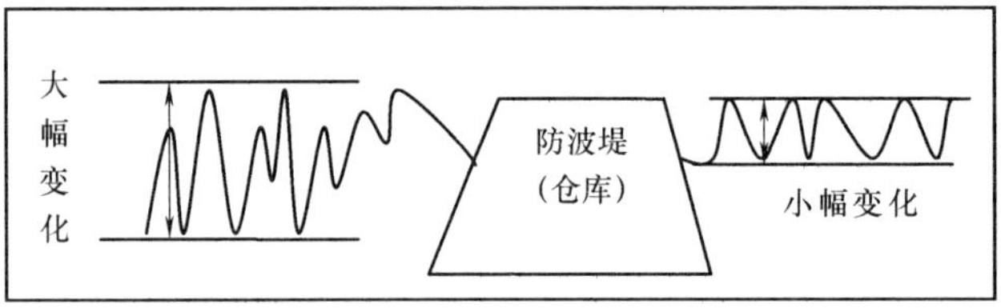

图 8-1　防波堤（仓库）示意图

小 结

即使订单量不足，也不能随意提前生产。正如七大浪费中所述的：提前生产是最大的浪费，不能因小失大。公司内要建立合适的防波堤来降低市场需求的大幅变化，以利均衡化生产。

8.4 组装线又停线了，是外包商的原因？

早会上，出货预警，某一订单尚缺三十台，目前没有零配件，生产线处于停止状态，也就无法完成订单需求数量，无法按时完成出货。如果现在去采购零配件，还需要一周的时间。

“缺三十台？这个订单总共才 100 台！”Nelson 先生踱着步，询问着，“以前有过类似状况吗？”

“嗯，有过，但都解决了。”小玉说。

“生产排配的时候，没有看零配件状况吗？为什么不提前购买零配件？”Nelson 先生问道。

“呃…”小玉答不出来了。

真的不是一个新问题，只是以前没有太多关注，Nelson 先生把这个问题留给了史总监来解决。

史总监开完早会，立刻开始了问题的调查。

问题的原因有很多，有的浮在表面，有的深入泥土，关键是找到问题的真正原因，然后才能真正解决问题，防止再次发生。

史总监找来了相关人员，有生管的，有生产的，有仓库的，还有采购的。

大家你一言我一语地炸开了。

“这个问题一直存在，只是我们会提前开下一工令，生产时就可以提前将缺的一部分零部件领出来，就可以保证上一工令的完成。但这个工令是最后一个工令了，仓库里已经没有多余的零配件了。”

所以一个工令不足的零件用下一个工令的补足，究竟是什么原因导致工令挪料呢？

“之前有将此缺料状况通知采购，采购说系统里没有订单，没有办法买零部件了。”

“不是可以以费用的形式来采购吗？”

“不行的，这是生产物料，一定要有生产工令才行。”

……

“大家不要吵了，来，静下来，把问题点写下来。”史总监看着大家安静地说。“那个小玉，把问题点写到板报上。”

在小玉准备板报的时候，史总监问道，“这个产品的良率状况如何？”

“98% 的良率，已经算是不错的了。”其中有人答道。

“现在我们要先解决这出货问题，也就是短期对策。”史总监说道，“要赶快购买需要的零部件，不管用什么形式，先保证出货。”

“谁负责让供应商交货？”

“采购负责。”

“哦。”史总监应了一声，心里当时就有了一点疙瘩。

史总监拿了一支笔，在板报上写了“为什么会缺三十台？”的字样，并写了“答”字。

“下面回答这个问题，我们可以连续问5个为什么，来找到真正的原因，从而找出有效的对策，防止以后再发生类似的状况。”

“因为是最后一个生产工令了，采购无法再下单购买零部件，所以造成缺料，无法满足生产。”

提示：

5 Whys 分析

五个为什么（5 Whys）分析为追求真因的方法之一，强调要锲而不舍地进行多次而深入的追问，以找出问题根源。五个为什么分析具有连续性，即前因后果之间环环相扣。

"为什么采购无法购买零部件了?"

"因为以后没有需求了，且按系统采购已经备足订单所需，不需要再采购此类零部件了。"

"为什么采购已经备足了物料，而生产却还缺少物料呢?"

"因为每一个工令都要挪用后一个工令的料，导致后一工令缺料。"

"为什么每一个工令都要挪用后一个工令的物料呢?"

"因为每次的工令料都无法生产出需要的量来。"

"为什么呢?"

"因为每次都有不合格品啊!"

"为什么有不合格品就不能产出需要的量来呢?"

"因为每次领的料都是需要生产多少量就只能领出多少量来。"

"为什么呢?"

"因为系统里只有这么多料。"

"为什么呢?"

"因为系统里没有建立损耗率。"

哦，原因出来了。原来工程在建立 BOM（物料清单）的时候没有建立损耗率，损耗率为零而实际生产过程中良率达不到 100% 时，就造成了每次工单料都不足，同时，这个问题一直都没有被实际地解决过，最后造成这个窟窿越来越大。

"为什么工程没有建损耗率呢?"

"可能是工程忘记了。"

"因为工程建立的 BOM 没有人去审核。"

很好，以后工程建立 BOM 后，要有单位去审核。在新产品开发的时候就需要，这不仅仅是损耗有没有的问题，还牵涉到损耗率对不对，量产后需要依据实际损耗更新。

"长期对策已经有了，我们需要建立这样的一个机制来防止此类问题再次发生。"史总监舒了口气，准备向 Nelson 先生报备。

次日，史总监来到 Nelson 先生的办公室。

"看起来问题已经解决了。"

"是的。"

当史总监向 Nelson 先生说明问题已经如何解决时，史总监又提出了另一个自己的想法，他提议成立物控部，采购部不再承担催货工作。催货的工作改由仓管部兼任，仓管部改名为物控部。因为在这个问题的解决过程中，史总监发现了另一个问题，采购不仅要下单购买物料，还要担当催货工作。采购的物料多了，催货工作往往会做不到位，就会出现缺东少西的现象。为了让采购的工作更单纯一些，更为了让工厂有序的生产，Nelson 先生接受了史总监的建议。

“物料数量不能失去控制，否则会影响运营的利润。对于没有设定不良率标准的 BOM，我们要进行一次清查活动。同时，对于新产品的 BOM，在建立初期就要进行审查，但这还不够。新产品生产一段时间后，要根据实际情况更新 BOM，这个程序你再想一下，由谁来担当比较好。”

“最近我看到制程间的不良率缺乏检验数据，比如说金属件经抛光之后，又要阳极，他们之间良率到底多少不知道，制程间也没有不合格率的改善活动。当然这我会找品质总监来谈。”Nelson 先生一谈到现场就有点收不住了。

“这有一部分是外包的。外包商我们根本管不了啊。”史总监回答道。

“呃…好。我们再来详细调查一下。”Nelson 先生皱着眉头说。

当工厂订单超过自身的能力或自己缺失某个生产工艺能力时，会将一部分的产品外发给供应商加工。上次听史总监说金属外观件的外包商管不了，就觉得这里面一定有问题。外包商一般都会比较听话，至少面对面的时候会表现如此，这个外包商怎么会如此牛呢？Nelson 先生决定派人追查一下。

这个任务落到了史总监下面的一个采购总监阿亮身上。阿亮是总裁的表亲，像这种有利益要害的部门，一般都会安排自己的亲属掌控。

阿亮派人把一份代工合约送给 Nelson 先生。代工合约是以前的主管签订的，外包商就是本地的一家专业从事金属外观件加工的企业，与 NP 集团有着长年的代工合作关系。合约上面明确写着外包给他们的产品能保质保量完成，但事实上并非如此，不良率高，交期不稳定。

尚未细想，最近发生了一些事，让他不得不将此事提上来重新思考。

由于金属件的不良率实在太高，于是进行了盘点。结果出来了，2013 年 1 月到 6 月半年的不良外观件，80% 集中在 6 月，其中有 50% 集中在产品 M 4，20% 是产品 H 5。

Nelson 先生收到信息后，发出邮件希望品保部门携同相关的其他部门尽快处理。意想不到的是有一堆人跑出来责问品保单位，例如财务部的副总监和采购专员小丽。

仓管的温课长在回复 Nelson 先生写道：“现在仓库里堆了很多产品，如果品保判定为外包商的责任，采购应设法让外包商接受，并扣货款以减少公司运营的损失。”

不知道是何触动到了财务副总监，虽然其回复邮件说的话没有错，但极有攻击性：

“总经理，您好！

几次的舵主训练课上，我看到我们的生产现场很多金属外观件都是堆在一起的，这种方式是否会造成碰剐伤？表面上我们有很多人在管控碰剐伤，但是哪些是我们自己的问题哪些是外包商的问题，连我们自己都没有搞清楚。如果很明显是外包商的责任，例如合模线等的问题，相信外包商也没话说。但是，如果是我们内部造成的碰伤也要外包商买单，我们和他们只能是互享其害！因为羊毛出在羊身上！

公司对这些碰伤问题已经投入了很多人力，但外观件还是不能妥善保护，这些问题如果不究责，对平日里认真工作的员工要如何交代？我们的管销费用也会永远降不下来！

我们公司养那么多的人尤其是品保单位，如果连厂内自己造成的碰剐伤都不知道，外观件不良全都要外包商买单，站在财务的观点来看，短期来看或许可以减少公司的损失，但长期来看对公司危害更大。”

采购专员小丽回复邮件，也是针对品保部门：

“Dear Jacky，

早上收到邮件，我们的阿亮总监召开内部会议，针对你们直接开出差异补料单，这样去执行似乎有不妥：

第一、邮件内提及的产品只注明来料不良，没有区分责任单位，没有进行各项不良原因分析：水纹、合模线、刮伤、发白、尺寸不良等判定。

第二、如果判定需要多久？总不能半年才清一次吧。不说我们工厂内，外包商也受不了，我们的付款周期是半年。

第三、目前所有差异补料单判定，并无相关单位会签，为何只有品保单独判定就直接执行？

……”

Nelson 先生看着大家飞来的邮件，个个针对品保，其中不乏是他将 Jacky 调任品保处做老大，Peter 调任制造处做老大，大家都有一些意见。现在出现这些问题了，就想看看他们有多大的能耐。只是没有想到财务副总监和一个小采购专员也会做出如此之大的反应，莫不是这里面有很多的猫腻？Nelson 先生也明白品保肯定有做得不足的地方，但他还是回复了如下的邮件：

"我们要明白现在的问题是什么，然后再由着问题找原因，找对策，进行改善并执行，防止再发。

现在我们看到这么多的不良现象：合模线、碰剐伤、裂痕，等等，请先确认这些现象所占的比重，找出要因及对策，再谈责任单位。我们的目的是要改善，而不是摊责任和处分。

现在大家都在邮件里只是在谈问题，都在质问品保，都在间接告诉总裁你的价值与能力。但问题解决了吗？

为什么我们不能面对面，去现地现物沟通协调？请告诉我你做了什么，而不是一味地质问，然后再把问题抛出去！"

回复完邮件，Nelson 先生还在思考，这是不是被某些人揪住了小把柄，趁势压倒他这个团队吧。

小结

现地现物现人现实，是快速问题解决的手段，是团队提升执行力的良方。不能一味地用一种并不直接的方式 Mail 来沟通。

下属只会做上司要确认的工作，要管理干部每日召集下属开早会，今天交办的明早要回报，有问题拿产品来细说，看 4M1E 的管理实态，再提出体制改善要求。

8.5 外包商的心声

既然外包商有问题，那就让外包商来谈谈吧。Nelson 先生让小白通过采购预约抛光阳极的外包商老板小黑。听说此老板有着特殊背景，很难沟通，但为了 NP 集团的品质成本再难沟通也要沟通。

"他们的老板没空过来。"小白一边放下电话一边报告着采购阿亮总监的回复。

"哦，真有这么忙？"Nelson 先生疑惑着，"你让阿亮总监说，如果他们老板没空，我们的总经理亲自去拜访。"

"好的。"小白照着 Nelson 先生的话回给了阿亮总监。

经过阿亮总监与外包商多次的沟通，小黑老板终于肯露面见一见 NP 集团总经理 Nelson 先生。

时间约在周五，小黑老板如约而至。

的确，小黑老板长得有点黑，眼睛瞪得大大的，头发根根竖立，除此之外看起来还是挺顺眼。

“哎，总经理好，总经理好！久仰大名。”

“黑老板生意忙啊！还麻烦你来我们公司。”

“应该的，应该的。”

彼此寒暄过后，开始进入正题。

“最近贵公司的品质问题一直困扰着我们的正常生产，这半年来的品质损失已经非常多了，我们正准备要把部分的损失转嫁给你们。”Nelson 先生就现状描述了出来。

“嗯，我也收到你们采购发出来的邮件了，我承认我们公司可能有一些有品质问题，但应该没有那么多。”小黑老板靠在椅子上说。“我们公司还是比较正规的，对于品质的要求也是很明确的，都是依据你们的要求来执行的。况且还有你们的副总监把关。”

“副总监？我们公司的副总监？”Nelson 以为听错了，就重复了一遍。

“嗯，你可能还不知道吧，副总监可是有股份的。这大家都知道。”

Nelson 先生这才明白副总监上次过激的原因。那采购小丽呢？到此 Nelson 先生已经知道了其中的关系真是复杂。

Nelson 先生请来小黑老板知道光这样讲是没有什么感觉的，他想带小黑老板去现场走一圈。“小黑老板，不如这样，我们去现场看看如何？”

“有必要吗？”

“让你更清楚地了解现场的品质问题现象。”

“好吧。”

于是他们起身走出会议室，Nelson 先生让小白把阿亮总监叫到现场去。他们俩边走边聊了起来。

“有些黑幕您可能是不了解的。”

“黑幕？听起来很神秘哦。”

“也不神秘，一种社会普遍现象。就如同当今部分身居要位的官员一样，总想捞点好处。”

“哦！”

“有时你们的 IQC 卡着我们的货，我们也很难过的。”

“是有品质问题还是有什么其他问题才会卡吧？”

"哪里啊，我听说你们有些人很厉害的。"

"有些人？哪些人方便透露吗？"

"这个还是不好说，人在江湖就有江湖的规矩。"

"但这是违反法律的行为，必须制止。"

"违法又怎样？"

"违法的事当然不能做啦。我们总裁最痛恨这一点了，所以他对每个人都会怀疑的。" Nelson 先生一直都没碰到过类似的事件，显得有点不知所措。

"这是在大陆，普遍现象啦。"小黑老板嘿嘿地笑起来。

谈话间来到了现场，阿亮总监也已经到了。

"这种刮伤应该不是我们的问题，所以还是要分清责任的。"小黑老板拿起一个产品仔细观看。

Nelson 先生也发现了这点，并不是所有的都是来料问题，我们自身生产过程中产生的问题也全在里面，这不能像一锅粥一样乱搅和，只有自己理清楚确定了才能说是别人的错。看来他的团队并没有做好这点。

"嗯，这样好了，我们再清理一下现场的不合格品，确实是贵公司的不良，我希望你们能照单全收。"

"我也希望这次是个例外，我不想等到有这么多的不良时再来反馈给我，我也承受不了。"

"好的，我们以后会及时反馈给你们来料状况。"

"好，那我们就这样。"

小黑老板并没有别人嘴里讲得那样蛮不讲理，用他的话来说，在江湖上混也有江湖上的规矩。Nelson 先生找来 Jacky，和他说明了今天的这个过程。

"希望我们在指责别人的时候，先想想自己有没有做好？一个手指指向别人的时候，四个手指同时在指向自己。不要给别人留下话柄。" Nelson 先生语重心长地说。

"是。" Jacky 像个做错事的孩子一样。

之后，小黑老板的一些话语始终在 Nelson 先生脑海里回荡，原来公司里真的有这样的人存在，总裁的担心不是多余的。他应该要怎么处理呢？稽核的人怎么就没有抓住任何一人呢？

俗话说没有不透风的墙，Nelson 先生得到情报后把那些厉害人物调走了岗位，这些人也因不适应新岗位而相继离开公司。

小 结

不要总说别人的不是，眼见为实，耳听为虚。当自己的团队没做好时，同样要严厉批评。我们在指责别人的时候，先想想自己有没有做好？一个手指指向别人的时候，四个手指同时在指向自己。

8.6 举办供应商座谈会

最近接触一些供应商，也在研读 TPS 相关书籍，感触很深，其实回到原点关键还是人。这是 Toyota 老同事给 Nelson 先生的新讯息。既然改善要靠人，所谓百年树人，那就必须注重循序渐进的过程，才能做好造人工程。当外部专家不在时，才能继续成长，当更换不同产品，使用不同生产线体时，人及物的效率才不会因而掉下来。

提示：

供应商座谈会

1. 准备好主题
2. 实现面对面的沟通

鉴于供应商的品质、成本、交期等方面的状况不是很理想，Nelson 先生希望采购部门邀请供应商过来进行面对面的沟通。

自上次外包商小黑老板的来访后，采购部门变得积极了，主动响应了 Nelson 先生的要求，积极地电话预约，并发邀请函通知供应商过来共同探讨相关的问题。这在 NP 集团也尚属首次。

在座谈会上，Nelson 先生首先代表 NP 集团对到场的供应商表示了感谢，同时致辞。Nelson 先生抛砖引玉。

“首先告诉大家一个好消息、现在客户对我们非常有信心，所以订单一定会有的。前几天其中一位客户的采购长来我们集团，看到车间的整个物料，生产的秩序，5S，看得见的管理，以及一些效率提升，质量提升，设备上的投资，开发等，都有很大改变，感到非常惊讶，同时也很兴奋。他说，一年半前他来 NP 集团感觉 NP 集团很乱很糟糕，这次来真的感觉不一样。所以客户并不是不关心现场，对于人员稳定性、现场 SOP、制造条件、一些生产看得见的数据等，都有用心在看。”

“NP集团一直在危机中进行转型，我希望供应商和我们一起正视这个方面，明年我们的情况就会好很多。我们要面对淡季怎么样去赚钱，在订单少的时候怎么样把质量做好，订单多的时候也把质量做好。”

“我们NP集团的品质系统做了很大的调整和改变，从最弱的地方把它强化，让客户满意。当然目前并不是最好的，我们还在继续努力。客户经常在问你们的供应商做了什么样的努力或什么样的改变，以前我们没有办法去回答，现在我们要建立这样一个平台，发挥这个平台的作用，共同进步。如果供应商弱，NP集团是强不了的，因为我们是绑定在一起的，现在客户对质量要求会越来越高，希望我们能持续改进，在质量方面也希望你们做到不流出不合格品。”

“客户有三个重要性指标：质量、成本、交期，这三方面有没有进步？质量和成本有时候是绑定在一起的，品质不良率太高，成本、交期、利润都会受到影响，所以我们要不断地进步。”

接着双方开始对目前品质重要不良点进行了热烈的探讨，就其中一个供应商明亚公司来说，他们的主要不良是“不锈钢生锈”，而异常图片栏是空白的。

明亚公司的代表说，“不锈钢生锈主要是五金件，这五金件我们也是外购的，对它的品质有时也管控不到。”

“对于不锈钢生锈，我们的客户是绝对不允许的，所以对于外购的五金件生锈，你们要和你们的供应商进行检讨。依据我对于此方面的了解，不锈钢生锈是药物残留引起的，化学物质没有处理干净，表面就会有化学物质残留，如果有必要的话，也可以邀请我们的SQE和你们一起去与供应商那边探讨，找到真正的原因并解决。”NP集团的品质总监Jacky首先对此进行了品质要求及原因的初步说明。

接着NP集团的供应链的史总监也作了些分析：“其实哦，这种问题已经涉及你们品保内部系统的管理了，你们的来料发生了异常。所以要问物料来的时候是如何做IQC的管控的？产品不良流出了，说明品保系统出现了问题，这让我们非常担心，尤其

提示：

发生源、流出源

发生源：制造源头由于4M1E制程参数管控不当造成不良。

流出源：检查系统因QC检查者检查标准不当、技能不足造成不良流出。

是外购物品，要涉及你们的供应商管理。不锈钢生锈的原因还包括它本身的材质，它里面的化学物质，刚才只谈到了化学药物残留，因此不能就此来进行对策。这不全是操作上的问题，有药物的问题，有生产流程的问题，所以一定要追溯到**发生源**，再来谈问题解决的对策。”

Nelson 先生听着点点头，“发生异常的这些图片栏记录为什么是空白的，我想知道所有异常的原因。还有明亚公司内部的主管是否真正看过这些不良？希望我们的品保将外测报告提供给采购，再由采购提供给明亚公司的品保。以后提供数据时请将所有图片补充完整，以便更全面地分析不良。”

到场的每个供应商都进行了一个重点不良的讨论，座谈会持续进行了一个下午。这又是一个好的开端。

小结

其实供应商也想把产品做好，他们也在研修 TPS，可能他们缺少的就是人（专家）。把供应商看成我们的一部分，协助他们改善，才能达到共同改善，共存共荣之效。

第9章

如何进行经管系统改善

经营管理系统管理着企业的资源，以取得资源、运用资源和分配资源为己任。鸿海集团郭总裁语录中提到，资源包括关键人才时间、人才、技术、资金、政治、土地、矿产。对于这些资源，都要进行有效的管控，经管系统就扮演着这样一个角色。

一般企业中，并没有经营管理这样的一个系统，有的只是财务会计。但经管与财务会计还是有所区别的。Nelson 先生想要如何导入这样一个不错的系统？又要如何运作呢？

9.1 月结的烦恼

每月的**月结**，是 Nelson 先生最为紧张的时刻，因为在此时，可以看出上个月经营的好坏。又到月底了，财务人员们正在做月结的准备工作，关账，盘点，然后结账。

集团规定月结一周内要出报告给总裁。现在财务已经把账结出来了，账面显示亏损，而他们却找不到亏损的原因，这是令 Nelson 先生最头疼的。距规定出报告的日子越来越近，亏损原因仍然理不出来。

> **提示：**
>
> 月结
>
> 指财务人员每月月度结账。

这个月的月结与往月有所不同，以前公司只出一张总的财务报表，不分工厂，到底哪些赚钱哪些亏损没有办法知道。财务报表，对于一家上市公司来说，非常重要，因为它需要定期公布，它的一点小小波动，都会影响股市的起伏。而且公司赚钱，是对股东的责任，对社会的责任。总裁忧心的是公司最近几年都没有成长，同业者已经超过了本公司。到底是什么让企业停步不前，甚至倒退呢？这让 Nelson 先生更加急迫地想要进行改革。改革，是一条非常艰难的路，但非走不可，为了企业的明天，也为了员工的将来。

于是 Nelson 先生要求财务部试着从这个月开始分工厂来做账，以清楚各工厂经营的好坏，同时也容易找到问题所在。这是一个好的想法，但无疑会增加大家的负担。

时值周六，Nelson 先生本是下午就可休假的，然而事务太多，忙得没有了休假的时间。时针已经悄悄地指向了八点，Nelson 先生起身准备下班回家。走到楼下，发现财务办公室的灯光依然明亮，于是想去问一下进展的状况。

推开财务办公室的门，发现所有人员都在，Nelson 先生先是愣了一下，然后一阵感动涌上心头。他没有声响地关上门，悄悄地走了出来。月儿弯弯挂上了柳梢，照亮了回家的人。

而此刻财务的副总监对着大家说，“各位辛苦了，今天晚上就到此吧，我们一起去吃个饭。我已经订好位置了。”大家回以热烈的掌声。

晚上八九点，在南方来说，正是活动的高峰期。出了公司，大街上人声鼎沸，很是热闹，不过此刻大家肚子早就咕噜咕噜的，应该没有闲情去逛了，都径直向饭店走去。

饭桌上，大家简单地点了一些家常菜，有说有笑地吃了起来。团队里有 80 后、90 后的年轻伙伴，边吃边说闹着，欢声笑语让人感觉温暖。大伙的战斗力还是相当可以的，不一会儿的工夫，就将饭菜消灭干净了，真正做到了零浪费。

末了，财务副总监说，“最近大家都很辛苦，非常感谢大家的努力。希望我们的努力能得到总经理的认可。大家都早点回去休息吧，今天还有阿月、阿明没分析完的报表明天再来加油一下。”

“好好。”两人满口应承着。

副总监心里直感叹年轻真好，可以无拘无束地投入到工作中。

翌日清晨，Nelson 先生没有去打球，而是直接开车到了公司。财务副总监已经早 Nelson 先生一步，在办公室里修改报告了。副总监还是非常敬业的。

小 结

每月的月结，可以看出上个月经营的好坏。月结工作包括：关账，盘点，结账。

月结的方式也需要改革，改革，是一条非常艰难的路，但非走不可，为了企业的明天，也为了员工的将来。

9.2 损益预估

Nelson 先生在来 NP 集团之前是没有正面接触过财务管理的，对于它的认知，表面上的东西比较多，如每个公司都要管好三张表：资产负债表、损益表、现金流量表。这对于他来说，是一项新的业务，半年的过渡期中，总裁也没有将这项业务交给他来做。但随着管理的深入及组织的调整，财务部已经划为 Nelson 先生的管辖范围。

提示：

每个公司的三张表

1. 资产负债表
2. 损益表
3. 现金流量表

在工厂的管理中，我们最看重的就是损益表。对于一个高阶层管理者来说，都必须懂得。**损益表**也叫利润表，它反映了企业的经营成果。损益是一个公司经营好坏的状况表现，从中可以看出公司盈亏？收入是多少，成本是多少，各种费用是多少，收入项目中主营项目收入是多少，其他业务收入是多少，等等，既反映了企业净利润的形成过程，也体现了利润的计算过程。因此利用损益表提供的财务信息，可以了解和分析企业的经营成果和获利能力；可以为经营管理者进行未来经营决策提供依据；也可以预测企业未来经营盈利能力和发展。

每个月都会有损益报表，损益报表中包含有：营收净额，变动成本，固定性制造成本，可控费用，费用分摊，营销成本，营销费用，营销利润，所得税，营销净利。其实这样的一张报表，它的数据是要有很多其他报表分析而来的，如同我们嵌入式的档案一样，一层一层的嵌入才能得到最终的结果。而往往我们缺乏的就是数据的准确性以及细致的数据分析。Nelson 先生在以前的公司常听到经营的主管对于其经营报表的叹息，我们的很多报表都是从系统中抓取的，但如果进入系统的数据是垃圾的话出来的数据也必然是垃圾，没有什么可看的。或许这正是一个真实现象的反映。Nelson 先生不想他现在所在的公司的数据也这样。

在接手财务部门时，Nelson 先生也做足了功课。他不仅花了时间去看公司以前的损益报表，而且还将过去十年间的损益逐年进行比对，将近期的损益按月进行比对。这给 Nelson 先生留下了很宏观的概念，同时他又是一个非常细致的人，对于数据的来龙去脉非搞得一清二楚不可，特别是第一次。其实也可以说这张表是一张很简单的表，虽罗列了很多项目很多数字，最后一行税后净利才是老板们最为关心的数字，却都显示为红色的赤字。什么时候能扭转乾坤呢？

提示：

损益表

也叫利润表，它反映了企业的经营成果。

如果每次都等月结完了才知道上个月是否盈利，对于公司的管理者来说是比较被动的，能否在月初的时候就给出这个月的损益预估，朝着赚钱的方向，给各个单位一个目标一起努力呢？事实上 Nelson 先生的这个想法是正确的，而且目前大多数公司都是这样进行管理的。

Nelson 先生找来了财务副总监共同商讨他这个想法的可行性。

“我现在只有等月结完了才知道公司的大概状况，我想我们能否在月初的时候就先进行预估作业，比如说我们预估这个月的营销额多少，预估花费多少的材料费、人工费等。这样做应该比较简单吧。”

“预估作业是比较简单，我们以前也有做过的，但我们每个月的变化比较大，这样做出来好像也没有什么用吧。”副总监如是说。

“噢，以前有做过？那就更好办了。那为什么没有继续下去呢？”

“大家都觉得做出来的东西没有什么用，所以就停止了。”

“没有用？可能是我们原来不会用吧。那我们每个月的变化到底有多大呢？你知道吗？”

“呃……这需要查一下才知道。”

“没有关系啦。我希望你们再重新捡起来做，这对于管理来说是非常重要的。一方面我想了解我们营销的预测准确性，另一方面我想各个部门都要列赚钱的目标及改善计划，并每个月进行检讨。因为公司想要赚钱，并不是说想赚就能赚的，必须要有所行动才行。比如说，我们现在正在推行的标杆线，这是从最基本的方面开始做的，我更需要结合我们财务目标来明确现场的目标，到底我们的费用控制在多少，效率提升到多少或者其他改善措施，我们就可以达到损益平衡点，甚至扭亏为盈了。”

“哦，我以前没有这么想过呢，总是想着结账就是结账，告诉大家最终结果就完事了。”

“所以，你们的任务不仅仅是账务的管理，更要引导大家向赚钱的方向走啊。”

“听起来我们的责任重大啊。”副总监笑了笑说，“如果要做预估的话，有一些数据需要其他部门提供，比如说营收预估，就需要营销部门提供产量的预测；直接人工费用，需要 IE 提供人工时等。”

“这个具体怎么做，你们再商讨一下，我只想告诉你们我的想法，我需要这样的一个东西去进行管理。”

“好，我再想想。”

“我需要你们做至少三个月的预估。”

“我想一下怎么做。”

“好的，辛苦你了。希望下个月的时候就可以使用。”

副总监走出 Nelson 先生的办公室，重重地吸了口气，财务部门还需要做这么多的事么？是新的使命还是我原本就没做好？

副总监觉得 Nelson 先生讲得很有道理，拨出时间找出以前的范本，和部属一起商讨损益预估表的模型。在大家的合力之下，很快就初步成形。

“Nelson 先生您看一下，我们已经把表格重新设计出来了，您看看这样能不能达到您的要求？”

副总监将报表拿给 Nelson 先生看。

“很好，你们先试着填写一下。”Nelson 先生边看边说，“你们先做一个模板出来，开经营会议的时候你去说明一下哪些需要其他部门协助的，我到时补充说明。”

“好。”

经营会议上，除了正常的议题外，多了一项就是副总监的损益预估模板的报告。

大家对此大都呈麻木状态，好像与己无关，也不想去动脑子思考了。Nelson 先生作了补充说明。

“依据损益预估表，我们要列出赚钱的计划，需要对可以管控的方面定目标进行改善。除了最直接的业务要多接单外，我们还可以从直接材料、直接人工、制造费用及间接人力方面进行改善。例如，对直接材料，我们可以通过采购降价的方式或找替代料来降低成本；另外我们还需要对我们的报废率进行管控。直接人工的改善，可以通过效率提升来进行人力的精简。制造费用包含了水电及耗材等，对于这些方面的支出，也必须严格管控。合理利用间接人力进行人力的精益。我们大家都要想办法来让公司赚钱。各部门回去以后，做好准备。”

小结

每个公司都要管好三张表：资产负债表、损益表、现金流量表。对于一个高阶层管理者来说，都必须懂得这三张表。依据损益预估表，我们要列出赚钱的计划，切实对可以管控的方面定目标进行改善。

9.3 成本减低

“在丰田的理念里，真正的成本其实就像酸梅的核那么小。大家有没有吃过酸梅?”Nelson 先生在经营会议上说。

“那东西女同志爱吃。”史总监说了一句，大家都笑了起来。

“嗯，不过有些男同志也爱吃。”大家继续笑着。“那些核外表面凸出来鼓得像小橘子那么大的，都不是真正的成本，而是浪费。”Nelson 先生说道，“我们的成本到底多少就可以了呢?”

提示：

成本分类

1. 制造成本
2. 非制造成本（管销研）

大家对于成本的概念应该都略知一二。成本大致分为两类，一类是制造成本，一类是非制造成本。制造成本包含材料成本、直接人工成本和制造费用，也就是我们平常所说的料工费。非制造成本包含管理费用、销售费用和研发费用，就是我们平常所说的管销研。

我们经常使用标准成本来评价实际成本、衡量工作效率。标准成本是指运用技术测定等方法制定的，在有效的经营条件下应该实现的成本。它是一种预计成本，是根据产品的耗费标准和耗费的标准价格预先计算的产品成本。

“直接不产生附加价值的人工成本，以及根本没有使用到的材料所产生的材料费用，只要我们把制造方法改变，就可以消除。制造方法不同，成本会有大幅度的变动。我希望能从实际成本与标准成本的差异中找到成本减低的方向，减少不必要的成本，从而让我们的获利增加。”Nelson 先生继续说道。

实际成本与标准成本之间一定会存在差异，会体现在料工费成本的差异，而造成差异的原因各方面都有。比如材料成本差异的原因有材料涨价或是降价、采购进料配比、运输方式不当、材料质量有问题、员工技术问题、良率提升等；人工成本差异原因有生产效率提升、人员加薪、人力增加或是减少、产能提升等；而制造费用差异原因有员工技术有问题、制程停工损失过高、工费率变动、产能提升、产品变更或新增等。

“我们的 IE 要协助成本人员，找到改善点进行改善。”

“好。但我们损益预估不是已经开始进行改善了吗?”

“这是两个相互印证的方面，一个是预估，一个是实际。预估是我们防止浪费而做的改善；而实际上已经发生的再去改善已经晚了，但不去改的话，就像亡羊补牢一样，那里的羊会越来越少。所以两方面都要兼顾。”

“哦。”

“副总监，你们要把 IE 拉进来，帮助你们一起来看。”

“是，总经理。”副总监很爽快地答应着。

一个月的时间很快就过去了，总裁亲自来参加了这个月的经营会议。

“从报表上看，我们的数字并没有多少改变，Nelson 先生你怎么看?”总裁开始了首次对 Nelson 先生的质疑。在座的某些人摆起了姿势等待看一场好戏。

“报告总裁，报表的数字的确没有什么改变，但我们一直在保持。您可以看一下我们以前的趋势图，时上时下的，非常不均衡。”Nelson 先生回答着，“我们通过各种成本的分解来找到改善的重点，预计还需要一段时间可以明显地看到效果。”

“那你们已经做的那些改善节省的钱都到哪去了?”

“现场的改善，有些并不会直接反馈到报表的数字上，而且这些是要长期的累积才会看到效果。”

“长期？要多长？”总裁没有了往日对 Nelson 先生的客气，此刻显得有些咄咄逼人。

原本准备好的议题由于总裁的责问完全没有展开，Nelson 先生这才意识到了总裁想要急迫改变报表数字的心态，但他明白改变肯定是有的，如何表现在报表上是有难度的，想要快速地数字改变是急不来的。

小结

标准成本是指运用技术测定等方法制定的，在有效的经营条件下应该实现的成本。它是一种预计成本，是根据产品的耗费标准和耗费的标准价格预先计算的产品成本。

在精益生产的推动活动中必须兼顾短期财务数字的改善，才能获得 Top 的持续支持。

9.4 产品报价

“哎，这一款车，我们的成本比报价还高啊？”Tony 看着报表，有一点不敢相信，但心里又一转，“难道这是我们的一个策略？宁愿牺牲利润也要得到这个订单？”Tony 继续看着报表，发现很多款车都出现了同样的问题，“难道真的有问题？”

Tony 带着疑问走进了总经理的办公室。

“Nelson 先生，我发现了一个比较奇怪的现象。”

“什么奇怪的现象？”

“我们的好多产品报价都低于我们制造成本！”

“哦，这是有些奇怪了。怪不得我们这么努力还赚少了。”Nelson 先生若有所思地回答着。“你再去研究一下，把所有报价有问题的产品抓出来给我。”

“好的。”

Tony 离开后，Nelson 先生开始在想产品报价的问题，“这是市场部负责的，我应该找市场部了解清楚。”于是，Nelson 先生拨通了市场部马总监的电话。

“您好，市场部，请问您是哪位？”

“是我啦，Nelson。”

“哦，Nelson先生您好！请问有什么事吗?”

“我想了解一下我们的产品是怎么做报价的?”

“哦，我找专门做报价的小霞来给你解释一下吧。”

“好的。”

电话三方连线。

“小霞，总经理想了解一下报价的流程，你说一下吧。”

“好。”

小霞将产品报价的流程说了一遍。最后马总监补充说道：“嗯，是这样子的。因为是新产品嘛，我们都是预估的价格，如果预估低了，我们只能自认倒霉；但如果预估高了，我们就可以赚钱了。”

“怎么预估的?我们对外报价时有没有经过谁审核?什么时候知道报价与成本的差异?有没有定期修正呢?”

“就是刚刚小霞讲得那个流程啊。至于审核，都有经过老板的女婿吴总经理的。”

“嗯，我是说里面的一些具体数据是怎么估的?是你们一个部门说了就可以吗?还是有相关部门协助提供相关数据?”

“如果产品与我们的老产品比对相差不多，我们就直接以老产品的报价估算；如果是全新的产品，需要工程部门来协助提供数据，然后我们再进行预估。”

“哦，了解。好，谢谢二位。”

Nelson先生挂了电话，总感觉哪里不太对劲，“吴总经理不是在国外么，他怎么能够审核到报价呢?这么看来，报价的工作太随便了，他们需要对产品的利润负责啊。”

Tony此时也已经将大部分有问题的产品找了出来，看来报价的问题很严重。Nelson先生立即让助理小白发了一个通知，准备明天开会检讨。

第二天，会议准时开始。

“Tony，你先来讲一下你看到的情况。”Nelson先生开场。

“好的。”Tony打开了准备好的PPT报告，开始讲他发现到的一些问题。

“我昨天已经向马总监了解过了，目前我们的产品报价是存在一些问题的。虽然我们可能会为了某些订单而策略性地选择降低报价，但出现这么多的报价低于成本，我们是需要进行改善的。”

“是的。我们一直都在进行改善，但效果不明显。”马总监说。

"好，我希望重新捋一下报价的流程，希望我们在给出报价的时候自己心里有数，是亏是盈能掌握有度。"Nelson 先生严肃且认真地说。

"嗯，大部分产品我们还是心里有数的。"马总监还在为自己辩解。

"我们的 IE 对于产品的成本构成都非常了解，所以我希望以后 IE 要参与进来，对产品的成本进行分析，准确计算各产品的实际成本以确定报价底线与报价空间；同时为后续成本管控提供数据支持。"Nelson 先生指着 IE 赵副总监说，"在市场部接到客户的报价需求时，请将信息传递给 IE。"

"这个我会向吴总经理汇报一下。"马总监拉出了总裁女婿作为挡箭牌。

"好，确实应该让他知道。"Nelson 先生心里明白，虽然他现在有权过问此事，但市场的大权仍掌握在总裁女婿手中，而且他是非常讲究职业道德伦理的，也不会越权去管理。

"IE 是做什么的？能算出来吗？"马总监有些不以为然地问道。

"来，IE 是做什么的，请我们的 IE 主管来讲一下，有人挑战了。"Nelson 先生说。

"好的。其实**IE**很复杂也很简单。复杂地来形容，IE 是包容万象的，不仅涉及各学科的运用，例如数学、物理学、社会科学、工程分析和设计等，同时 IE 还是一种理念，是一种思想，涉及思想就复杂得很了，曾有人推崇说 IE 无所不能，无事不 IE。如果简单地说，IE 是一种解决问题的方法，无论什么问题，都可以通过 IE 来解决。"

"听起来很神哈。好像 IE 是一贴灵丹妙药！"马总监不怀好意地笑着说道。

"现在我们的 IE 队伍已经扩大了，不再像以前只盯着生产线，现在已经有能力为市场提供相应的产品报价。"IE 赵副总监继续说，"我们已经做了几个产品的成本分析，到时可以拿给马总监你们看一下。"

"嗯，可以可以。"马总监连声道。

提示：

IE

Industrial Engineering，简称 IE；是世界上公认的能杜绝各种浪费，有效地提高生产率和经济效益的，把技术与管理有机地结合起来的一门边缘学科。

是综合运用数学、物理学和社会科学的基础知识及工程分析的方法，将人力、物资、设备、能量和信息组成一个集成系统，并对这样的系统进行规划、设计、评价和改进的活动。

“如果时间允许的话，我们会将所有产品的成本都进行拆解，并建立产品成本资料库，以方便快速地使用。”IE赵副总监补充道。

马总监不再出声。

“IE计算的报价是作为你们报价的依据，是一个建议报价，市场部拿到后可以根据历史数据和价格策略对报价进行调整，从而产生一个对外的报价。这样的报价就有据可循了。”Nelson先生接着说，“市场部在对外报价的时候，如果报价低于建议报价，我想市场部应该要召集各单位进行可控成本检讨，并在取得订单时就应积极响应成本管控，直至报价在我们的可控范围内。”

会议结束后，马总监发邮件向吴总经理汇报了概况，他并没有发表多少意见，只是这样说了一句，“这当然好啊，我们也不用在报价的时候那么头疼了。有人替我们工作，我们的工作任务可以减少了，何乐而不为呢?”

预估报价有一定的步骤，下面可供参考。

提示：

预估报价步骤

1. 拆解样机确定零件性质
2. 重新组装确认流程并预估工时
3. 成本预算
4. 报价审核

1. 拆解样机，并确定零件的性质

在进行拆解样机的过程中，就可以确定零件的性质。零件的性质可以分为：自制件，外购件，外包件。这些件中有哪些由下游厂完成，哪些由系统厂完成都要确定下来，这样就可以将需下游厂完成的部分由他们来报价给我们（比如说塑料件组合部分，金属件部分）。

2. 重新组装，确定产品的生产流程，并预估生产时的工时

3. 按流程填写成本预算表，要将所有的零件都写入预算表中

预算表中包含材料成本，制造成本（设备折旧、厂房租金、水电费用、工治具成本、人工工资、各种奖金、住房费用），管销研费用。当然材料成本由采购提供材料的价格，管销研部分由经管给历史值，制造成本的部分就需要IE出马了。

4. 填写报价单，送审核，通过审核后传给客户

有时报价还就那么突然，比如新产品刚出来，拿给客户看，客户一眼就看中了，要立刻报价，市场部有时真等不及IE客观的数字出来。但毕竟这是少数，多数情况下，还是要辛苦IE们了。

小结

对于预估报价，有些小技巧可以参考，比如说需要注塑成型的产品，我们需要依据产品的大小来决定所使用成型机台的吨位大小，而一般情况下，我们可以依据机台的大小来定一个固定的费率，人工也是一样。

9.5 呆滞品处理

呆滞品，对于任何一家企业来说，都是不可避免的，但是如何使呆滞品减少，或如何快速地处置呆滞品，各个企业都有不同的做法。有些企业每个月的账单中就会提列一定比例的呆滞，下个月以实际的呆滞反冲，同时实物就会快速地处理掉。有些企业碰到好的客户，客户会为这些呆滞品买单，当然是一定限度内的，合作的合同内都谈好了。做得最不好的可能就是既没有账，也没有盘点，呆滞品也不处理，积累下来呆滞就真呆滞了。Nelson 先生曾见过很多小企业，大部分的空间都是用来储放物料和成品的，其中有一半以上是呆滞的物料或成品。小企业主们都很无奈地摇摇头，无计可施。更为可笑地是，他们根本就不知道有多少呆滞品。

提示：

呆滞品

是工厂无法快速应对市场变化的产物。我们需要建立有弹性的生产系统来尽可能地减少呆滞。

呆滞品是怎么产生的呢？原因有很多。比如客户突然取消订单，比如采购多了物料，等等。对于 ODM（Original Design Manufacture，原始设计制造）的企业来说，大部分的原因可以归结于客户取消订单。如果更深地去探索，可以归结于供应链的反应时间过于漫长，需要建立足够的库存来保证订单的准时出货。而面对客户突然地取消订单，则库存多到无法消化。

其实 NP 集团的呆滞品也不少，至少从账面上来看是这样的，如果到仓库中去看一眼，便知其数量真的不少。如此多的呆滞品，要如何处理呢？这里面很多都是以前遗留下来的物料或产品。这又涉及仓库的管理了，首先还得进行整理整顿，清除掉这些呆滞品，腾出空间来。

但不管整理整顿的结果如何，我们都要对呆滞品的产生进行总结，以防止以后又出现类似的状况。

一个呆滞品要如何处理的现场会议正在进行。

“大家看到这些产品没有？”Nelson 先生指着货架上的东西说，“这些物品，已经有多久没有动过了？”

“这个标签上写的是 2010 年年终时盘点的资料，之后就没有记录了。”一直跟随在身边的 Tony 拿起一个标签卡说道。

“以前就是舍不得处理，这倒好越堆越多了。之前没来仓库也没啥感觉，现在看了还是觉得可惜，但也不得不处理了。”一个主管说道。

“这里面还有很多历史悠久的东西，大家有没有兴趣来翻一翻底？”Nelson 先生的话刚落下，有些人就开始偷偷笑了。

“有人笑，说明已经有人听进去了。”Nelson 先生也笑了一声，“接下来大家要来做决定了，这些呆滞品要如何处理？”

大家也纷纷献策。

“先分一下类吧，看看哪些东西是还可以用上的。”

“哪些是免税原材料，必须特别分开管理。”

“有些成品可以降价处理卖掉吧，有些只能当废料卖了。”

“要建立一个呆滞品的处理标准文件。”

“要有一个监控机制吧。”

……

“多久没有移动过的东西才算是呆滞？这要有一个标准，也要有机制不断地提醒哪些物料或产品呆滞，呆滞多久了，要有单位去处理。”Nelson 先生总结说。“我们成立一个专案小组，史总监作为小组领导，你选配其他人员来共同处理。这里就交给你们负责了，一个星期后同一时间点我来看结果。”

Nelson 先生回到办公室后，在自己的月行事历上记上了一笔。

一周过后，Nelson 先生再次来到上次处理呆滞品的仓库现场。一看，傻眼了。现场乱七八糟的，比上次更糟糕了。

“这是怎么回事？”Nelson 先生询问正在作业的仓库人员。

“翻了很多产品，觉得扔掉很可惜啊。这毕竟花了我们很多时间才做出来的，所以现在再翻一次，看看能不能将一些拆掉用到别的产品上。”

“没有其他人员来确认你们怎么知道能不能用上呢？”

“有人在确认，要不也不会这么慢的，我们在等结果。”

“哦。那你们继续努力。”

“好嘞。”

行动虽然缓慢了一些，但至少已经在行动了。Nelson 先生在回到办公室后，收到了史总监派人送过来的《呆滞品处理标准的草案》，心里感动了一下。好，一切都在进行中。

小结

呆滞品占用了我们的资金、厂房、管理等，虽然对于任何一家企业来说，都是不可避免的，但是如何使呆滞品减少，或如何快速地处置呆滞品，各个企业都有不同的做法。我们相信定期的清理是必要的做法，但最好就是能做到预防呆滞品的产生，从源头进行管理。

9.6 建立经营管理职能

基于目前的工作越来越多，Nelson 先生越发地想要一个团队能协助其找出内部运作的流程中的问题点并加以改善。他想到了经管，在以前的公司是这么叫的。这个经管的组织可以收集、整理、分析数据，向决策层及时提供准确的、有效的决策辅助信息；而且要对组织潜在的弊端进行不间断的稽核，针对问题、弊案发生的特性主导相关系统规划、做出流程改善乃至流程重塑的工程，以期保持组织的健康。

提示：

财务与经管

财务：一般是财务的管理。

经管：相对于财务，更主要的是取得资源、运用资源与分配资源。

经管的工作与财务的工作差别还是蛮大的，虽然 Nelson 先生想让财务部门充当经管的角色，但似乎并不恰当。经管的主要职能是要对产业及客户市场进行研究，掌握产业发展方向与市场竞争状况、市场情报分析；要驱动组织依据整体利益策略，贯彻执行策略规划方针展开与目标管理；要进行资源统筹整合，合理分配资源投资管理与经营整合；要掌握及时准确的信息，协助主管决策与进行经营控制、分析、改善与风险管理；要落实数字化且具激励性的绩效分配，执行绩效管理与持续改进推动。

所以责任重大。

小结

经管系统可以收集、整理、分析数据，向决策层及时提供准确的、有效的决策辅助信息；而且要对组织潜在的弊端进行不间断的稽核，针对问题、弊案发生的特性主导相关系统规划、做出流程改善乃至流程重塑的工程，以期保持组织的健康。

第 10 章

如何进行 IE 系统改善

IE 近年来在国内企业中的运用越来越多，其作用是显而易见的。丰田公司将 IE 称为赚钱的 IE，可见其在日本企业中发挥的作用。IE 无处不在、无所不能的理念又将 IE 的作用推向了更高的境界。其实 IE 的核心是降低成本、提高质量和生产效率，其两大基本技术即为方法研究和作业测定。

在当今的企业中，基础 IE 是不可或缺的，这基础包含了与产品相关的流程、时间等，相关基础资料是其他单位必要的数据来源，如报价、员工的工资等。Nelson 先生看到了现有 IE 的不足，他想要系统地建立与发展 IE 功能。

10.1 计件制，标准在哪里

在 NP 集团，大部分生产线的员工采用的是计件制薪酬，有个人计件，也有集体计件。

> **提示：**
>
> 计件工资
>
> 是按照劳动者生产合格产品的数量和预先规定的计件单价计量和支付劳动报酬的一种工资形式。

什么是 **计件工资**？计件工资是按照劳动者生产合格产品的数量和预先规定的计件单价计量和支付劳动报酬的一种工资形式。计件工资制是间接用劳动时间来计算工资的制度，是计时工资制的转化形式，只需按已确定的定额和计件单价支付个人的工资。计件工资是由计时工资转化而来的，是变相的计时工资。工资形式的差别，并不改变工资的本质。计件工资和计时工资的本质是相同的，它们都是劳动力价值或价格的转化形式。

当员工每完成一件合格产品或每一单位工作量时，都按一定的计件单价进行计算从而得到工资数额。但是有一个很让人费解的现象，不同的工种，月薪酬相差很大，虽然劳动强度相差无几。为此，部分觉得不公的员工们还罢过工，有的甚至用武力挑战上级主管。问题在哪里呢?

Nelson先生对于IE是特别的情有独钟，因为他大学所学的就是IE专业，自己也带领过IE的团队，因此对于与IE相关的问题，表现得过分关心。有时他心里也明白，他这样做可能不太妥当，应该让IE的主管多关注这些问题。然而此刻他正拿着一张工资计算表，在产线上和一位现场的管理人员对话，IE的副总监也在。

Nelson先生问道："这上面的计件单价什么时候更新的?"

产线管理人员如实回答说："计件单价一直都这样啊，不用更新的。"

"嗯?为什么不用更新?"Nelson先生皱了一下眉头。

"我们一直都是这样做的。"产线管理人员直截了当。

Nelson先生继续问着："那这计件单价是谁给你们的?"

产线管理人员也继续回答着："是人资给的。"

"哦，人资给的。什么时候会给你们?"

"就是新产品开始量产的时候给的，我们就按照这个去做了。不过当量产一段时间后，觉得不太合理，我们也会找人资来改一下。"

"嗯。IE赵副总监，你有什么问题要问吗?"这是Nelson先生刚从外部请来的一位IE主管，他想要健全IE的基础功能，同时将Peter调任到制造处进行生产的管理。

"我大概已经知道问题在哪里了。"

"好。"

IE赵副总监此时在想，他要去找人资的人谈一下这个计件单价是如何产生的。然而了解的结果让他自己大跌眼镜。原始的数据是IE给人资的，但数据是在产品量产时做的，之后产品流程的变更或员工熟练度的提升等，IE都没有再更新数据给人资。

计件薪资制度关键在于标准，标准是否合理影响到员工的薪资高低。产品从量

> **提示：**
>
> 学习曲线 Learning Curve
>
> 是指在一个合理的时间段内，连续进行有固定模式的重复工作，工作效率会按照一定的比率递增，从而使单位任务量耗时呈现一条向下的曲线。

试、量产到大批量生产，其中是有一个学习曲线（Learning Curve）的，我们需要依据学习的过程制定不同的标准。于是 IE 赵副总监开始了 IE 的标准作业规范。

关于计件与计时的差异，Tony 也协助进行了总结，并给出了以下的比较表，不同的企业可以参照表 10-1 使用。

表 10-1　计时薪水模式与计件薪水模式的比较

计件说明	计时说明
人工成本占比高、传统制造业、产品结构简单、成熟产业、作业复杂度低	高附加值、高科技、技术密集、制造流程复杂、人工成本占比低、新兴产业等
发展中国家及地区	欧洲、美国、日本等发达国家及地区
生产激励性强	不利生产效率提升
依照劳动成果数量给予报酬，人们感觉公平	人们努力学习知识及技能，提升综合能力
人工成本容易计算	综合成本容易计算
为了尽量保障高产能，员工只需要熟练单项技能（排斥多能工）	为了加强协调合作，员工需要学习多种作业技能（多能工）
员工自主度高，纪律不好维持，员工调度比较困难	员工服从度高，易于管理及安排作业
上下班时间比较自由，有利调动员工积极性	员工上下班时间一致，有利于集中管理
对管理者能力要求不高，管理者人数可适当减少	对管理者能力要求较高、较全面，对管理流程及系统要求较高
员工会努力争取长期从事自己能做得最快的工作内容，对身心不利	让员工学习各项作业技能，在维持收入前提下保障员工身心健康
比较不注重产品质量	既注重产量也注重质量
为了计件薪水的正确性，需大量的统计数据（每工序），统计成本高	重点是管理出勤率，统计成本相对较低
新老员工同样的工作时间，工资差异大，新员工心理容易不平衡	新老员工同样的工作时间工资差异与技能及绩效相关，较容易平衡员工心理
产出绩效依赖于单个员工的经验及熟练度	产出绩效依赖于管理的协同作业程度
满足人们多劳多得，按劳分配的心理需求。使不同劳动者之间以及同一劳动者在不同时间上的劳动差别在劳动报酬上得到合理反映	由于计时工资只能反映员工的技术熟练程度、劳动繁重程度和劳动时间长短的差别，不能全面反映同等级员工在同一工作时间内付出劳动量和劳动成果的差别，在一定程度上造成平均主义

（续）

计件说明	计时说明
计件薪资高者会无意识抗拒现场作业内容的任何的变化	作业形态调整阻力小，员工抗拒力量较小
同行业不同公司同岗位之间的计件薪资差异导致员工离职率高	员工不能对作业内容进行薪资对比，同工种之间的跳槽行为较少
按工序工时定额计算计件薪资，更新困难	按出勤时间及绩效计算，调整较为简单
为了效率，管理者及员工对作业安全的关注度较低	相对计件工时，管理者及员工较注重作业安全
为了效率，员工对自己所用设备及机器的爱护程度较高	干部及员工比较不关注及爱护自己所使用的设备及机器
因管理或技术改造而使生产效率增加时，降低产品计件单价会遇到困难，员工认为公司在变相剥夺他应增长的全部或部分收益，员工会内心深处抵制改革（体现在抱怨计件单价不合理）。若不降低产品计件单价，会增加产品成本，对员工有利而对公司不利	员工认为效率提升，技术改造对其本身收入至少不会有害处，只有提升薪水的机会，内心深处比较赞同现场作业方式改革
在企业以利润最大化为目标时，采取计件制度有利于赚钱	在企业以提升市场占有率及综合竞争力为目标时，采取计时制度有利于基业长青
计件工资制本身不能反映物价的变化，员工很难长期满足于总体基本不变的收入，容易闹罢工，要求公司提高计件单价。而长期来看，公司的目标却是降低计件单价，才能降低人工成本，相较之下，长期来看，物价上涨，若没有其他补贴薪资方案补充，即使劳动生产率没有任何提高，公司也必须调整计件单价以保障员工原来的生活水平	计时工资制度调整较容易，不会在作业内容相对应的报酬方面引起公司与员工之间的矛盾，怠工的出发点与计件制度不同
按照每岗位劳动量的多少不一制定相应的对应价格，以产出产品量作为基准决定员工报酬，适合于一线岗位的基层作业者，不适合于其他部门及人员	按照员工的技术熟练程度、劳动繁重程度和工作时间长短支付的工资。其数额由员工的工资标准和工作时间决定。由于各种劳动均可以用劳动时间来计量，所以计时工资的适应性强，适用范围广泛，任何部门、任何单位和各类工种、岗位均可采用
员工比较辛苦，管理者比较轻松	员工比较轻松，管理者比较辛苦

计时工资适用情况：

1）产品质量比产品数量更为重要的工作。

2）成果不便于以件数计算的工作。

3）生产常受到外界影响而中断，生产时间不能保持正常的工作。

4）规模较小企业中的工作。

5）上级对于下级可进行严密监督的工作。

计件制的适用范围：

1）工作性质重复而便于以件数来计算的。

2）工作监督困难而不便于采用计时制的。

3）有鼓励提高生产速度及数量必要的。

4）原料便于分配工作的。

小结

计件薪资制度关键在于标准，标准是否合理影响到员工的薪资高低。产品从量试、量产到大批量生产，其中是有一个学习曲线的，我们需要依据学习的过程制定不同的标准。

计件制与计时制有区别，但实质是一样的，各企业应依据实际状况选择。

10.2 回归 IE 基本

科学管理之父泰勒为寻求工作效率的提高，首创了时间研究的方法，再加上动作研究之父吉尔布雷斯夫妇，便成就了传统 IE。常听说，IE 是产线的保姆，也可谓增加了 IE 的权力。

现代企业中，IE 的思想与理念无处不在，改善的呼声也一日重似一日，但也似乎觉得 IE 不止如此，都在追求 IE 新的方法，从而忽略了传统 IE。虽然传统 IE 的研究范围较小，但对制造工厂来说是不可或缺的。

标准作业时间对于制造来说，是一个基础的数据，没有它也就没有了衡量的基准，如生产效率的好坏、生产成本的高低等。如何用最快速有效的方法来完成一个工作，是一个 IE 人必须要会且要努力完成的基本工作。从新产品开发，IE就要参与其中，彻头彻尾地了解产品并会制作产品。

IE的基础功能可不少啊，罗列了一下，有18条之多。各工厂的IE功能可能大同小异吧。

1）产品生产流程和标准工时制定。

2）工厂布置设计与执行。

3）生产线规划和生产线配制图的制作。

4）生产线的绩效评核及跟踪改善。

5）制作SOP（Standard Operation Procedure，标准作业程序）、PMP（Product Management Process，产品管理制程控制表）、Flow Chart（流程图）。

6）教导线长、作业员用以确保能确实执行组装或测试动作。

7）根据生产需要向ME（Mechanical Engineer，机械工程师）提出需求与构想，要求设计工具夹具并跟催工具夹具上线的确实执行。

8）协助解决生产线的组装技术方面的问题，依据ECO（Engineering Change Order，工程变更命令），发出MN（Manufacture Notice，制造通知），通知生产线采取相应的措施以符合工程变更的需求。

9）发出制造通知单，以通知生产处对某些特殊要求遵循或对不正确动作进行修正。

10）提供生产线应有的设备，同时对生产现场的工具、设备和人员的动作进行检讨，对不合格之处立即提出改善行动进行更正。

11）进行动作研究，方法改善，降低工时，提高生产线的效率，使生产线更顺利。

12）推动成本减低运动，减少各种浪费。

13）参与讨论返工流程确定，制作返工流程图和返工作业指导书。

14）生产线和品管人员的培训，仲裁生产与品管间的争执。

15）参与产品BOM（Bill of Material，材料清单）架构制定。

16）生产消耗性材料确认、建档、需求用量的估算。

17）对于向外的承包工程进行成本估算，并对外包工程进行报价审核。

18）参与协力厂商的评监工作，不良材料报告书的会签。

Nelson先生发现工厂里的主管很少去现场，连IE都在依据着经验做事，也很少去现场查看实际的情况，更不用说标准作业的改善及标准工时的准确性了。

“我们的IE都在忙什么呢?”

“据我所了解的，IE目前只是在打打杂，没有明确的方向。”IE赵副总监回答道。“我正在规划IE的职能，相信过一段时间就可以慢慢完善了。”

“很好，但是我希望能马上行动起来，让IE多到现场去，了解现场。只有这样他们才知道现场有哪些问题。”

“好，从明天开始，我就宣导这项。我看到我们的IE很多还是比较弱的，我也正在规划IE的专业课程，比如**IE七大手法**、八大浪费等，希望通过学习来让IE同事的能力有所提升。”

“很好。我们的现场主管都已经在受训了，IE是现场改善的指导员，你们可不能落后啊。另外，标准工时要定期更新，不要一个标准到底。”

提示：

IE七大手法

由基础工业工程中总结出来的运用较为普遍的原理原则及方法，便于记忆与运用。

1. 五五法
2. 防呆法
3. 动改法
4. 流程法
5. 人机法
6. 双手法
7. 抽查法

Nelson先生希望IE不要做年轻的老人，要不断地学习新知识，也不要忘记学习IE基础知识，既要能正确测量工时，正确使用宽放比率，也要现地现物改善，要教导员工以实现人人IE，事事IE。IE无所不在，IE无所不能，IE要成为公司名副其实的管控效率机关，这样IE对公司才有价值。

IE赵副总监一边规划标准工时更新计划，一边要求IE每日巡查工厂，回归IE的基本面。然而他发现，对于标准工时的制作，IE还是有欠缺。比如测量工时的表单没有统一的表单，各个IE各自使用自己的表单，有的工时测量5次取平均，有时测量10次取平均；对于宽放的比例也不尽相同。为了统一，IE赵副总监亲自教导员工，进行表单标准化，一点一点进行内部的完善。

IE去现场巡查的内容有哪些呢？从系统面要查看生产线的开动状况，人员利用状况，以及产品的质量状况，有异常时要及时处理。从微观面要观察现场每个工位的状态，人员、工具物料、机器设备等。

每天的早会上，每个IE都会汇报工时更新的状态以及现场的问题点及改善方向，但总觉得部分IE还不太会观察现场，都浮于表面。所以为了避免去现场时的盲目，IE赵副总监依据**动作经济原则**3大类22条共同制订了Check List（检查表），边教导下属员工，边依此去寻得一些改善点。

> **提示：**
>
> 动作经济原则
>
> 原为吉尔布雷斯（Frank B. Gilbreth）首创，后经多位学者研究改进，其中巴恩斯（Ralph M. Barnes）将之完成，并划分为3大类22个原则。
>
> 关于人体的应用，共包含8项。
>
> 工作场所的布置、环境，共包含8项。
>
> 工具和设备，共包含6项。

Nelson先生说，如果生产线的每个员工都掌握了此22条原则，在平常的工作中经常思考，那工厂的改善将会一直持续下去，因为Nelson先生始终相信积少成多，聚沙成塔。

小结

IE不要做年轻的老人，要不断地学习新知识，也不要忘记学习IE基础知识，既要能正确测量工时，正确使用宽放比率，也要现地现物改善，要教导员工以实现人人IE，事事IE。IE无所不在，IE无所不能，IE要成为公司名副其实的管控效率机关，这样IE对公司才有价值。

10.3　新产品试做

在以前，产品的开发速度都比较长久，这是因为它有一个漫长的爬坡与成长过程。例如：在电子业，以前产品都有6个月的爬坡期，3个月的巅峰期，6个月的衰退期，生命周期约为15个月，然而现在新产品在3个月之内就要爬到最高峰，之后3个月很可能就直接结束，生命周期约为6个月。从15个月到

6 个月的周期时间缩短，就要求我们工厂中的各个环节的时间都要缩短，而且要在最短时间内达到品质与效率的最佳化。

以前新产品试作时，基本上看不到 IE 人员在现场，不过现在已经明确定义了在新产品试作过程中每个单位应有的职责。现在新产品的试作很多，各单位都在努力发现问题，并逐一记录。IE 不仅要在此过程中进行产品流程的试排，工时的预定，还要动手试作并教导员工。也正是这样，IE 会发现很多不被大家认为是问题的问题。

在新产品试作总结会尚未开始之际，IE 内部正在讨论并提出了某个新产品在试作过程中的一些问题，有些问题看似很简单。

“这是一款什么样的产品呢，怎么会需要种类如此多的铆钉?” IE 的赵副总监一边看着图，一边数着铆钉的规格。“一共有 44 支铆钉，就有 14 种规格，这样的设计对吗?”

“是啊，有的就差 1mm。” 其下的一个 IE 跟着说道。

这正是其中一款新开发的童车图样，铆钉的型号及用量见表 10-2。

表 10-2　铆钉型号及用量表

序　　号	直　　径	用量/pcs
1	4.7mm×10mm	1
2	4.7mm×15mm	2
3	4.7mm×24mm	14
4	4.7mm×25mm	6
5	4.7mm×26mm	2
6	4.7mm×28mm	2
7	4.7mm×31mm	2
8	4.7mm×36mm	1
9	4.7mm×37mm	2
10	4.7mm×44mm	3
11	4.7mm×45mm	1
12	3.2mm×10mm	2
13	3.2mm×16mm	4
14	3.2mm×20.5mm	2

“我们还有很多类似的产品，如果都设计成这样的话，那我们的零件规格型号太多了。”

新产品会议上，除了正常的问题解决外，IE 赵副总监提出了一些构想。“我们的设计能否模块化？能否将使用的零件降到最少？比如说这个铆钉，它的规格是否可以通用化一些。24mm、25mm、26mm之间就相差那么1mm，我们是否可以设计成一样的规格？我们的设计要使装配简单化，在装配的过程中不要发生错误。”

当然会议的过程中，设计方也提出了他们设计的理由，但不管怎么样，在设计的时候都要注重设计的可制造性（DFM，Design For Manufacture）及容易性。这是最简单的设想，同时又是最难的设计。

新产品的开发生产一般都会历经四个过程，EVT、DVT、PVT、MP。EVT（Engineering Verification Test）是指工程验证测试阶段，DVT（Design Verification Test）是指设计验证测试阶段，PVT（Pilot run Verification Test）是指小批量试产阶段，MP（Mass Production）是指大量生产阶段。在每个阶段都各有要求，在每个阶段中发现的问题只有解决了才能到下一个阶段。

一直以来，对研发这块Nelson先生都没有去碰，但现在已经有对研发不满的声音了。Nelson先生也正有意寻找面向研发的改善。因为在影响产品成本的各项因素中，设计的影响可谓最大，设计的好坏对产品的成本影响约占70%。要从设计进行源头管理，要有开始就把事情做对的理念。

负责工程研发的任总监在Nelson先生开始行动之前却提出了退出。据了解，他已经在外另外找了一份工作，职位比现在的高，当然薪水比现在的更丰厚。

总裁对于任总监的离开感到颇为不满，研发是他最为看重的一个单位，任总监跟随其多年，不曾想到他会这么突然地离开。其他皇亲们趁着任总监的离开在总裁的耳边说这说那，总裁甚至真的开始怀疑Nelson先生是否影响到了任总监？对于新人的选择，总裁没有让Nelson先生操作，而是他亲自挑选了一位经验丰富的工程研发游副总。

游副总的到来，让本想在工程研发开始作改善的Nelson先生又停了下来，因为只要他一说什么要改，游副总总有那么多的理由，或总拿着总裁来说话。Nelson先生暂且观看游副总的行动吧。

小结

在影响产品成本的各项因素中，设计的影响可谓最大，设计的好坏对产品的成本影响约占70%。要从设计进行源头管理，要有开始就把事情做对的理念。

10.4 提升会议效率

随着 IE 组织与功能的完善，IE 已经成为现场改善的主力军。但光有 IE 一个单位的力量去改善是不足的，为促进各单位都去提升生产现场的效率，IE 赵副总监便组织了由 IE 主导的效率提升会，每周召开一次。

几个事业部门的会议是分开举行的，某些事业部门的主管倒是很积极，每次都主动来参加会议，而且每次都会盯到一些关键的问题。他对其下的部属说，主管要有预先规划管理的能力和处理事项区分优先级的能力；如果同一议题一直没有进度，就必须下结论；花力气做就要达到一定效果。但其下有些部门的主管就不那么积极了，只要他不在，有些主管就会跟着“不在”，会议基本上就是一个过场，IE 提出的一些问题也没有人去跟进。

开始的时候，大家都很积极，因为改善的空间很大，短时间内改善的成果也很明显。但随着时间的推移，改善的空间没有那么明显了，所以各单位就出现了推脱的现象，比如，事业部门的主管说要推自动化，交给设备部门的主管去做，每次报告进度的时候不是这里有问题就是那里有问题，或者说人手不足，这一推半年过去了，一点进度都没有。

当时 IE 赵副总监的压力也很大，因为每次会议上，只要报告的过程中出现一点问题，各单位都会丢个炮弹过来，而且事业部门的主管也会要求 IE 去跟进各部门的改善进度，所以 IE 就成了炮灰了。

有一次 Nelson 先生参加了会议，虽然大家有所收敛，但长期形成的习惯是改变不了的。会议上大家又你推我挡地开始了。

Nelson 先生说：“我们开这个会是要解决问题的，而不是来描述问题的，更不是要大家来表演‘太极’的。在日本企业界及社会中常见的一个用语叫‘报连相’，什么是**报连相**呢？就是报告、联络、商量的意思。工厂管理过程中，发生任何事情，下属都必须向上级报告，并与相关人员商量。联络一般发生在平级单位或相关单位的成员之间，包括信息的知会、沟通，共同分享信息，以取得足够的资源，协同顺应变化和解决问题。我们现在是在联络，与大家沟通，与大家共同分享，同时也需要得到大家的配合。只有这样，这个会议才有意义，才能持续地运转下去。”

大家听了都默不作声。

会议后，他让 IE 的赵副总监留下来。

“IE不能太友好，什么事都点头答应。IE是一个公正单位，要保持其必要的做事原则，如果只想做好人，那就没有公正性了。”

“是，我知道。但……”

“不要但是了，我也是了解各单位主管的。所以，在会议前你们就必须和他们商讨好。不知道你有没有听过‘根回’这一说法?”

“知道有这么一个词，但具体还不明白什么意思。”

“嗯。丰田很早就认识到这种跨部门之间因利益冲突或沟通不良造成隔阂现象会给公司带来不可估量的内耗损失，因此规定在实施问题对策之前，必须与相关人或相关部门预先磋商（即**根回**），以争取支持。在丰田，会议决议反而只是一个形式而已。

因为总是以取得共识为优先，丰田人对于决策一点也不急躁。据统计，在项目推动过程中，丰田人做出决策的时间占了项目周期时间60%以上，换句话说，执行时间低于项目周期时间的40%。”

提示：

根回

指的是丰田公司中，为了解决问题而进行的事前磋商。规划者在决策之前，反复向管理者及相关成员报告、沟通，取得一致的认可和支持，进而使决策得以顺利执行。

“哦，要事先沟通。”

“是的，所以在会议中时，因为事先都已经磋商好了，你就很好做了。但会议中必须：

1）要下结论。

2）要决定责任人与完成日期。

这是在主持会议的时候，主持人必须要有的职责。”

小结

要想会议高效率，会议之前必须事先磋商好，即做好“根回”。

IE不能太friendly。IE是一个公正单位，要保持其必要的做事原则，如果只想做好人，那就没有公正性了。

10.5 自制还是外购

关于自制还是外购的问题，曾在汽车大量生产方式时期有过不少的争论，那时是针对汽车的零件能否按时送到总装车间，而且零件的品质是否优良，成本是否低廉。但是不管是自制还是外包，在大量生产方式下，都没有得到满意的答案；精益生产方式下给出了较好的方法，就是协作双方要共同工作以降低成本、提高品质。

对于模具到底是自制还是外购，最近在 NP 集团也吵得沸沸扬扬。因为研发的费用一直在涨，分析研发的费用后发现模具费用一直在涨，而模具的费用归在研发里面。

公司虽有能力自己制作模具，但与外面报价比较显得过高了。不仅是费用问题，还有些模具不能按时交付生产使用，影响了产品的交期。

是什么影响了我们的制作成本？为什么我们不能按期完成？Nelson 先生在经营会议上提出了问题。

答案很多，无一令人满意。

“我们的模具生产人员经验不足，需要再招一些有经验的人来。”

“模具人员是间接人员，不允许加班。”

生产单位的牢骚最多了：“我们的模具不能一次就做好，好多模具都架上了机台，却发现根本没有办法试模。这样又要花时间把模具拆下来送回模厂去修理，这不仅浪费了我们的时间，还占用了我们的机台，机台稼动率就低了。”

“另外……”

模具是生产之母，公司投入模具生产，也是为了要赚钱，是为了比外包厂商价格更低，品质、交期更有保障；如果自己生产的模具比外购还贵，品质交期都不确定，那就没有意义了。到底是自制还外包，由公司的状况决定，至于要发展到协作商的程度，可能还有一段距离。

模具的生产，可视作是一个单件生产的过程，其数量少，且要求精确。其实要了解模具的成本必须了解其制作的过程，如同我们生产的产品一样，把它拆成料工费来分析。例如：制作模具要使用的材料有哪些，应有一个清单，同时必须包括材料厂商及品牌，因为不同的品牌材料的价格也差异很大；这部分模具部门最具发言权。工费是需要管控的，但不能一味地通过控制加班，我们需要了解为什么需要加班？我们需要制作模具的制作流程图分析预估人工时，合理安排人力。这是 IE 可以来协助的事情。当然，人的能力会影响人工时，所以人还是需要培养的，短期可以通过外招，但长期的做法还是需要我们内部自己的培训。

至于交期无法满足，我们就要用项目管理来进行模具制作的管理了。

自此 IE 开始介入模具生产，开始了解模具的生产过程，并对其进行一系列的改善。

小　结

模具是生产之母，公司投入模具生产，是为了关键技术自立化，也是为了要赚钱，是为了比厂商更低，如果比外购还贵，那就没有意义了。其实要了解模具的成本必须了解其制作的过程，如同我们生产的产品一样，把它拆成料工费来分析。

10.6　稼动率分析

在一些大型公司里，有很多的设备，每天设备的运作状况如何，未来设备是否够用？为了掌控设备资源的利用状况，及时调配设备资源，充分利用现有设备，所以有必要对某些**设备稼动率**进行分析。对于工厂里哪些设备需要算稼动率呢，我们也必须进行定义，各制程（工艺流程）中的主要设备要统计稼动率，如成型制程中的成型机、冲压制程中的冲压机等。

> **提示：**
> 设备稼动率
> 这里指的是设备的时间稼动率。

Nelson 先生在开 KPI 的会议时就遇到过这样的问题。生产单位的 KPI 指标中都会有一项是设备稼动率，细细追究其数据的来源，恐怕会惊讶，就连最简单的稼动率的计算公式也会不同。比如说，有的单位稼动率在计算时，只计算开动机器的稼动率，对于闲置的机器排除在外；有的则是包含全部的设备。或者有的是单纯的时间稼动，有的是复杂的**OEE**（Overall Equipment

> **提示：**
> OEE 综合设备效率
> 是指设备的时间稼动率、性能稼动率及良率的积。

Efficiency，综合设备效率)，所以在拿到这个数据的时候，不要只看数据的高低，而必须清楚地了解其定义及公式。因而 Nelson 先生要求 IE 将设备稼动率的计算方法与原则定义搞清楚，这样才有可比性。

有关稼动率，说简单也简单，说复杂也复杂，全赖你的目的为何。对于某些单位而言，他需要了解设备的利用状况，是否有过剩的产能，所以要的数据是时间利用率；但对于另一些单位而言，他需要了解设备的使用过程中的状况，是否有异常，所以要的数据是可动率。时间利用率与可动率是完全不同的概念。

例如，一台机一天可供时间为 24h，其中运转时间为 12h，但在运转过程中因各种原因停下来 1h，那么时间利用率为 50%（12/24 = 50%）；而可动率为 91.67%（11/12 = 91.67%）。

提示：

可动率

需要设备工作时设备就可以工作的比例。一般目标为 100%。

不管是稼动率还是**可动率**，对于其中的每一个项目，都应设立管控的目标值，如机器的保养时间的目标管控值。保养可分为日保养、周保养、月保养及年保养四大类，每一类保养因机器所需保养的项目不同而所需的时间也不同，对于每一类的保养时间，都需要有文件定义，这样以后更改才有依据。除了保养时间外，其他时间也可依据经验值制定目标值，然后一段时间后根据实际值去修订合理的目标值。

对于稼动率数据的收集，很多公司都没有系统化，其实他最基本的数据就来源于生产日报表，如若能及时收集数据就更好了。我们做稼动率的分析，是用来改善的，所以对于每一项目，都要有责任归属，超过了管控目标就需要分析原因并进行改善，如此持续跟进。比如机器故障的时间比例超过目标值了，责任单位就要分析为何机器故障多，找出真正的原因，并进行改善。

小结

做稼动率的分析，目的是用来改善的，所以对于每一项目，都要有责任归属，超过了管控目标就需要分析原因并进行改善，如此持续跟进。

第 11 章

如何展开人资系统改善

人资系统是一个周边服务系统，分管企业人才的选育用留。人资做得好与坏，要看其选育用留了多少人才。

在人才流动率这么高的社会环境下，Nelson 先生要如何应对呢？

11.1 罢工的处理

罢工，以前只在书本上看过，在美国等发达国家较多发生，大多因为劳动与报酬的不平等而导致劳工们罢工。伴随着中国经济的快速发展，罢工这个字眼也经常出现在人们的眼前，例如在 2008 年发生世界金融危机时，很多企业破产，另外一些没有破产的企业为了保全自己而纷纷裁员，被裁的员工们或因赔付不满或因感觉不公而纷纷站起来抗议，于是罢工开始。

NP 集团也遇到了一次罢工事件，缘由也是部分员工认为待遇不公。且不细究罢工的缘由，就这么一罢工，导致工厂一天甚至更多天无产出，所以我们作为工厂的管理者要尽量避免类似事件的发生。

NP 集团的罢工是发生在医疗制造处，此时正值公司的结薪日。

“报告总经理，医疗制造处员工今天正在罢工!”一大早，大伙正准备开早会，Nelson 先生就接到了这么一个电话火情。

“罢工?” Nelson 先生有点不敢相信，这种事还会发生在他的身边。

“是的。今天早上一早，这里的员工就聚集在一起闹腾呢。现在我们要怎么办?”

“是什么事引起的?”

“现在现场有没有其他主管在?”

“Jacky 跟我一起到现场去，叫上人资的华总监一起。”Nelson 先生吩咐着。“以前有发生过吗？”

“也有过，没有什么大事，可能是因为薪水的事吧。”人资华总监这么回答道。

厂车载着大家驶向了罢工现场。

这还是 Nelson 先生头一次碰到罢工。前面提到 NP 集团的基层员工的薪资都是计件的，产线上无论发生什么样的异常都会影响到他们的薪资水平，例如今天有人员缺勤生产效率没有达成，又如某一物料品质异常导致产线停线等。

场面并没有 Nelson 先生想象的那么混乱，原本围堵在工厂大门口的员工们见到厂车过来，纷纷让出了一条道来。Nelson 先生与众主管们下车。

带头员工见总经理亲自过问此事，便又开始张狂起来。

“为什么我们比以前还要辛苦工资却比以前更低？总经理你来评评理。”大家也都应声附和着。

Nelson 先生手拿着扩音器，对大家说：“大家都先静下来，这个事情我会负责调查清楚的。”

“这怎么让我们安静嘛，我们的钱都没了。”

“事情总是要解决的，大家先听我讲，这件事我会处理的，我们会检讨我们的管理是否有问题，我们会给大家一个满意的答复。领头的哪几位留下来，我们来谈一下，其他人都先散去吧。”

“好，大家都先散了，我和他们谈。”其中一个领头的员工即劳方代表向大家说。

大家都很听话地乖乖散去了。散去了，并没有等于复工，工厂此刻还是安静的，散去的员工都返回了各自的工作岗位。

几位劳方代表丝毫不惧，危及了他们的利益他们有权利反抗争取；而资方代表们要如何处理该事件呢？

Nelson 先生带着众人走进了车间的会议室，他准备洗耳恭听劳方代表的怨言了。

“来，你叫什么名字？是哪个班的？”Nelson 先生亲切地询问着。

“我是三班的，叫阿明。”其中一个劳方代表回答道。

“哦，阿明，你来说说看，你们现在对公司有哪些不满？”Nelson 先生继续问着。

“近段时间，我们请假的人多了，按标准我们的任务总是完不成，这样我们的薪水就下降了。但是我们已经很努力了，甚至比平常还要努力，为什么薪水比平常还要低呢?”

“嗯，我写下来，还有吗？你继续说。”Nelson 先生拿起白板笔在白板上写下了员工反映的问题点。

其实员工的诉求很简单，薪水差不多，简单快乐就够了。

记录完员工的诉求，Nelson 先生再次安抚了员工，让他们先回去，先把大家召集过来明天继续上班，事情总会解决的。

劳方代表走后，Nelson 先生让在场的所有管理者都发表一下建议，并要求人资负责并做出改善的对策。

Nelson 先生说：“虽然带领大家罢工是一件不好的事，我们应该尽量避免类似事件的发生，但这也正反映出我们管理上存在一些问题，我们要去解决。例如，我们在给员工制定指标的时候一定要明确，在人员有变化时我们要调整指标。在有其他异常情况发生，如换线、供应商欠料或者产品刚上线被判定功能不良停线等，这些都会影响员工的生产奖金、质量奖金，所以我们都要及时处理，以避免员工的经济损失。其实员工真的不容易。”

格力空调总裁董明珠女士在一次演讲上说 90 后的员工 99% 还是很可爱的，可能只有那不到 1% 的员工需要我们更好地关爱。也许这不到 1% 的员工会影响到 99% 中的一部分，所以我们要更多地了解员工的心声。

第二天，员工们复工了，Nelson 先生也给了他们明确的答复。

但是还会有下一个管理漏洞导致罢工吗?

小结

其实员工的诉求很简单，我们要站在员工的立场真正为员工考虑。我们在给员工制定指标的时候一定要明确，在人员有变化时我们要调整指标；而在有其他异常情况发生的时候要及时处理，以避免员工的经济损失。

11.2　晋升调薪制度改善

每年的三月，都是员工晋升的时期，也是提升员工士气的时期。对于在公司工作的任何一位员工来说，在新的一年的开端，如果又升职又加薪，就更完美了。

Nelson 先生手里拿着一叠晋升人员的资料，只要他的大笔一挥，这些人员就晋升了。当然晋升了的员工，得知自己晋升后会高兴一阵子，但这一阵子过去就过去了，如同风一样吹过，没有留下一点痕迹。Nelson 先生回忆自己在汽车厂被晋升经理时的画面历历在目，总经理亲自将聘书交到手上的那一刻，永远都不会忘记。当时的那个场面，那个激动，那个骄傲，无时无刻不在鼓舞着他，激励着他。NP 集团的员工晋升能不能也搞个晋升大会呢？Nelson 开始思考。

Nelson 先生拿起电话拨通了人资总监的电话，“华总监，我是 Nelson，现在有空的话来我这里一下。”

“好的。”华总监答完放下电话，就小跑到了总经理办公室。

“华总监，请坐。”Nelson 一边招呼着华总监一边站立起来，“对于员工的晋升，我有一个想法，你听听看。”

“嗯，好。”

“往年我们员工的晋升，有没有开过晋升的大会或表彰的大会？”Nelson 先生问道。

“没有。”

“我想今年我们举办一个晋升大会，让晋升的员工都有一个荣誉感，同时也可以影响到其他没有晋升的员工，激发他们积极向上。”

“听起来不错。”华总监点点头。

“我想能在这个月底举办，也就是在晋升生效的时候完成。”Nelson 先生继续说。

“现在是月中了，还有 2 个星期的准备时间，先拟一个晋升大会的议程给我看一下，然后再发通知出去。”

“时间有点紧张，好吧，我回去就安排这件事。”

“拜托了。”

“如果没有别的事，那我先回去了。”华总监起身站立起来。

“嗯，给你看一下我以前在汽车厂被晋升经理时的两张相片。”Nelson 先生似乎想到了什么。

华总监看着 Nelson 先生电脑上的一张相片，是在礼堂里，Nelson 先生正在作晋升的报告，礼堂下面坐满了人；另一张相片是汽车厂总经理授予聘书。

“好好准备一下，我希望我们的员工都有这种机会上台表现。” Nelson 先生最后说。

华总监又小跑回到了自己的办公室，立刻召集相关人员讨论如何开这个晋升大会。

毕竟这半年来搞过多次的发表大会活动，一些议程可以借鉴，一些设备设施可以继续使用。所以规划晋升大会，应该不会太费精力。

大会议程是在第二天早上收到的，Nelson 先生看后修改了一点，便交回给人资，人资也开始准备大会了。

大会定于 3 月 29 日周五的下午三点举行。当天，礼堂内坐满了员工。大会尚未开始，嬉笑声不时传来。随着主持人的一声“请大家安静，大会即将开始”，礼堂内一下子安静了下来。

人资首先报告了此次大会的目的以及晋升人员名单。之后，晋升人员代表开始进行报告。

第一个晋升的员工代表激动不已，虽然每个员工报告规定是 10 分钟，他却用去了 20 分钟。当他看着下面黑压压地一片时，就有点害怕了，再看到公司的高层领导都坐在最前面，那个紧张啊，说话都有点结巴了。

报告有序地进行着，最后是总经理颁发晋升荣誉证书环节。Nelson 先生走上台，对着下面的员工说道：

“各位主管，各位同事们，下午好！”

热烈的掌声响起。

“今天上台报告的员工是晋升员工的代表，都是特别优秀的员工，他们是你们要学习的榜样。我希望每年都看到你们的成长，我们一起努力，好不好？”

员工的呼应声甚是响亮。

在 Nelson 先生讲话之际，所有上台报告的员工都已经走上了舞台。礼仪小姐们捧着荣誉聘书，Nelson 先生一个一个的握手祝福，一个一个的颁发聘书。在闪烁的灯光下，留下了一张一张美好的回忆。

这是一种荣誉，相信每个人都会为荣誉而战。

然而在此时，Nelson 先生的助理小白有些失落，这些年来就看着别人往上走，自己却在原地踏步。

Nelson 先生看到小白的不开心，“怎么不高兴？”

“是啊，每次都看到别人晋升，我还在原地，特别是和我一起来的，都比我高一级了。”小白有些哽咽。

Nelson 先生鼓励小白说："其实你很优秀，我带你的这些时日，看到你的成长，看到你的创新求变，协助我做了很多细致的工作。谢谢你这么用心细心。2014 年再好好学一年、好好充实一年；2015 年不能再当助理了，必须选择未来的专业出路。"

小白眼含泪花，"谢谢您的认可，我会更加努力的。"

几天过后，小白用心制作一幅画，她想要把它送给 Nelson 先生。同时她还发了一份邮件给 Nelson 先生，其用词真切如下。

"跟着您的这些日子，成长很多，见识很多，受益良多，如改善的意识，学习的意识。德国有句谚语是'人总是老得太快，聪明得太迟'。

我之前，只有一扇窗可以看到蓝色的天空，并且拒绝浏览其他窗口，现在我欣喜并愿意打开另一个或多个视觉窗口，去看看别样蓝莹莹的天空。至少我能站在另外的角度理解他人和他事，从而获得他人的理解。对您的好，我花了太久的时间才理解，很感激您对我的耐心及细致的谆谆教导，希望明年有别样的业绩呈现给您，不像今天的礼物这样单薄。

就拿这个细心来说，我不能说做得很到位，但是我可以肯定地说是您帮我开发了这份细腻，我开始关注了，留意了，用心了。

遇到您是我的福气，能服务您是我的荣幸，我要好好珍惜机会。

每个人都有服务于社会的 commitment（使命），正如您现在正在做的倾注精力让更多的人和企业学习 TPS，学习精益管理的理念并运用到工作和生活中从而服务于大众。

马丁·路德·金所说：'不是所有人都会成名。但每个人都可以变得伟大，因为伟大是通过服务他人而界定的。'您不重名，在服务中收获了名并变得很伟大。我相信在您的开发下，我也能更好地成长从而 complete the commission（完成使命）。"

小结

晋升调薪是每个公司都会做的事，但如何做才能带给员工真正的荣誉感？也许方式很多，就如上所述，举办一个晋升大会也是一个不错的选择。

对于下属的成长也要不时地鼓励，要善于发现他们的优点，给他们成长的空间。

11.3　被邮件包围

Nelson先生感觉最近被客户追货追得有点紧，虽口头保证一定满足客户的需求，但做起来还是有一点心有余而力不足。公司行政与现场生产的事一件不少地在处理，因为Nelson先生需要在短时间内改变现状，要有成绩出来，他自认为现在是最佳的拼搏时期，所以再疲惫也要努力完成。

下班时间早已过了，办公室的冷光灯下，Nelson先生斜靠在座椅上，只有这时他才得空闲放松一下，但脑子还在不停地思考问题。看着邮箱中满满地都是泛红的邮件，于是手不停地点动着鼠标，越看心中越是烦闷。怎么会有这么多的邮件要处理？

稍微调整了一下坐姿，打开一封邮件，是有关某一产品的出货问题，这不是已经解决了吗？再看同一标题的邮件，回复回复再回复，不知道有多少个"回复"了。点开邮件查看，收件人，少则十几个人，多则二十几人，且每封邮件都抄送给了总裁。Nelson先生认为，虽然出货问题总裁会很关心，但处理的过程可以不必事事报备，最终报告结果就可以了。诚然邮件是一种信息的传达，也是一种沟通方式，但信息也是需要分级分类的，不同层级的信息分发给不同层级的人员，如果是需要问题的解决，则可以通过另外的途径，快速且有效。

就这么打开关闭，打开关闭，Nelson先生大约花了一个小时的时间，总结发现内容不多，有些属出货问题，有些属质量客诉问题，有些属于行政事务。于是将自己的邮件内容规则分类，希望时间花在一些重要的事件上。虽然很多主管希望清楚地了解每一件有关于他们的事件，当老板问及时，能答出个所以然来，但实际上，他们并没有那么多的时间去关注事件发展的每一步，因此并不会看完邮箱里所有的邮件。

Nelson先生列出了一些关于邮件的想法，以及邮件发送时的注意事项，希望全体员工能参照执行。

"各位同事，今天我花了一个多小时来看mail，但还没有看完，并不是说我不想看，而是实在没有必要一个一个地看，在我看邮件的过程中，我在思考一些问题，例如：

1）每封邮件都抄送给总裁，这有没有必要？我想总裁比我还忙，应该没有这么多的时间去处理。

2）如果一个人一封信的成本是 2RMB（打开、阅读、关闭信件），同时发给了 24 人，一天每个人收到 4 封信的话，则总共需负担成本为 192RMB（2RMB × 24 人 × 4 封），尚不计算网络费用。

3）如果要快速解决问题，建议发信人直接找当事人沟通，或者打电话沟通，这种方式是否更有效？或者多方开个电话会议也行。我想写邮件发邮件并不是沟通及解决问题的最佳方式。

希望以后的邮件处理时间减到最少。”

写完后，Nelson 先生才开始忙着下班，此时街灯已灿烂。

小结

邮件是一种沟通的方式，但并不是一种最好的方式，而且他需要花费高阶层主管的很多时间，这些是很难用金钱来衡量的。虽然他可以留有备查的依据，但有效性就差很多。如果有紧急的事要处理，我们可以通过电话或找到当事人 FTF（Face to Face，面对面）地沟通为好。

11.4 人才流失

人资一直都是比较弱的，在 Nelson 先生观察了这么久之后仍有这种感觉。最近的劳务事件中，让问题员工予取予求，更突显了人资的专业能力缺乏，法务系统没有风险意识。Nelson 先生欲好好培养一个港干人才，不料其返港结婚后却提出了离职，实在有些无奈。

Nelson 先生让人资刷出最新的人事资料，并做了工龄的分析。从报告中看到 20 年以上工龄员工有 70 人，于是想找这些老员工来谈谈他们对公司的一些看法、未来他们的想法与打算。

“对于工龄长的员工，我们公司有没有什么特殊的福利？” Nelson 先生试着问了他的助理小白。

小白就“呵呵”地笑着回答，“这个我还真不知道。待会我找人资的人去问一下再告诉您。”

“那就麻烦你啦。” Nelson 先生继续忙着手中的活。

“顺便帮我问一下，能不能帮我安排一个茶话会，我想找这些工龄超过20年的人员来聊一聊。”

“好的，我这就去问人资。”小白答完后就走下楼去了。

小白去的真不是时候，人资的办公室里一个人也不在，想必是去开会了。于是小白就沿着原路返回了，心想着过一会再去找吧。

在办公室一直忙着处理文件，一上午的时间就过去了，小白一看时间马上到吃午饭的时间了，突然想起了这件事，就又飞快地跑下来寻人。

此时，人资的办公室里只剩下华总监了，大家都去吃饭了。

华总监发现了小白，问道：“有什么事吗？”

小白就一股脑的把Nelson先生的问题给全说了出来。

华总监说下午给她回电话，让她先回去吃饭。小白就乖乖地去吃饭了。

午休过后，Nelson先生果然问起了上午这事，小白不好意思地回答说还没有找到答案。小白立即打电话找华总监。

小白很快得到了回复，对于工龄长的公司并没有什么特别的福利。另外开座谈会需要将这些人凑在一块不容易，就免了吧。

“才这么20个人都不容易凑一块？这不是找理由嘛。看来我这个总经理没啥影响力呀！”Nelson先生自嘲道。

小白待在一旁不说话。Nelson先生也在思考到底要如何留住这些真正的人才？每个公司都应该好好思考。每年到年终的时候在网上就有很多人晒出年终丰厚的奖励，或者吐槽年终可怜的奖金。奖励不乏物质的如奖励座驾，有精神的如国外旅游等。每个公司的经营状况都不一样，但可以依据自身的实力来出台一些留才的措施吧。

Nelson先生一想到活动，就想起了在前公司的情景。年终时公司都会举办一些活动，这些活动，公司的员工可以请家人一起来参加，共同分享公司成长的喜悦。同时活动中大家可以相互交流，增进情感。但现在还未到年底，是否可以考虑放松员工一直以来紧张心情的活动呢？Nelson先生心中思量着，那天刚巧总裁在，就跑过去和总裁聊起此事来。

“我们拥有很多优秀的员工，但如果依目前的状况都会跑掉的。”Nelson先生直言道，“就拿那刚离职的小港干来说吧，他的能力是很不错的，但是某种原因就离开公司了。”

“嗯，人员流动是正常的。”

“人员流动是正常的，但也要看这个流动量。我们上个月人员的离职率还是挺高的，都超过了 5%。”

“5%？这个数据包括基层员工？”

“没有。”

“最近稽核室对异常返工责任单位进行处罚穷追，搞得人心不定，员工士气低落，到处充满了不安。”

“稽核室是比较认真的。”

“是，他们做事是很认真。但就拿异常处罚来说吧，据研发的高层主管反映近两年来，每月都有人离职，都是被同行挖走。由于员工流动过大，造成经验技术传承落差很大，导致研发出来的产品问题不断发生。能力好的员工离职走了，留下的员工却要承受其惩处。所以留下的员工对公司并没有好感甚至会有憎恶，轻者走人，重者心怀敌意，甚至做出非常之举。”

“嗯，研发是我们的重要人才。”

“这不仅仅是在研发部门，其他部门也有类似的情况。”

“嗯，你有什么想法？”

“我想当初员工选择来 NP 集团，一定是看中了 NP 集团的某些好的方面，如果来这里工作了很多年，却没有感觉到某些好，他们会失望，转而他们会去寻找新的希望，于是便会有离职。我想除了对于薪资方面的要求，公司的福利也会影响员工的选择。”

“嗯。”

“我在以前的公司，当然我只是举个例子来说，经常举办一些游玩的活动，员工的家人也可以参与进来。员工家人参与进来的好处是当员工想要离开该公司时，他的家人会给予一定的意见，阻止其离开。我当时就是这样，我太太就不让我离开，但我是为了实践更高的梦想。”

“嗯。”

总裁就这么听着 Nelson 先生讲述着他的观点，最后 Nelson 先生说出了他重点，他想申请一些经费，举办一次旅游活动。

总裁点头同意了，这让 Nelson 先生有点小小的意外与惊喜。

“我以前也是有计划要每年举办一次旅游活动，请这些员工一起参加，但一直忙于各种事务，也就没有上心。今天既然你提起来了，那就实施吧。经费可以提出来，我来审批。不过，员工离职也常常不是公司福利待遇的问题，单位主管的领袖魅力及有无学习型组织，常会影响员工的忠诚度及其行为。”

Nelson 先生也非常认同领袖的魅力对于员工的影响。员工出游的事也在总裁的允诺下顺理成章了。

踏着秋的凉爽，NP 集团的中高阶干部及长期服务公司的员工开始了为期四天的湖南之旅。为了不影响公司的正常运作，旅游分两批进行。Nelson 先生带着团队走进了那风景秀丽的张家界和古朴的凤凰古城，当他看到员工们兴奋的表情时，内心也无比的高兴。

小结

员工离职也常常不是公司福利待遇的问题，单位主管的领袖魅力及有无学习型组织，常会影响员工的忠诚度及其行为。外出旅游虽是一种公司福利，但其给员工留下的印象远比给钱来得深。

11.5 从流程中杜绝舞弊

有几个月没来 Z 市的总裁突然来了，来了后，就一直待在办公室内不停地召唤谈话。原来总裁想要变更组织，扩大 Nelson 先生的管理范畴，所以经与各主管沟通，总裁将原来 Z 市直属集团副总管理的财务处、研发处、稽核室、法务室，也交由制造事业群总经理 Nelson 先生负责管理。

人事令发布的第二天就闹出了乌龙。稽核室对于这个组织的变动还是没有准备好，似乎总裁并没有说服稽核就作了变动。稽核一向很自大，他们可以整天管理些没戴厂牌、衬衣未扎在裤子里面等鸡毛蒜皮的小事。此刻稽核正在总裁室。

“我要负责集团所有的稽核事项，如果隶属于制造事业群，不太合理，而且不易行使对集团的监管事项”。

经过几天的吵吵闹闹，总裁又将稽核恢复了原位，隶属于总裁室。

实际上 Nelson 先生想赋予稽核室更为重要的任务，对经营系统的核查。也罢，既然稽核室的眼光只能看到表面，就由他去吧。目前的重点是总裁给了他足够大的权利，他要怎样合理运用，且不被资深老主管利用与忽悠。这最明显的就是有关钱的使用。钱的使用在公司中有规定，什么样的职位可以裁决多少金额，这叫裁决权限表。Nelson 先生知道自己能裁决多少金额，但对于其他人都不太清楚，而且为什么有的单是在系统中签核，有的是用纸档呈上来签核?

带着这个疑问他找来了负责人力资源部的华总监。

"为什么我们的单有的是走系统有的是纸档?" Nelson 先生指着自己每天要花 2 个小时才能处理掉的签核档问道。

"可能是因为审核的权限和东西不一样吧?" 华总监回答道。

"什么样的走系统? 什么样的走纸档?"

"这个我得回去查一下再回复您。"

"好，那我再问一下，我们现在使用的裁决权限表是什么时候制定的? 能不能发一份给我。"

"好，等我回办公室就发给您。这权限表在您来之前有修订过一次。"

"我想请你重新整理确认一下 TOP 层的裁决权限表，给我看过之后再让各 TOP 层主管签名。"

"好的。"

还没等华总监回复，Nelson 先生找来了负责系统流程拟定的资讯叶总监，让他针对电子签核中的权限表进行整理。

两天后，Nelson 先生请人力资源部的华总监和资讯叶总监一起到他的办公室来进行检讨。华总监拿着权限表和很多的表单，资讯叶总监则拿了系统中使用的表单放到了 Nelson 先生的办公桌上。

"这些是我们现在公司中使用的表单。" 华总监说。

Nelson 先生翻看着那些表单，"呃，这些表单我好像没有见到过，现在还在用吗?"

"嗯，有些表单没有在用。" 华总监回道。

"哪些没有用啊? 为什么不用呢?" Nelson 先生追问着。

华总监一张一张地翻着，找出一些现在没有在使用的表单，说："这些表单都没有在用。"

"是这些表单没有用了吗? 还是已经有新的表单取代了这些表单，但看样子好像不是被取代哦。"

"是这样子的。当初设计这些表单是按照一定的流程在走，现在有些是跳着流程在走，所以就用不到了。"

"为什么能跳开流程走，而且走得通呢?"

"哦，这里面比如说这张表，就可以不按这个流程走，按其他的流程也可以的。按其他的流程就可以用其他表单了。" 资讯的叶总监说道。

这时 Nelson 先生觉得事态比较严重，这里面流程肯定定义得有问题，要不然怎么会出现这种事。

会后，Nelson 先生思考了很久，这件事得想办法解决，不然肯定会出问题的。要知道，签字不是那么简单地将名字签上就可以了，签字就等于牵制，责任重大啊。该找谁来解决呢？思来想去觉得叶总监应该是个不错的人选，他在公司工作了很长时间，而且熟悉签核系统及流程，希望他能针对所有事务的签核流程进行重新履历。

事不宜迟，Nelson 先生立刻拨了他的电话。而此时叶总监正在睡梦中，听到电话声响，摸索着手机。

“喂。”

“我是总经理啦。”

叶总监突然惊醒过来，立刻爬起端坐在床头，“总经理，您好，找我有什么事吗?”

Nelson 先生说明了他的想法后，叶总监揉了揉一周都没有睡饱的眼睛说：“好的，总经理，我周一早上就过来”。

打完电话，Nelson 先生喝了一口咖啡，点了点头，心估摸着：“清理流程两周，应该可以有一个雏形。理清流程后要把相关的组织、职掌、表单流程等向相关的主管进行说明。”

现在权利大了，相应的责任也会加重，必须从源头抓好，从流程中防止一切可能会发生的舞弊现象。

小　结

签字不是那么简单地将名字签上就可以了，签字就等于牵制，责任重大。要从源头抓好，从流程中防止一切可能会发生的舞弊现象。

第5篇

精益企业的未来

时代在发展，格局在变化，这个世界的未来充满了未知的要素，我们所面对仅有不变的事物就是变化。精益的思想也在随着时间的推移在原有的基础上不断地进化。

第12章

如何逐步改造精益思想企业文化

TPS的精髓在于其一个基础（标准作业）两大支柱（JIT与JIDOKA），但其最重要的是包围在其外的TPS文化。企业文化是其在长期发展过程中形成的。一个企业的文化一旦形成，想要改变是很困难的，尤其在家族企业中。文化的改变需要长久的时间，正如丰田汽车公司本身，其发展了八十年，才有了今天辉煌的成就，才有了“有路就有丰田车”的豪言。

Nelson在引导NP集团走上精益之路的过程中，难免会碰到很多现实的问题，实施精益到底给企业带来了什么样的绩效？难免会有团队合作的不愉快，也难免会有不信任。是什么力量支持Nelson先生一直走下去的呢？

12.1 TPS路漫漫

纵观目前中国国内的精益状况，形势是不容乐观的。虽然中国企业接触TPS的历程可以追溯到20世纪70年代末，但由于当时管理意识所限，TPS始终没有推广起来。很多企业都在表面上追随着“精益”，真正理解其内涵的人很少，更不用说直接来实践。

曾任丰田汽车加拿大安大略省剑桥厂教育训练种子经理的Marek Piatowsk，近年在北美与欧洲协助各式各样公司推动精益飞跃（Lean Leap）项目，曾指出：“TPS的成功，是每个人都要理解其原则并加以遵循。”特别强调知行合一对训练员工的重要性。

在丰田汽车公司工作了三十余年的田中正知，是大野耐一（Taiichi Ohno）的嫡传弟子，著有《会思考的丰田现场》《丰田流·现场的人才培育》。他曾说过一段令人玩味的话：“丰田方式并不是丰田汽车正在实行的方式，而是丰田汽车所追求的方式，丰田汽车本身也才走到中途而已。您的公司也许会与丰田汽车并驾齐驱，甚至会后来居上也说不定。”道尽了丰田方式与时俱进、稳步向前的经营理念。

至于另外一位大野耐一的嫡传弟子，曾任国瑞汽车总经理的原田武彦，则语重心长地说：“若要真正实践 TPS，达到提高生产力、降低成本的目的，必须以‘反复地问五个为什么’为出发点，通过不断的改善活动，彻底排除浪费，来达成产品流动状态。另外，在对应变化方面，必须要实施精致的调整，以创意思考及改善行动，赋予现场自律神经，才是实践 TPS 的真谛。”换言之，如果未能真正领悟丰田生产方式的精髓，抛弃机械式、被动式的生产方式，就容易陷入徒具其形而不得其神的状态。

正如上述 TPS 实践者所言：实践 TPS 就要每个人都理解 TPS 的涵义，通过持续的改善活动，反复问五个为什么，方能彻底排除浪费。如果只是形式的导入，照单全收，依样画葫芦，并不会产生预期的结果，财务报表也可能始终不见起色。因为 TPS 并不是只有“方法”，更要有的是其“理念”。企业必须学习“丰田方式”的理念，另行建构适合自身的模式，才算进入了精益之道的大门。

为了克服 TPS 水土不服的问题，Nelson 先生先通过舵主训练营进行一边训练一边实践的方式来建立适合 NP 集团的生产方式 NPS。虽然人才的培育在短时间内是无法看到明显的效果，但这是首要的任务。所以舵主训练营完成后，随即开始了堂主训练营的规划与执行。但正如 Nelson 先生在舵主训练发表大会上所述，因为制程间半成品仍然很多，小批量看板生产尚未导入，供应商还未推动 TPS，各厂部没有自己的改善小组及推动自主研，没有 TPS 留学生制度，课长组长教育尚未完成。所以 TPS 才完成了 30%，未来的路还很漫长。

小结

不少企业推进 TPS 更多的是一种填鸭式的方式，只能局限于表层，难以深入开展下去。实践 TPS 就要每个人都理解 TPS 的涵义，通过持续的改善活动，反复问五个为什么，方能彻底排除浪费。如果只是形式的导入，照单全收，依样画葫芦，并不会产生预期的结果，财务报表也可能始终不见起色。因为 TPS 并不是只有“方法”，更要有的是其“理念”。

12.2 战斗累了就歇会儿

湖北 L 市工厂的经营始终不如预期，Nelson 先生决定抽空去一趟。如何让分公司从亏损转为获利？如何在那里推动精益？组织决定成败，如何重新建构分公司的经营团队？Nelson 先生一直在思考着这些问题。

现在的交通真是便捷，早上出发，中午就可以到达，要是在以前，都是难以想象的。由于时间安排紧急，在湖北 L 市工厂只有两天的时间，Nelson 先生自到工厂后便投入了进去，一边看现场，一边指挥进度，另外一边还在思考如何布置团队，来扭转这不容乐观的情势。直到坐上了回程的高铁，Nelson 先生才有空打开邮箱。每次只要他一离开总部，就会发生一些令他头疼的事，果然这次也不例外。

Nelson 先生打开邮箱，里面一片红色，其中一封标题为“辜负了总经理的期望”的信，特别地刺眼。这是一封来自塑胶处肖总监的信。肖总监是半年来 Nelson 先生从其他公司请来的一位注塑成型专家，他在这里也是勤勤恳恳，兢兢业业，是大家有目共睹的。

Nelson 先生心里咯噔了一下，“是啊，我也很疲惫，我也想休息，但我还是要追随着我的梦想。”

Nelson 先生停顿了一下，回复了邮件：“很抱歉，刚才看到你的信。我现在在高铁上，先隐忍一下不满，等我回去再说，今晚回到 Z 市。”

晚上回到 Z 市，已过了下班时间，Nelson 先生电话找来肖总监到茶楼喝茶。

“我已经看到了你写的邮件，我了解 NP 集团确实是一个不太容易做好事的公司，但我们既然来了，就要有所坚持。你看你每天那么辛苦地做出了这么好的成绩，是很多人都看得到的。”Nelson 先生边喝茶边鼓励肖总监。而肖总监则坐在那里边听边把玩着茶杯。

“我知道你擅长技术的研究，要不然我也不会请你过来。NP 集团缺少这方面的人才。如果真的战斗累了就请假调整一下。”Nelson 先生说，“我也是个职业经理人，相信我的压力应该不比你小。NP 集团是家族企业，他们的用人原则我也知道，他们对每个人都有怀疑。”

“其实每个公司都会这样，当你身处的角色与职位达到某一高度后，都会遇到相同的政治问题。国家都是如此，何况一个企业？”Nelson 先生以其经历来分享。

肖总监听着听着就低下了头，猛地喝起茶来。

“你看看，这个地方的环境很不错吧，其实只要你用心留意，就会发现事物的美好。在公司无论做人做事，或用你的话说搞政治都是一样的，有时候你就会发现，与人斗其乐也无穷。”Nelson先生继续着，时不时地看一下低着头喝茶的肖总监。

李嘉诚说过你想过普通的生活，就会遇到普通的挫折。你想过上最好的生活，就一定会遇上最强的伤害。这世界很公平，你想要最好的，就一定会给你最痛的。能闯过去，你就是赢家，闯不过去，那就乖乖退回去做个普通人吧…所谓成功，并不是看你有多聪明，也不是要你出卖自己，而是看你能否笑着渡过难关。

当然，Nelson先生虽然在努力地鼓励团队的成员，但同时在担心未来的某天他也会做出这样的选择。因为这种用人必疑的文化，确实让人无法想要长久地坚持下去。

小结

在公司无论做人做事或说搞政治都是一样的，有时候你就会发现，与人斗其乐也无穷。这世界很公平，你想要最好的，就一定会给你最痛的。能闯过去，你就是赢家，闯不过去，那就乖乖退回去做个普通人吧…所谓成功，并不是看你有多聪明，也不是要你出卖自己，而是看你能否笑着渡过难关。

12.3 总裁会谈

台风“飞燕”刚过，本周将迎来炎热的天气。全国各地都出现了历史最高气温，Nelson先生在公司的境况似乎也在水深火热之中。这似乎是有预兆的，先不说从之前肖总监的信中看到了一点，Nelson先生的人事权在被一点点地削减，也正说明了一切。

今天是周一，一上班，总裁便安排了与Nelson先生的会议。会议被邀约者还有Nelson先生招募过来的中高阶层成员六人，很明显总裁要对新团队一个评价，一个总结。

Nelson 先生本就预期会有这样一个会议，会议的时间大概会在他入职一年或他掌管制造事业群总经理一年，所以今天的这个会议比他预期的要来得早了一点。

等大家都到齐后，总裁开门见山地说："各位来了这么久，我们集团的变化并没有我想象的大。我说话比较直接，大家不要介意。"

Nelson 先生听着总裁的讲话就知道那些皇亲们在总裁面前悄悄打的小报告已经开始动摇总裁的心了。当听到总裁说"有部分优秀的老干部流失，我还是蛮心痛的"时，Nelson 先生自然就想到了任总监的离去，难道那个时候就已经让总裁不满了？他笔尖沉重，环视其他几位主管，也都神情庄重。

总裁也在观察各位的神态，他继续说："我期望下半年，在 Nelson 先生的带领下，能转变企业文化，改变我们集团之前很多不好的风气。希望整个团队能更用心、专心地做事，并起到带头作用。在财务面要有更多的获利，可以从直接人工成本管控开始，降低直接人工占营收的比重；在管理面要有创新，要有突显与过去不同的做法；在基本面要防止他人在背后说三道四，也就是不要让人抓住小辫子。我付出的薪水，要与你们回报的绩效对等，不要让我失望。"

会议持续了不到一个小时，整个过程有些沉闷，几乎是总裁一个人在说话。Nelson 先生也权当是总裁的勉励吧。

但是会后，Nelson 先生陆续收到了三个主管的离职申请。Nelson 先生立刻召集了参会的六位主管，想听一听他们的心声。大家一致地认为总裁对他们这个团队不满意，因为没有达到预期的财务目标。同时总裁指出了两条路：做好则留，或知难而退。Nelson 先生让大家少安毋躁，不要遇到压力就想逃跑。总裁施加压力是正常的，未来的几个月一起努力拼搏更关键。

Nelson 先生安慰好几位部属后觉得有点闷，走出办公室，不知不觉中走到了车间。总裁说的变化不大，其实现场的变化还是蛮大的。遥想着第一次来看现场，那种让人窒息的感觉没有了，取而代之的是清爽的环境。各车间的"三定管理"说不上很好，但也已经有模有样，开始走上正轨了。各条生产线的线尾摆放着产线管理板，上面的实绩推移图已经有了管理的痕迹，产线员工的提案改善率也提升了；产线上的作业指导书已经换成了非常明确可执行的文件；还有那醒目的"SOS"瓶颈标示；不合格品展示板还是那么醒目地站立着；车间 TPS 推动主题角的墙面上，挂着 TPS 推动的进度与状况……

Nelson 先生边走边看边思考。

小结

新团队要承受得住压力，不要一有挑战就想当逃兵。同时成绩单要随时能拿得出来，做了什么，取得什么成就，做到自己心里有数。当总裁或 TOP 责问时，明白自己所处的位置及未来的方向。

12.4　成绩单

Nelson 先生一个下午走了一遍整个工厂，突然觉得很累，于是想到了家。一到下班时间，Nelson 先生便走出了办公室，开着他的凯美瑞回家了。华灯尚未点亮，很久没有看着夕阳回家了。到家后，便一屁股坐在沙发上抱着 iPad 动也不动，这一刻他还在思考未来的路。

太太觉得有点反常，“太阳从西边出来喽，今天这么早回家。没有做你的晚饭呢。”

Nelson 先生这才注意到，往常都是在公司吃过了饭，还要加班很晚才回家的，今天的太阳还挂在天边呢，的确有点不在状态。

“哦，没关系的。给我下碗面条就可以了。”

但太太还是不辞辛劳地弄了几个好菜。

为了不影响到太太，Nelson 先生将白天发生的事都隐藏了起来，吃完饭后继续抱着 iPad，玩着只要动手不动脑的游戏。

太太总是那么准时地睡着，看着身边的爱人，这么多年一直陪伴在左右，心里感觉真的很幸福。

当繁华喧闹的一切都静下来后，他才开始想着到底是什么原因让总裁有如此的不满？真的是因为任总监的离开吗？他也没有对任总监有过分的要求啊？肯定是又有人在打小报告？哎，这真是复杂。不想那么多了，还是来回顾一下近一年来他到底给公司带来了什么？

1）产值比去年同期成长 45%，单看 3 ~6 月份则成长 50%；稼动率从以前的约 40% ~50% 提升到现在的 80% ~85%；损益表只有一个月是亏损，其他月份都赚钱；只是赚得没有总裁要求的那么多。

2）客户的质量改善全部达标；建立供货商质量管理制度，以求共存共荣；

每月召开改善会议，提升供货商的产品品质。

3）引进了多位专业人才，解决技术人才匮乏问题；同时进行主管的教育训练，包括副总、总监、副总监、专员、课长、组长，一点一滴，都包含了 Nelson 先生的辛勤。

4）方针管理，月度会议进行过程管控，及时有效地调整改善方向。

5）完善各功能职责，如人资、IE、经管、供应链等。直接员工离职率降低，IE 参与产品报价，举办相关活动，提升员工的士气等。

……

细数走过的路，公司的成长还是明显的，但总裁眼里的“变化不大”是指财务报表上的变化，这确实有点为难。有人说，公司里最“贵”的员工应该走人，但这个“贵”不是贵在价值，而是贵在成本。显然 Nelson 先生不是成本贵的人，他创造的价值远比他的成本高出很多倍。

结果自己论，变化价值论，这是客户 Lotus 社长跟 Nelson 先生分享的思路。一个人的成就，工作的绩效都应首先怪自己，归咎于别人无用，如何做好预先规划管理才是上策。过去怎么样，只是推卸责任给过去的托词，不断有自己创新的思想与做法，才能产生价值，否则你只是饭桶，无法替团队产生价值。

Nelson 先生抓了一下头发，有一点泄气，有一点不甘。这是他职业生涯中遭遇到的最不安的一次谈话。既然总裁对他们过去一段时间的工作有话说，就必须要和总裁沟通。整晚 Nelson 先生翻来覆去地没有睡好。

小结

结果自己论，变化价值论。一个人的成就，工作的绩效都应首先怪自己，归咎于别人无用，如何做好预先规划管理才是上策。过去怎么样，只是推卸责任给过去的托词，不断有自己创新的思想与做法，才能产生价值，否则你只是饭桶，无法替团队产生价值。

12.5 改革者是孤寂的

“飞燕”走了，“尤特”如期而来，炎热了几天又凉快起来。今年的夏天没有其他地方高达 40 度的炎热，反而因台风的到来，天气非常的舒适。但这么多的雨水，也给广东带来了灾难，粤北因水灾造成多地塌方，很多列车停运，众多人数受到影响。

总裁的约谈正如这“尤特”一样，来势汹汹，影响绵延持久。被约谈者在 Nelson 先生的安抚下暂时收回了离职单，但大家似乎都已经做好了充分的准备，下次一旦总裁不满意就选择离开。

带着一夜的疲惫，走进了公司。此刻 Nelson 先生的心情还是难以平静，特别是总裁说的那一句“变化不大”深深地刺痛他的心。突然间觉得如果自己没有被总裁认可，是多么悲催的一件事。本以为自己抱着理想而来 NP 集团，可以将自己的一身 TPS 的武艺运用其中，总裁的认同与鼓励可以让他依自己的想法扩大自己的管理范围及层面。新组建的团队成员若就此离开，他会如同断手断脚的人一样，失去威信，改革执行力不易彰显。

然而凡使我痛苦者，必使我强大。在稍复平静后，Nelson 先生一边慰留团队成员，同时也想好了未来的方向。他来到了总裁办公室，想要与总裁长谈一次。

总裁对 Nelson 先生依旧很客气。

“来，坐。”

Nelson 先生也不客气地坐在总裁面前，随即表明了来意。

“自从上次总裁勉励后，已经有三个人向我提出了辞职。如果总裁真的觉得我这个新的团队对于 NP 集团的贡献不大，那我也会提出离职申请。不过在这之前，我还是想和您谈谈一些想法。”

“好吧，我想听一听。”

“对于用人的原则，我想应该是‘用者不疑，疑者不用’，人的能力及操守在聘用前就应该有所了解，在工作后就应该相信他。”

总裁“嗯”了一声，Nelson 先生继续说了下去。

“丰田的成功来自于工作勤奋、优秀的工程师，团队合作的文化，优化的流程，简单但能发挥强大作用的工具，以及用‘改善’来对这些要素改进、改进、再改进。一句话，丰田生产方式是一个持续进步的精益体系。NP 集团现在需要改革，需要成长。改革需要付出代价，需要时间，更需要耐心。但改革企业文化需先针对人，不能一下子就期待损益报表，例如员工的心是否比较稳定，是否离职率有改善？协调合作，提升问题解决能力及工作氛围，士气是否提升了？……”

“你是一个职业经理人，可能体会不到我们身为老板的那种压力与艰辛。”

总裁抱着双手说。

“作为一个职业经理人，怎么能体会不到老板的艰辛呢？我们都是站在老板的角度来思考问题的，比如如何赚更多的钱，如何节省开支；但同时我们也会为公司的长远发展考虑。”

总裁点着头，Nelson 先生继续着。

“我知道，目前从损益表中看到的成绩有限，或者如总裁您所说的没有看到很大的改变，但我们工作的现场变化还是很大的，人员的士气也有提升。也许这些的改变对于老板您来说没有什么感觉，但对于我来说是感受蛮多的。我想总裁应该还记得我初次和你交谈时说过，Toyota 之所以成功，是因为 Toyota 的思想 DNA，追求人的效率、物的效率与问题解决的效率，做到没有冗员，没有不适切的库存，问题解决方法讲究从根拔起，节省很多管理效率上的浪费。持续精益生产以改善产品的成本，增强市场竞争力及占有率，才可以创造巨额的利益。这同时也是一个长期的过程。”

总裁仍点着头，“没错，这是个长期的过程，但我也害怕重蹈两年前的路，我们没有那么多的时间浪费。”总裁终于说出了心里话。

“总裁的担心是大多数老板所担心的，我们也正在加快改革的脚步，希望能在短期内看到成果。”Nelson 先生继续着，“作为改革者，他是孤寂的，应承受压力。”

总裁站了起来，“是啊，改革不是一件很容易的事。我不是不信任你们，我要看到成果。”

“成果肯定是会有的，只是现在不那么明显。如果总裁有空，可以去看一看我们现在的车间。”

“嗯，听我们的客户说了，车间的管理已经提升了不少。”

“是的，希望总裁有空去现场鼓励一下大家继续努力。”

“好。”总裁回应着。

“我想我了解总裁的想法，但时代在变，90 年代的思想、价值观都已经不同了，传统的命令式独裁管理不见得有效及适用，上层的意识也必须跟着改革。总裁如果经常出现在我们的现场，那员工的士气肯定更高。企业以人为本，人需要尊严，贪污及违法行为以外，给他允许犯小错的改善空间及习性。舆论及团队竞争是一种力量，不一定靠记过扣薪水……”

总裁听完 Nelson 先生的话，更多是要求 Nelson 先生将其团队的成员留下来。

这算是一次成功的交谈么？再继续努力一下。Nelson不露声色地想着。

小 结

作为企业的改革者，应该是孤寂的，应承受压力。改革需要付出代价，需要时间，更需要耐心。但改革企业文化需先针对人，不能一下子就期待损益报表。作为企业家也要做好这一方面的心理准备。

12.6 挖角诱惑

有人曾说，人生犹如游戏，就如那“愤怒的小鸟”，当你游戏失败的时候，总有几只猪在笑。虽然如今Nelson先生在职场并没有完全的失利，但总是有一群这样的人在看你的好戏。在众皇亲们咬耳朵时，在遭受到总裁的质疑时，Nelson先生并没有选择退却，而是更加努力地与总裁沟通，取得信任；更加努力地工作，让公司各方面表现得更好；虽然曾有那么一刻想要逃离。

并不是没有机遇，很多的顾问公司都奔着Nelson先生在TPS界的声誉而来，最近的是一家长期服务NP集团的顾问公司，他们亲眼看到了NP集团一年的变化，非常欣赏Nelson先生在业界的资历与实力，并对其发出了邀请。

周末的下午，大部分员工已经下班了，Nelson先生的助理小白也已经下班了，但Nelson先生的办公室里，灯火依然闪亮。今天Nelson先生并没有在忙着看文件处理邮件，而是在与两个客人聊着天。他们是NP集团的熟客，Lean顾问公司的毛老师和张老师。

“总经理，我们现在有很多的客户想要推精益生产，但我们缺乏像您这样的老师。您在丰田汽车公司工作过，亲自推动TPS，而且在其他行业也成功地导入TPS。您看有时间的话可以指导一下我们的工作。”

“现在啊，没有时间哦。公司的事情很多，我平时都要忙到晚上八九点才下班；我老人家周日需要调整休息才能有精神。”

“是啊，我们知道您平时很忙。如果可以的话，只要您花一点时间就可以了。偶尔抽空指导一下我们的顾问师，到现场看一看。”

“嗯。我现在在这边的工作你们应该也了解，在非常时期，所以虽然你们的这份我也很想去做，我想我以后一定会去做的，但现在还不是时候。我想花更多的时间与精力来打好现在这一仗。"

诱惑是巨大的，不仅是在金钱上，更多的是以后的工作方式，可以分配给自己的时间更多，可以自由地到处走走。虽然很想要那种安逸的生活，但 Nelson 先生知道现在还不是时候。

所以当机遇与挑战共存时，Nelson 先生选择了挑战，因为他坚信自己的理想，要实践 TPS，要让 NP 集团有所突破，有所创新，外界再大的诱惑也不会动摇他的理想。

小结

有人曾说，人生犹如游戏，就如那"愤怒的小鸟"，当你游戏失败的时候，总有几只猪在笑。但要看谁能笑到最后!

要相信只有坚持才能有所突破，有所创新。当机遇与挑战共存时，要坚信自己的理想。

12.7 总裁态度的转变

Nelson 先生在与总裁谈完后又去了一趟湖北 L 市工厂。湖北 L 市工厂的问题还是很多，Nelson 先生正打算安排 Tony 去湖北 L 市工厂，对线组长课级干部进行训练。虽然大家已经感觉到总裁的不满了，但大家都还在岗位上努力地干着活，表现得比较乐观。

总裁与 Nelson 先生谈完话后，觉得自己上一次的约谈有点太过火了，于是打电话给 Nelson 先生，等 Nelson 先生回 Z 市后请他和他的团队一起去吃饭。周三 Nelson 先生从湖北 L 市工厂返回 Z 市，总裁果然记于心上，当日晚上就通知 Nelson 先生，让他及他所带的团队一起去吃饭。大家心里都明白吃饭只不过是一个幌子，总裁也想平息一下离职的风波。

吃饭是在当地最有名的饭馆，下班后，大家在公司门口集合，一辆商务车就把大家一起拉了过去。

总裁提前到达了饭店，以示其诚意。酒席正式开始时，大家都显得很拘谨，表现得很客套。

"大家看起来对我还是不太满意啊。" 总裁自我调侃道。

“我们能理解总裁的心情。”Nelson 先生说道，“来，大家一起来感谢一下总裁请我们吃饭，希望下次还有机会在一起。”

“肯定是有机会的，希望各位主管打消离职的念头，好好干。让我看到你们的诚心好吗？”

“大家听到了吗？”Nelson 先生接着总裁的话，“请大家打消离开的念头，我们要继续努力。”

“希望我们 NP 集团在 Nelson 先生的带领下，在各位主管的努力下，能取得更好的成绩。”总裁举起酒杯向大家致谢，同时鼓励大家继续努力。

此时大家才有些放松下来。

经历了总裁的会谈，高层干部的离职风波，现在情势看来已经趋于缓和了。总裁的思想总是会被一些负面的因素影响，表现出摇摆与左右不定，但现在他又重新审视自己相信自己的选择了。

Nelson 先生给自己一次机会，同时也给总裁一次机会，他选择相信总裁。他的团队在 Nelson 先生的鼓励下都愿意留下来继续努力。

改变最大的是人事组织的变更。Ben 助理总裁与 Nelson 先生还有人资华总监一起依照总裁的指示，在一起讨论组织的变更。

“依照总裁的指示，将研发以及财务两个单位放到你下面，由你进行管理。”华总监对着 Nelson 先生说，“我们一起来讨论一下怎么划分组织吧。”

Nelson 先生点着头，“好。”

危机发生时既要看到危也要看到机，在最终答案到来之前，就要看你是否能耐得住性子，守得稳初心，等得到转角的光明？也正是如此，团队只有经过磨炼才能凝聚，才能成为公司有价值的人。

组织决定成败，如果不能改变现状的组织，可能很难组织其他活动。年轻的老人心如止水，任何的改变对他们来讲都是头痛的感觉，而其扎根现有环境十数年，根深枝粗，极易组织反抗改革的力量形成坚不可摧的城墙，令改革者攻到城墙下时只得望墙兴叹，改道而行。而老板和他们十数年的交情放不下是一方面，同时，因为老板对改革会出现的新局面的未知性产生莫名的担心是另一方面，所以，不知不觉，老板就站在这些老干部的立场上去了。于是，经常会听到这个改变不好，那个改变不好的声响。所有工作都陷入僵局。

当这种局面产生时，对改革的力量来说，似乎是十分危险的，然而危机即是转机，改革力量仍有胜算，大有努力的空间。但靠权力挥舞大刀乱砍一气是第一大忌，因为如此会将潜在的支持者砍成敌人，而将已经的敌人砍成金刚不坏之体。俗话说，刚对强则折。

靠忍耐委曲求全等待机会也非上策，没人知道这种忍耐何时是个尽头。

此时的胜算唯有一个字：诚。以诚待人，待人心一致，无论如何，诚才能取得人心，这大概是 Nelson 先生到现在仍不会四面楚歌的主因吧！待人心逐步一致，取得共同的目标，再痛陈因循守旧导致的恶果，接下来的改革工作相信会好做些。若实在个别主管不能够胜任改革，劝退的难度会小些，这也许就是兵法上说的以柔克刚吧！

柔若能克刚，这种制衡将是长期的，叫作刚柔并济。若是以刚制刚，这种均衡只是暂时的，这种对抗损坏的结构叫作人心。

小结

危机发生时既要看到危也要看到机，在最终答案到来之前，就要看你是否能耐得住性子，守得稳初心，等得到转角的光明？

在组织中唯有以诚待人，才能取得人心，才能取得改革的最终胜利。

12.8 挑战还在继续

继 Nelson 先生的总经理宝座坐稳之后，李副总被调任湖北 L 市工厂，其在 Z 市工厂担任的工作，交由小李总监兼任。这样的安排，也费了不少的周折，小李总监也经过了很大的心理跨越。

小李总监是原李副总的得力下属，Nelson 先生在做出这样的安排前，找来小李总监面谈。

会议室中，门关着，只有他们两个人。

“最近有些风声，不知道你怎么看？”Nelson 先生问道。

“您是指李副总调走的事情吗？”小李总监反问道。

“嗯，是的。”Nelson 先生点着头，微笑地看着他。

“李副总是我的主管，他调走当然对于我的影响是有的。毕竟我们在一起共事已经多年，平日里他也很照顾我们。”小李总监露出一丝遗憾的神情。

“我了解。”Nelson 先生顿了一下，接着说，“李副总已经确定要调走了，今天找你来就是看一下你的想法。对于你之前的表现，我觉得还不错，可以接替李副总的位置。”

小李总监有点不太相信的眼神说，“我?”

Nelson 先生一直看着小李总监，“你觉得怎么样?”

“有点太突然了，我之前一直在想着我上面会安排另一个人顶替李副总，想着未来的主管会是什么样子呢。”

“你在这个位置上也已经多年了，这次有机会我想你应该好好把握住。”

“这个能让我回去想想吗?”

“可以啊，想好随时打我电话。等你的消息。”

“好，让我想想。”

小李总监走出会议室后，立刻回到办公室，找来他下面的干部，就这件事问他们的意见。当然得到的答案与他心里的答案是一样的，同意担任。

就在当天晚上小李总监来电，表示愿意接受任制二处管理的人事安排。他们电话聊了很久。

“总经理，我已经考虑了，我接受您的安排。我已经找我下面的干部商量重新布置组织。”

第二天，小李总监接替李副总的消息传到湖北 L 市工厂李副总的耳朵里。李副总很不高兴地打来电话。

“小李总监，你要想清楚。你知道吗? Nelson 的团队只干到 12 月底，你现在太支持 Nelson 团队的话会死得很惨。”电话那头的李副总接着说，“等他们走了，我会回到主导制造单位的新人事布局，到时我看你怎么办?”

小李总监并没有太多纠结，他回复说：“李副总，谢谢您多年来的栽培。我也只是为公司着想，不管 Nelson 的团队会坚持多久，我都是一心想着公司。另外无论您在哪里，我们都会牵挂您。”

小李总监也向 Nelson 先生打了个电话汇报了李副总的话。Nelson 先生给予他的是更多的正面的力量。

“小李总监，不要害怕，你要相信自己的能力。我和你分享几句：

第一，人的心胸有多大，格局有多大，舞台就有多大。

第二，尽管去学去发挥，接受挑战，到时候就算粉身碎骨，只要你有实力，被不公平待遇时，仍然可以到别的企业发挥。

第三，再有三个月，没有我和我的团队支撑，单靠助理总裁就可稳住，保持稳定成长。

第四，目前订单下滑，是大环境造成的，并非制造单位的责任，2014 年会有转变的。”

企业像大学育才机构，有些必修是人资安排的课，而选修是不一定算学分的课，看你跟对的主管与部门。从业员在有限的工龄期间，必须趁机研习学分，同时思考如何多元化历练，可以选择企业内调动或跳槽。但企业是无情的，当你的智慧被用尽，随时将会在组织变革中消失，或头上多一位新老板。

一切都在稳步走上正轨，然而政府的一纸公文，又在无形中增加了公司的成本。例如社会保险缴费基数的上调，申报基数由某个数调整至某个更高的基数，公司就必须为之多付出几百万甚至上千万人民币。虽然社会保险的缴费比例都是由社保局规定的，对公司而言也属不可抗力的因素，但是如果公司不做任何的改善来弥补这个漏洞，那企业能够长久地存活下去就是个奇迹了。

挑战很多，压力还在，Nelson 先生和他的团队们仍在努力，朝着总裁关注的目标，继续前行。

有一句话说得很好：“人，因梦想而伟大，因团队而卓越，因感恩而幸福，因学习而改变，因行动而成功。”愿 Nelson 先生和他的团队在 NP 集团常怀感恩之心，克服困难，迎接挑战，取得更加辉煌的成绩！

小结

企业像大学育才机构，有些必修是人资安排的课，而选修是不一定算学分的课。从业人员在有限的工龄期间，必须趁机研习学分，同时思考如何多元化历练，如此才能胜任下一个新的角色。

名词解释

序号	名　词	解　释
1	COO	Chief Operating Officer，首席运营官。主要负责公司的日常运营，辅助 CEO 的工作
2	CEO	Chief Executive Officer，首席执行官
3	TPS	Toyota Production System，丰田生产方式
4	Lean Production	精益生产方式，这是美国麻省理工学院的研究小组在对日本汽车工业的生产管理方式进行调查研究之后对这种生产方式所赋予的名称。实际上，原来在日本并没有这样的一种名称。研究小组认为日本汽车工业（特别是丰田汽车公司）之所以取得成功正是在于这种新的生产方式。而且这种生产方式将取代 20 世纪初开始盛行的大量生产方式，在世界上产生重大的影响。译者之所以使用“精益”一词，一是取“精”字中的完美、周密、高质量，与“益”字中的利和增加，以及“精益求精”的词意。——摘自《改变世界的机器》P3 译注
5	IE	Industrial Engineering，工业工程
6	QA	Quality Assurance，品质保证
7	微笑曲线	宏碁集团创办人施振荣先生，在 1992 年为“再造宏碁”提出了有名的“微笑曲线”（Smiling Curve）理论，以作为宏碁的策略方向。经历了十年多以迄今日，施振荣先生将“微笑曲线”加以修正，推出了所谓施氏“产业微笑曲线”，可作为各种产业的中长期发展策略的方向
8	精益 5 步骤	定义价值（Value），定义价值流（Value Stream），建立无间断的操作流程（Continues Flow），拉式生产制度（Pull），努力追求卓越（Perfect）

（续）

序号	名　词	解　释
9	PEST 分析	PEST 是战略咨询顾问用来帮助企业检阅其外部宏观环境的一种方法。是指宏观环境的分析，是指影响一切行业和企业的各种宏观力量，一般都应对政治（Political）、经济（Economic）、社会（Society）和技术（Technological）这四大类影响企业的主要外部环境因素进行分析
10	SWOT 分析	SWOT 分析方法是由旧金山大学的管理学教授于 20 世纪 80 年代初提出来的。它是一种企业竞争态势分析方法，是市场营销的基础分析方法之一，通过评价企业的优势（Strengths）、劣势（Weaknesses）、机会（Opportunities）和威胁（Threats），用以在制定企业的发展战略前对企业进行深入全面的分析以及竞争优势的定位
11	波特五力分析	五力分析模型是迈克尔·波特（Michael Porter）于 20 世纪 80 年代初提出的，对企业战略制定产生全球性的深远影响。用于竞争战略的分析，可以有效地分析客户的竞争环境。五力分别是：供应商的讨价还价能力、购买者的讨价还价能力、潜在竞争者进入的能力、替代品的替代能力、行业内竞争者现在的竞争能力
12	R&D	Research and Development，研发
13	方针	方针这一词在台湾的日本企业用得较多，可能在大陆叫作策略等类似词语
14	Cost Down	简称 CD，成本降低
15	DOS	Delivery Of Supply，周转天数
16	UPPH	Unit Per Person Hour，每人每小时产量
17	PDCA	Plan-Do-Check-Action，戴明循环
18	KPI	Key Performance Index，关键绩效指标
19	Maslow 需求金字塔	第一层是生理需求，第二层是安全需求，第三层是情感需求，第四层是自尊，第五层是自我实现
20	OJT	On Job Training，在职训练
21	4P 模型	Philosophy（理念），Process（流程），People and Partner（员工与合作伙伴），Problem Solving（问题解决）
22	5S	整理、整顿、清扫、清洁、素养
23	三定	定容、定量、定位
24	3T 模式	TPS、TPM、TQM 为 3T 模式的简称
25	价值流	Value Stream Mapping，简称 VSM

（续）

序号	名　词	解　释
26	TOC	Theory of Constraints，约束理论
27	JIT	Just In Time，准时制
28	Cell	单元生产
29	Conveyor	流水线
30	SMED	Single Minute Exchange of Die，10 分钟内换模法，又称快速换模
31	4M1E	Man（人）、Machine（机）、Material（料）、Method（法）、Environment（环）
32	Yo-I-Don	日语，预备开始之意
33	Takt Time	简称 T. T，节拍时间之意
34	WIP	Work In Process，在制品
35	自主研	自主研英文名称为 Take initiative，日文为 Jishuken，中文全称为丰田生产方式自主研究会，其与一般的研修有着本质的区别。自主研是指个人或者团队在主管指定的方向上，通过自己及团队的力量去解决问题，不仅有课堂的训练，且课后要自己研究课题，有自己研究的意思
36	AGV	Automated Guided Vehicle，简称 AGV，通常也称为 AGV 小车。指装备有电磁或光学等自动导引装置，能够沿规定的导引路径行驶，具有安全保护以及各种移载功能的运输车，工业应用中不需驾驶员的搬运车，以可充电蓄电池为其动力来源。一般可通过电脑来控制其行进路线以及行为，或利用电磁轨道（electromagnetic path-following system）来设立其行进路线，电磁轨道粘贴于地板上，无人搬运车则依靠电磁轨道所带来的信息进行移动与动作
37	Karakuri	借重力原理省能源、省人力的各种创意改善作业。如洋娃娃能协助主人来回端茶给客人喝，当茶杯装满茶水放上洋娃娃手上，它自动依轨道行走，等客人拿起茶杯后，它会依轨道自动返回原地
38	FIFO	First In First Out，先进先出
39	PO	Products Order，生产订单
40	OTD	Order To Delivery，交期
41	SOP	Standard Operation Procedure，作业标准指导书。通过对作业顺序、注意事项、作业要点的说明来培训新人，同时让熟练作业者再次确认作业内容的一项工具

（续）

序号	名　词	解　释
42	PMP	Product Management Process，产品管理制程控制表
43	Flow Chart	流程图
44	ECO	Engineering Change Order，工程变更命令
45	MN	Manufacture Notice，制造通知单
46	BOM	Bill Of Material，材料清单
47	报连相	就是报告、联络、商量的意思
48	学习曲线	Learning Curve，是指在一个合理的时间段内，连续进行有固定模式的重复工作，工作效率会按照一定的比率递增，从而使单位任务量耗时呈现一条向下的曲线
49	OEE	Overall Equipment Efficiency，综合设备效率
50	IQC	Incoming Quality Control，来料品质管理
51	SQE	Supplier Quality Engineer，供应商品质管理工程师
52	IPQC	In Process Quality Control，制造过程品质管理
53	FQC	Final Quality Control，品质最终检查
54	OQC	Out-going Quality Control，出货品质管理
55	PQE	Process Quality Engineer，制程品质工程师
56	FAE	Factory Analysis Engineer，驻厂分析工程师
57	DQE	Design Quality Engineer，品质设计工程师
58	DOE	Design Of Experiments，实验设计。一种安排实验和分析实验数据的数理统计方法
59	ISO	International Organization for Standards，国际标准化组织，是一个全球性的非政府组织，是国际标准化领域一个十分重要的组织
60	FOB	Free On Board，离岸价，是国际贸易中常用的贸易术语之一。按离岸价进行的交易，买方负责派船接运货物，卖方应在合同规定的装运港和规定的期限内将货物装上买方指定的船只，并及时通知买方。该术语仅适用于海运或内河运输
61	标准作业三票	工序能力表、标准作业组合表、标准作业图

参考文献

[1] 石清城. 丰田式制造管理实践之道 [M]. 北京：机械工业出版社，2012.

[2] 石清城. 丰田式精益现场改善之术 [M]. 北京：机械工业出版社，2013.

[3] 詹姆斯·摩根，杰弗瑞·莱克. 丰田产品开发体系 [M]. 精益企业中国，译. 北京：中国财政经济出版社，2008.

[4] 朱耀祥. 设施规划与设计 [M]. 北京：机械工业出版社，2004.

[5] 罗瑟，舒克. 学习观察—— 通过价值流图创造价值、消除浪费（Learning to See）[M]. 赵克强，刘健，译. 北京：机械工业出版社，2013.

[6] 杰弗瑞·莱克，大卫·梅尔. 实践丰田模式：第一本教你打造精实学习型组织的实战指南（The Toyota Way Fieldbook） [M]. 台北：美商麦格罗·希尔国际股份有限公司，2006.

[7] 大野耐一. 丰田生产方式 [M]. 北京：中国铁道出版，2006.

[8] 詹姆斯 P 沃麦克，丹尼尔 T 琼斯，丹尼尔·鲁斯. 改变世界的机器 [M]. 沈希瑾，等译. 北京：商务印书馆，1999.

[9] 范中志、张树武、孙义敏. 基础工业工程（IE）[M]. 北京：机械工业出版社，1998.

后　　记

推行 TPS 的成功，需要有专业的理论，需要有经验的实践者，更需要有 TOP 的支持。当集三者于一身的机会到来时，你的选择是什么？我选择了在传统领域继续实践我的梦想。

在实践的过程中，自然会遇到很多的困难与挑战，特别是在这种类似家族企业里，资方永远有挑剔你的权利，永远有皇亲们喃喃私语，永远有你意想不到的事情发生，有时你的团队你的下属还会冲击一下你要继续下去的积极性。所以你不仅要对上负责，平衡左右，对下安抚，同时你必须要认清自己的角色，要预见自己的价值。相信只有那些你坚持的东西，才是你生存下去的理由。那些细枝末节不需要太过介意，只要关注一个目标就足矣。

耐心、信心、决心，是追求价值完美的先决条件，改善现状如果那么容易，专业人士就不需苦练功了。企业文化的形成，养成间接管理人才的习性，主事者如果没有前瞻的视野，持续地提升意志，可能最终仍会回归停留于现状。一根筋的冲劲，执着地努力向前，改革成功将指日可待。

很感谢我的团队，在我人生路上给予我无尽的支持与力量，让我坚持梦想，永不言弃。

很感谢我的学生许慧玲女士，辛苦地编排文字，让我把我的经历与经验分享有缘人，为促进生产力提升有所贡献，为大家实践 TPS 有所启迪。

要感谢的人很多，在此一并表示感谢，谢谢你们。感恩父母，石朝山先生及石李日女士的栽培。

我虽已年过半百，但 TPS 的路漫漫，吾将上下而求索！

石清城